인간행동과 사회환경

인간행동과 사회환경

Human Behavior and Social Environment

이윤정 지음

dm 동문사

인간의 성장과 발달을 지원하며, 그들의 삶과 세상을 이어주는 역할을 하는 이가 바로 사회복지사이다. 그러기에 사회복지사는 인간과 환경 간의 상호작용이 원활하도록 사람이 살아가는 모습과 환경의 영향에 항상 관심을 기울이고 도움이 필요한 시기에 요구되는 자원이 적절히 연결될 수 있도록 노력해야 한다. 인간의 삶과 우리 사회가 건강하게 유지되고 발전할 수 있도록 말이다.

인간행동과 사회환경이란 교과목은 사회복지사 국가고시에서 필수 영역으로 지정된 과목인 만큼 많은 교수진들이 중요한 내용을 다루며 교재를 집필하고 있다. 그동안 저자는 이 과목의 수업을 10여 년간 맡아오며 여러 교재에서 다루어진 핵심 내용을 살피고 학생들의 눈높이에 맞추어 기본적이면서도 전문가로서의 역량을 갖추는 데 토대가 될 수 있는 지식을 쉽게 전달할 수 있도록 노력해 왔다.

본 교재는 그 시간들을 거쳐 정리된 내용이다. 사회복지사가 배워야하는 필수 혹은 선택 과목들이 모두 그렇지만, 인간행동과 사회환경이란 과목 역시 다른 교과목들과 연결되며, 특히 사회복지실천 영역과 보다 깊은 관련을 갖는다. 그러므로 본 교재에서 다루어지는 내용들은 사회복지학을 전공하는 이들의 지식 기반이 되어 다른 과목들을 통해 학문의 깊이와 폭이 확장되도록 구조화되어 있다. 이를 위해 저자는 사회복지사를 꿈꾸는 이들이 인간이 성장하고 발달하는 모습에 관심을 갖고, 인간이 환경과 교류하는 과정 속에서 어떠한 긍정적 변화를 가져올 수 있는 지 흥미를 느낄 수 있도록 기초적이면서도 핵심적인 내용이 보다 쉽게 전달되도록 노력하였다.

교재는 크게 2부로 이론적 접근과 생애주기적 접근으로 나누어지며, 총 11장을 통해 한 학기의 수업분량으로 주요 내용이 모두 포함되도록 구성되어 있다. 그리고 각 장에서 학습한 내용이 요약 정리되도록 하고, 국가고시에서 어떠한 문제 형식으로 출제되는 지 연결성을 찾을 수 있도록 기출문제를 제시하여 반복학습에 도움이 되도록 하였다. 또한 각 장의 내용을 마무리하며 기사나 책, 영화 등을 통한 생각 잠시 머물기 코너를 넣어 흥미와 관심이 이어지도록 하였다.

본 교재를 통해 각 장마다 다루어지는 주제들에 독자들이 보다 쉽게 접근하여 인간과 환경에 관한 인식과 사고의 폭을 넓힐 수 있는 계기가 되었으면 한다.

이 책이 나오기까지 도움을 주신 모든 분들과 가족들에게 고마운 마음을 전하며, 미처 다루지 못한 부족한 내용이나 이해를 돕는 데 미흡한 부분이 있다면 독자의 비판과 가르침을 통해 계속해 보완되고 채워지기를 기대한다.

2020년 3월

이윤정

차 례

PART 01

인간의 행동과 발달, 환경에 관한 이론적 접근

01
CHAPTER

인간행동과 발달, 사회환경의 이해

1. 인간행동의 이해
2. 인간발달의 이해
3. 사회환경에 대한 이해
4. 인간의 행동, 발달, 사회환경과 사회복지실천

이 장의 학습목표

1. 인간을 바라보는 주요 관점을 이해한다.
2. 인간발달의 원리를 이해한다.
3. 인간의 행동과 발달, 환경에 관한 지식과 사회복지실천과의 관련성을 이해한다.

생각해 보기

과거 자신의 기억 속에 나와 다른 사람(가족, 친구, 선생님 등)의 생각이 달라 마음 상했던 일, 어떠한 일을 계기로 인간관계가 서먹해지거나 그 사람을 멀리 했던 일에 대해 생각해 봅시다. 지금은 그 사람, 그 일, 당시에 내가 했던 말이나 행동이 어떠한 기억으로 남아 있나요?

CHAPTER 01

인간행동과 발달, 사회환경의 이해

어떤 사람은 왜 다른 사람과 구별되는 특정한 방식으로 행동하는가?

유전인자에 의한 것인가? 기질에 따른 것인가? 가족이나 문화에 의한 것인가?

사회복지사는 실천 현장에서 다양한 대상들을 만나게 된다. 그리고 그들의 모습에는 유사성도 있지만, 다른 면도 있어 사회복지사는 대상자에 대한 이해를 바탕으로 접근하고 관계를 맺는다. 즉, 사회복지사는 어떠한 대상자에 접근하기 위해 그들의 발달적 특성과 성격, 환경에 대한 이해가 기반이 되어야 하므로, 위의 질문에서 언급된 내용은 모두 대상자에게 영향을 미치는 요소로 인간의 특정 행동을 이해하는 데 주요 열쇠가 될 수 있다.

사회복지사는 또한 인간과 환경 간의 관계 혹은 상호작용을 토대로 인간에게 어떠한 일이 일어나고 있는가, 그 현상이 사회적으로 어떠한 양상으로 표출되는가에도 관심을 가져야 한다. 그 이유는 전문가로서 대상에게 영향을 미칠 수 있는 또 다른 체계의 요소로 작용하여 그들의 행동과 발달, 환경에 영향을 미칠 수 있기 때문이다.

이에 본 장에서는 교재에서 다루어지는 인간의 행동과 발달, 환경에 관한 주요 관점과 기초 지식을 개괄적으로 소개하고, 사회복지실천과의 관계를 설명하고자 한다.

1. 인간행동의 이해

사회복지에서 말하는 인간의 행동은 겉으로 드러나는 것만이 아니라 개인이 인지하고 있는 것, 그가 지닌 정서, 무의식 등 심리적 측면과 처한 상황에 이르기까지를 모두 포괄하는 개념이다.

예를 들어, 몸이 아프다보니 외출이 어렵고, 그렇게 지내다보니 사람과 만나는 빈도가 줄어들고, 찾아오는 사람도 없어 '다른 사람이 나를 싫어하는 것은 아닐까?' 하는 생각이 들어 사람을 피하게 되면서 외로움을 느끼는 현상에는 인간의 신체와 심리, 사회적 요인이 모두 작용하고 있다. 따라서 인간을 이해하려면 신체적 요인과 심리적 요인, 사회적 요인을 분리해 파악하는 것보다 이를 모두 통합한 전체로서의 인간으로 바라보고 접근해야 정확한 이해가 가능하다.

또한 인간이 지금의 모습과 특성을 갖기까지 어떠한 과정을 거쳤고, 앞으로 어떠한 모습과 특성으로 변화할 것인지를 예측하기 위해서는 성격에 대한 이해가 필요하다. 성격은 개인의 독특한 사고, 감정, 행동을 결정하는 역동적인 정신기제로, 동일한 방식으로 행동하는 일관성과 안정성이 있다. 인간은 성격에 따라 동일한 상황에 처한 사람들이라 하더라도 서로 다른 방식으로 대처하고 반응할 수 있다. 그러므로 성격을 이해하게 되면 그 사람이 그러한 행동을 하는 이유를 알 수 있으며, 행동의 변화를 예측할 수 있고, 보다 바람직한 행동으로 변화할 수 있는 방안을 찾을 수 있다. 다시 말해, 인간의 행동을 기술할 수 있고, 행동의 원인을 설명할 수 있으며, 미래의 행동을 예측하고 수정하도록 하며 통제할 수 있게 된다.

사회복지실천의 목적은 궁극적으로 내담자의 부적응 행동이나 이상행동을 변화시켜 적응 상태에 이르게 하고 나아가 사회적 기능이 향상되도록 함에 있다. 이에 본 교재에서는 정신역동이론과 인지행동이론, 인본주의이론을 통해 인간의 성격을 이해하는 데에 기초가 되는 주요 개념들을 다룬다. 그리고 인간의 부적응 행동 혹은 이상행동에 대해 사회복지실천 현장에서 어떠한 관점으로 접근해야 하는 지를 설명하고 있다.

2. 인간발달의 이해

1) 발달의 개념

인간은 체내 수정에서부터 시작해 사망에 이르기까지 전 생애를 걸쳐 역동적인 변화과정을 통해 성장하고 성숙하며 노화되는데, 이 모든 과정을 발달이라고 한다. 그러므로 인간은 시간의 경과에 따라 양적 또는 질적으로 변화하며 발달한다. 다시 말해 인간의 발달은 유기체에 잠재되어 있는 본질이나 가능성이 점차 모습을 드러내는 현상으로, 전 생애에 걸쳐 체계적 과정을 통해 변화되는 양상이다. 그리고 유전과 환경과의 상호작용으로 이루어지는, 신체적, 심리적, 사회적 측면에서 나타나는 질서정연하고 연속적이며 상승적 혹은 퇴행적 변화 모두를 포함하는 과정을 의미한다.

발달과 유사한 의미로 성장(growth), 성숙(maturation), 학습(learning)이라는 개념이 있다. 이 중 성장이란 개념은 주로 신체적이고 생리적인 발달의 양적 증가를 의미하는 것으로 키, 몸무게, 근력의 증가 등을 예로 들 수 있다. 성숙은 유전적 정보를 통해 나타나는 체계적이고 규칙적인 생물적 과정을 의미한다. 예를 들어 태아가 산모의 뱃속에서 발달하는 모습이나, 사춘기의 2차 성징이 있다. 학습은 훈련과 연습, 간접 경험 등 후천적 경험의 결과로 나타나는 개인의 변화로, 영어로 의사소통하기, 컴퓨터로 문서 작성하기 등이 그 예이다.

기억하기 인간발달의 원리

① 발달은 인간의 삶 전체, 전 생애를 통해 이루어진다.
② 발달은 유전과 환경의 상호작용을 통해 이루어진다.
③ 발달에는 민감 시기 혹은 결정적 시기가 있다.
④ 발달에는 일정한 순서와 방향이 있는데, 상부나 두부에서 하부나 미부의 방향으로, 중심부위에서 말초부위 방향으로 진행된다.
⑤ 발달은 전 생애를 걸쳐 연속적으로 일어나나, 그 속도는 일정하지 않아 빠르게 진행되는 시기가 있는가 하면, 더딘 진행을 보이는 시기도 있다.
⑥ 발달은 이전 단계의 발달을 토대로 다음 단계의 발달이 이루어지는 점성원리(epigenesis principle)를 따른다.
⑦ 발달은 보편적 특성도 있으나, 개인차도 존재한다.
⑧ 발달은 신체, 심리, 사회적 측면에서 총체적으로 일어난다.

2) 발달 단계와 발달 과업

인간은 시간의 흐름에 따라 신체적, 심리적, 사회적 발달 특성이 다르게 나타나는데, 그 발달 특성으로 인간의 발달 과정을 구분한 것이 인간의 발달 단계이다. 발달은 신체와 심리, 사회정서적 측면을 모두 포괄하는 개념이나 일반적으로 그 구분은 연령을 기준으로 한다. 그러나 사회적 혹은 학문적으로 합의된 연령 기준은 아니기 때문에 발달 단계를 명확히 구분 짓기는 어렵다. 따라서 본 교재에서 사용한 연령 기준은 대략적인 기준으로 그 연령 전후나 그 연령 즈음에 해당 발달 과업이 수행된다고 이해하면 될 것이다.

발달 과업(=발달 과제)은 인간의 발달 단계별로 특별히 요구되는 수행해야 할 역할이나 성취해야 할 과업을 말한다. 발달 과업은 신체적 성숙을 통해, 그리고 사회적 기대나 개인의 노력에 의해 생겨날 수 있다.

해당 발달 단계의 발달 과업을 잘 수행하게 되면 인간은 만족과 보상을 얻으며 다음 발달 단계로 나아가지만, 그렇지 못할 경우 불행이나 사회적 부인을 경험하며 다음 발달 단계로의 이행에 어려움을 겪게 된다. 즉, 발달 과업은 지식, 기술, 기능, 태도 등을 포함하는 개념으로 인간의 환경에 대한 지배를 향상시키는 신체적, 인지적, 사회적 능력과 기술로, 발달 과업 수행은 환경에 대한 인간의 적응력을 향상시키게 된다.

이에 본 교재에서는 인간의 발달을 생애주기적 관점에서 대략적인 연령으로 단계를 구분하고, 신체, 인지, 사회정서적 측면에서의 발달 특성을 살펴보면서 해당 발달 단계의 발달 과업을 학습하도록 하였다.

표 1-1 인간의 발달 단계 구분*

Newman & Newman(1987)		Papalia & Olds(1998)		이 책의 구분	
발단 단계	연령	발달 단계	연령	발달 단계	연령
태내기	임신~출생	태내기	수정~출생	태내기	수정~출생 전
영아기	출생~2세	영아기	0~2세	영아기	출생~2세
걸음마기	2~5세	유아기	2~6세	걸음마기	2~4세
학동초기	5~8세	아동기	6~11세	학령전기	4~6세
학동중기	8~13세	청년기	11~20세	아동기	7~12세
청년초기	13~18세	성년기	20~40세	청소년기	13~19세
청년후기	18~23세	중년기	40~60세	청년기	19~39세
성인초기	23~40세	노년기	60세 이상	장년기	40~65세 미만
성인중기	40~61세			노년기	65세 이상
성인후기	61세 이상				

* Newman & Newman(1987)과 Papalia & Olds(1998)의 구분은 권중돈(2014)의 저서 p. 34의 표를 재구성함.

3. 사회환경에 대한 이해

사회환경이란 인간의 삶과 행동에 직접 혹은 간접적인 영향을 미치는 조건이나 상황, 그리고 인간 간의 상호작용 및 관계를 말한다. 일반적으로 환경은 인간을 중심으로 개인 내부 환경과 외부 환경(가정환경, 사회환경, 자연환경 등)으로 구분할 수 있는데, 인간은 그러한 내외부 환경에 순응하며 살아가거나 생활에 적합하도록 환경을 바꾸면서 적응해 나간다. 즉, 인간은 적극적이고 능동적인 주체로, 인간의 행동은 환경과 개인이 다양하게 상호작용한 결과이다. 이러한 차원에서 사회복지실천에서는 인간을 '환경 속의 인간(person in environment)'이라는 관점으로 이해한다. 환경 속의 인간이란 관점은 사회복지사의 고유성을 규정하도록 하며, 사회복지사의 가치를 높이고, 원조의 과정과 실천 기술을 견고히 함으로써 내담자에게 효과적으로 개입하게 한다.

이에 본 교재에서는 인간을 둘러싼 사회환경에 대해 체계론적 관점을 활용하여 환경의 구조와 체계의 수준을 학습하고, 환경과 인간 간의 교류, 인간의 적응 행동을 살펴본다.

4. 인간의 행동, 발달, 사회환경과 사회복지실천

인간의 행동과 발달, 그리고 사회환경에 대한 이해는 사회복지사에게 사회복지실천의 목적과 목표를 이루기 위한 기초 지식으로 작용한다. 사회복지사는 이를 기반으로 내담자와 사회환경 간의 상호작용을 증진시켜 당사자의 문제해결 능력을 향상시킬 수 있으며, 그들의 사회적 기능 수준을 증진하도록 하여 생활의 적응력을 높이는 데 일조할 수 있다.

이에 사회복지사는 내담자의 기능 수준이 어떠한 지 발달과 행동의 측면에서 충분한 이해를 통해 전문적으로 접근할 수 있어야 하고, 직면한 문제 상황을 사회환경의 맥락에서 포괄적으로 검토할 수 있어야 한다. 본 교재에서 다루어질 인간의 행동과 발달, 사회환경에 대한 학습 내용이 사회복지실천과 어떠한 연관성을 갖게 되는 지 그 내용을 요약하면 다음과 같다.

첫째, 인간행동에 대한 이해는 사회복지사에게 인간의 독특성이나 고유성을 인정하고 차별적 진단과 개입을 가능하게 한다.

둘째, 인간의 생애주기별 발달 단계와 발달 과업, 발달의 주요 요소를 이해하게 되면, 인간의 적응 혹은 부적응 상황을 판단할 때 준거를 세울 수 있다.

셋째, 인간의 사회환경에 대한 이해는 인간과 환경 간의 상호적 영향을 개인과 가족, 조직, 지역사회 등 다양한 측면에서 파악하도록 하여 생활 적응에 요구되는 균형적 삶에 적절한 지원이 이루어지도록 한다.

Plus Tip 사회복지실천에서 변화를 필요로 하는 내담자(client)의 이상행동

[이상행동의 기준]

사회복지실천의 목표 중 하나는 인간 행동에 변화를 일으키는 것이다. 이를 위해 사회복지사는 내담자의 이상행동(abnormal behavior)을 구분할 수 있는 기준을 알아둘 필요가 있다. 물론 정상과 이상은 상대적 개념이므로 그 구분을 명확히 하기는 어렵다. 그러나 예비 사회복지사로서 Alloy와 그의 동료들(2010)이 제시한 내용은 참고할 만하다.

- 통계적 관점

  인구학적 통계 기준이나 평균치를 기준으로 한 사람의 행동이 다른 많은 사람들의 평균 행동과 비교해 매우 일탈되어 있을 때 이상행동이라 규정한다. 그러나 감정, 의지, 성격처럼 수량화하기 어려운 개념은 통계적 평균을 정하는 것이 매우 어려우며, 평균을 정하는 데 개인의 사회적, 문화적 환경의 영향을 받게 되는 가치 판단이 개입될 수 있다는 한계가 있다.

- 사회적 규범의 관점

  개인이 속한 사회의 규범을 어기고 일탈된 행동을 하는 경우를 이상행동이라 규정한다. 이 관점으로는 사회와 문화에 따라 정상으로 받아들여지는 기준이 다를 수 있다.

- 주관적 불편감의 관점

  개인이 자신의 상태에 대해서 스스로 불편해하고 고통스러워할 때 비정상, 이상행동이라고 규정하는 것이다.

- 부적응성의 관점

  개인의 행동이 자신과 사회에 해로운 결과를 가져오고 사회적, 학업적, 직업적 생활의 부적응이 초래될 때 이를 이상행동으로 정의한다.

[이상행동의 분류체계: DSM]

인간의 이상행동에 대한 구분으로 전 세계적으로 가장 많이 사용되는 정신장애 분류체계는 미국정신의학회의 「정신장애의 진단 및 통계 편람(Diagnostic and Statistical Manual of Mental Disorders: DSM)」이다. 이 분류체계는 특정 이론에 치우치지 않고 증후군을 위주로 장애의 특성을 기술하고 있다. DSM은 조작적 정의에 의한 진단기준을 마련하면서 다음과 같은 여러 정보를 제공한다.

- 정신장애가 시작되는 시기와 경과
- 장애를 일으키는 유전적, 소인적 요소
- 전체 인구 중에서 정신장애의 발생 빈도
- 감별 진단의 정보, 진단기준 충족 시 심각성의 수준 등

➜ 사회복지실천에서는 개인, 집단, 가족 수준에서 내담자의 이상행동이나 부적응 행동을 보다 바람직한 적응 상태로 변화시키고 내담자의 사회적 기능이 향상되도록 한다. 이를 위해 사회복지사는 인간행동과 사회환경이라는 교과목을 통해 관련 내용의 기초 지식을 습득하고, 보다 상세하고 깊이 있는 지식과 실천기술을 익히기 위해 전공 심화 혹은 전공 필수 과목들을 학습하여야 한다.

요약정리

- 인간을 이해하려면 신체적, 심리적, 사회적 요인 모두를 통합한 전체로서의 인간으로 바라보고 접근해야 한다.
- 인간의 성격은 개인의 사고, 감정, 행동을 결정하는 역동적인 정신 기제로 일관성과 안정성을 지니므로, 미래 행동을 예측할 수 있다.
- 인간이 전 생애를 걸쳐 성장하고 성숙하며 노화되는 과정을 발달이라고 한다.
- 인간의 발달은 유전과 환경과의 상호작용으로 이루어진다.
- 성장이란 신체적, 생리적 발달의 양적 증가를 의미한다.
- 성숙이란 유전 정보를 통해 나타나는 생물적 과정이다.
- 인간의 발달에는 결정적 시기가 있으며, 일정한 순서와 방향이 있고, 이전 단계의 발달을 토대로 다음 단계가 발달하는 점성원리가 적용된다.
- 발달 과업은 인간의 발달 단계별로 요구되는 역할이나 성취해야 할 과제로, 인간의 환경에 대한 지배와 적응력을 향상시키는 신체적, 인지적, 사회적 능력과 기술을 말한다.
- 사회복지실천에서는 인간을 '환경 속의 인간'이라는 관점으로 접근한다.
- 인간의 생애주기별 발달을 이해하게 되면, 인간의 부적응 상황 판단에 준거를 찾을 수 있고, 적응에 요구되는 적절한 지원이 무엇인지 개입 전략을 세울 수 있다.
- 인간의 이상행동을 판단하는 기준에는 통계적 관점, 사회적 규범의 관점, 주관적 불편감의 관점, 부적응성의 관점이 있다.

1장과 관련된 사회복지사 1급 시험 기출 문제

01 인간발달이론이 사회복지실천에 기여한 내용으로 옳지 않은 것은? [14회]

① 클라이언트의 욕구와 문제를 파악하는 데 도움이 된다.
② 클라이언트의 사회환경보다 생물학적 요소가 더 중요함을 이해하게 한다.
③ 사회복지사가 파악해야 할 클라이언트에 관한 사항을 사정할 수 있게 한다.
④ 클라이언트의 발달과업 수행에 필요한 서비스가 무엇인지 파악할 수 있게 한다.
⑤ 사회복지사가 모든 연령층의 클라이언트를 이해하고 그들과 함께 일할 수 있게 한다.

02 인간발달에 관한 설명으로 옳지 않은 것은? [16회]

① 발달의 속도에는 개인차가 있다.
② 발달은 하부에서 상부로, 말초부위에서 중심부위로 진행된다.
③ 발달은 유전과 환경의 상호작용에 의해 이루어진다.
④ 발달에는 결정적 시기가 있다.
⑤ 발달은 양적 변화와 질적 변화를 포함한다.

03 인간행동과 성격에 관한 설명으로 옳지 않은 것은? [17회]

① 인간행동은 개인의 성격특성에 따라 다르게 표출된다.
② 성격을 이해하면 행동의 변화추이를 예측할 수 있다.
③ 인간행동의 이해와 개입을 위해서는 성격의 이해가 필요하다.
④ 성격이론은 인간행동의 수정 방법을 찾는데 도움이 된다.
⑤ 성격은 심리역동적 특성이 있어 일관된 행동을 기대할 수 없다.

정답 01 ② 02 ② 03 ⑤

생각 잠시 머물기 **아마존 밀림에서 사는 야노미미족의 모습**

브라질과 베네수엘라 접경 지역의 아마존 밀림에는 야노미미족이 살고 있다.

이들은 원시 인류의 모습으로 살아가는 소위 '인류의 원형'이라고 불리는 자들이다. 야노미미족 사람들은 턱 밑의 피부를 통과하는 동물 뼈 장식을 달고 있는데, 이러한 장식을 멋있다고 생각한다. 일상에서 옷은 입지 않으며, 부인이 여러 명의 남편을 두고 생활한다.

얼핏 보기에 우리의 관점에서는 옷을 입지 않은 그들의 모습이 어색하고 비위생적으로 보이며, 턱 밑의 장식이 멋있기보다 징그럽고 흉측해 보인다. 또한 여러 명의 남편을 두고 생활하는 부인의 모습에 '과연 평화로울까'하는 의심도 든다. 그러나 이들은 우리가 생각하는 것보다 건강하고 안전하게 지내며, 친척 그리고 이웃들과 서로를 잘 돌보며 평화롭게 생활하고 있다.

야노미미족의 사람들이 한국에 와서 그대로의 모습으로 살아간다면 어떨까?

그들은 규범을 따르지 않는 이상행동을 보이는 자, 사회의 부적응자라 여겨질 수 있을 것이다. 그러나 그들의 가치와 문화, 관습을 이해하고 혼인 생활양식을 알게 되면 야노미미족 사람들이 한국에서 생활하면서 겪을 심리적, 사회적 어려움을 예측할 수 있으며 그들이 보이는 행동을 이해할 수 있다.

사진 출처: MBC(2020). 아마존의 눈물. http://www.imbc.com/broad/tv/culture/amazon/program/

02
CHAPTER

정신역동이론

1. 프로이트(Sigmund Freud)의 정신분석이론
2. 융(Carl G. Jung)의 분석심리이론
3. 아들러(Alfred Adler)의 개인심리이론
4. 에릭슨(Erik Homburger Erikson)의 심리사회이론

이 장의 학습목표

1. 정신역동이론의 주요 개념을 이해한다.
2. 정신역동이론의 방어기제를 알 수 있다.
3. 정신역동이론을 사회복지실천에 적용할 수 있는 방안을 이해한다.

생각해 보기

시험이나 발표, 행사 참여, 회의 등 중요한 일을 앞두고 긴장이 되거나 불안할 때, 여러분은 스스로 그 긴장감 혹은 불안감을 해소하기 위해 어떠한 생각과 행동들을 하나요?

CHAPTER 02

정신역동이론

1. 프로이트(Sigmund Freud)의 정신분석이론

1) 프로이트(Sigmund Freud, 1856~1939)의 생애

지그문트 프로이트는 1856년 체코슬로바키아의 한 마을에서 유태인 집안의 장남으로 태어났으며, 4살 때 오스트리아 빈으로 이주한 후 1938년 사망하기 전까지 대부분의 생애를 오스트리아에서 보낸 것으로 알려져 있다.

어릴 적부터 재능이 뛰어났던 프로이트는 특히 어머니의 지지와 격려를 많이 받고 자랐다고 한다. 고급관료가 되기를 희망했지만 유태인으로서의 한계를 깨닫고 1873년 오스트리아 빈 의과대학에 진학하게 되는데, 이후 신경과 의사가 되어 활동하던 중 스승 브로이어(Josef Breuer)의 영향으로 파리유학을 떠나 신경의학자와 최면을 연구하게 된다. 프로이트는 히스테리 증상에 관한 연구와 신경증 분석을 통해, 인간행동에 있어 문제의 원인이 성적 긴장의 누적 때문이라 주장했지만, 다른 학자들로부터 많은 비판을 받고 끝내 스승 브로이어와도 결별하게 된다. 이후 「꿈의 해석」이라는 저서를 발표하며 점차 일반 대중과 세계 의료인들에게 명성이 높아지면서 인정을 받게 되고, 1902년 정신분석학회를 창립하게 되면서 최고의 명성을 누리게 된다. 그러나 세계 1차 대전 당시 유태인 박해로 영국으로 망명하고 생애 말기 암투병 생활로 힘겨운 시기를 맞으며 1939년 영국 런던에서 사망하게 된다. 프로이트는 그러한 과정 속에서도 연구와 저서 집필활동을 계속해 24권의 저서를 남겼으며, 많은 학자들의 연구와 이론에 영향을 미쳤다.

2) 이론의 주요 개념

(1) 인간관

① 인간의 본성

- 인간은 자유의지, 자기 결정, 책임감, 자발성보다는 무의식적인 힘에 의해 지배를 받는 수동적 생활인이다.
- 인간의 행동은 성적 본능과 공격적 본능에 의해 결정된다. 따라서 인간의 모든 행동이나 사고, 감정은 무의식적인 긴장상태의 성적 충동과 본능을 만족시키려는 욕망에 의해 동기화된다.
- 인간은 무의식적인 내적 충동에 의해 야기된 긴장을 제거해 쾌락을 추구하려는 속성을 지니며, 이를 방해하는 사회적 요인에 대해 지속적으로 대항하려 한다.

② 결정론적 인간관

- 인간에게 우연히 일어난 것처럼 보이는 사건도 반드시 과거의 어떤 일과 연결되어 발생한다고 보는 관점이다.
- 인간의 기본적 성격의 구조는 만 5세 이전의 경험들에 의해 결정된다.
- 인간의 심리적 문제는 만 5세 이전까지의 초기 아동기의 경험이 무의식 속에 잠재되어 있으면서 심리성적 사건들에 의해 결정된다.
- 인간의 현재 생활은 과거 속 포로처럼 과거의 무의식적 경험으로부터 연결되는 행동과 선택의 결정이다.

(2) 주요 개념

① 인간의 본능

프로이트는 긴장상태에 의해 유발되는 소망의 집합체를 본능이라 규정하면서, 본능은 인간이 태어나면서부터 나타난다고 하였다. 따라서 모든 인간의 행동은 본능에 의해 결정된다. 본능은 인간행동에 직접적으로 영향을 줄 수도 있고, 간접적 영향을 주거나 가장될 수도 있는데, 본능적 욕구를 충족시키고 싶은 인간의 욕구가 방해를 받게 되면 불안감이 발생한다.

본능의 역동성은 삶의 본능(eros)과 죽음의 본능(thanatos) 2가지로 구분된다.

첫째, 삶의 본능은 생명을 유지하고 발전시키며 타인과 사랑을 나누고 개인의 창조적 발전을 도모하는 에너지를 포함한다. 개체의 생존과 번식에 목적을 둔 성, 배고픔, 갈증 등을 그 예로 들 수 있다.

둘째, 죽음의 본능은 무생물 상태로 돌아가려는 인간의 충동, 무의식적 소망을 말한다. 인간행동의 파괴적 성향인 잔인성과 공격성, 자살, 살인, 전쟁 등 파괴적 혹은 부정적 힘 등을 예로 들 수 있다.

② 의식의 자각 수준

프로이트는 인간의 정신을 지도로 개념화하여 의식의 자각 수준을 의식, 전의식, 무의식으로 구분하였다.

첫째, 의식(consciousness)은 지금 이 순간 본인이 자각하고 있는 마음의 작용을 말한다. 경험과 감각, 지각, 기억 등을 인식하고 있는 것으로, 새로운 생각이 들어오면 의식의 내용은 계속해 변화한다.

둘째, 전의식(preconsciousness)은 지금 의식하고 있지 않지만, 전에 의식했던 것으로 이용 가능한 기억을 말한다. 저장되어 있는 기억이나 생각 등으로 노력하면 접근이 가능한 영역이다.

셋째, 무의식(unconsciousness)은 인간이 지각하지 못한 경험과 기억, 정신 내용의 대부분으로, 충족되지 못한 본능적 소망이나 억압된 욕구들이 저장되어 있다. 무의식 영역은 일반 사람들은 접근할 수 없는 영역으로 나의 삶에 대한 총체적인 기억이 저장되어 있다고도 할 수 있다. 무의식은 정신분석의 초점이 되는 영역으로 인간행동의 동기로 작용한다고 알려져 있다. 인간의 방어기제도 무의식 영역에서 일어나는 심리적 기제이다.

③ 정신구조의 단계

프로이트는 마음과 정신의 구조를 원초아(id), 자아(ego), 초자아(superego)로 모형화하였다. 이 세가지는 서로 관련되며 영향을 미친다고 하였는데, 원초아는 생물학적으로, 자아는 심리적으로, 초자아는 사회적으로 작용한다고 이해할 수 있다.

첫째, 원초아는 본능적 욕구와 관련되며, 리비도(libido)라는 성적 에너지를 방출한다. 긴장을 감소하려는 쾌락의 원리 하에 움직이며, 인간의 1차적 사고와 관련된다. 객관성이나 합리성이 없는 유아적 사고패턴으로 참을성이 없고 즉각적인 요구를 원하는 영역이다. 프로이트는 생애 만족감의 원천이며 정신에너지의 샘이라 하였다.

둘째, 자아는 본능과 외부의 현실세계를 적절히 조절하여 환경에 적응하도록 하는 현실원리에 의해 작동한다. 원초아와 초자아 간의 이성적 균형을 조정하며, 사고와 행동을 통제하는 기능을 한다. 따라서 2차적 사고(합리적 사고)와 관련되는데. 현실 검증과정을 통해 주관적 욕구와 외부의 현실을 구별한다. 욕구와 양심 사이에서 중간 역할을 하며 원초아 혹은 초자아 쪽으로 이동하면서 개인의 갈등을 해소한다.

셋째, 초자아는 정신구조의 최고 단계로 옳고 그름을 판단하며, 도덕적이고 양심적 작용으로 행동을 조절하거나 통제하는 역할을 한다. 현실보다는 자아의 이상을 추구하고 쾌락보다는 완전함을 추구한다. 초자아는 부모세대나 주변으로부터 물려받은 사회적 가치와 도덕, 윤리나 양심의 영향을 받아 사회적 원리를 따르는데, 3~4세부터 발달한다.

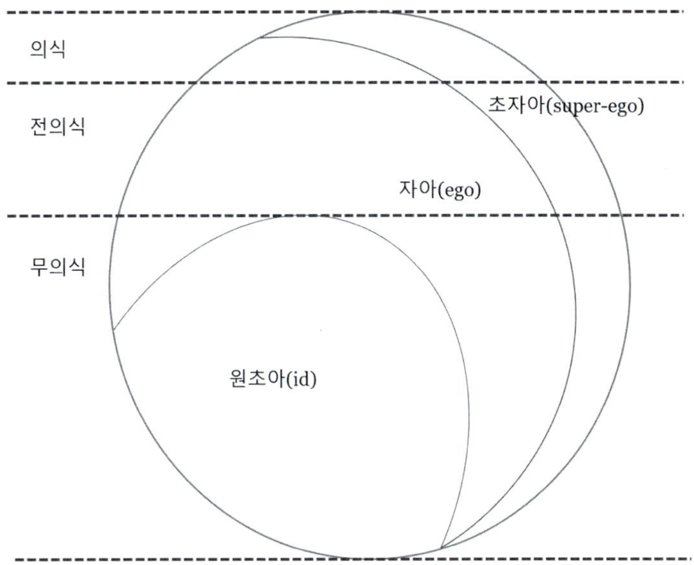

그림 2-1 의식의 자각 수준과 정신구조

(3) 심리성적 발달 단계

프로이트는 인간의 성적 본능과 관련하여 성적 욕구(libido)의 흐름에 따라 발달 단계를 5단계로 구분하였다. 각 단계는 명확하게 구분되지는 않으며 서로 중복될 수도 있다. 각 발달 단계를 원활하게 통과하기 위해서는 욕구가 적절히 만족되어야 하는데, 지나친 만족이나 불만족의 경우 고착이 발생되어 특정 단계에 머물며 성인기 성격에 부정적 영향을 미친다고 하였다.

① 구강기

출생에서부터 약 1.5세 정도까지의 유아는 빨고 깨무는 쾌감에 집중하며, 음식섭취와 관련된 부위가 주요 성감대이다. 리비도의 추구 방향은 타인이 아닌 자기 자신으로, 구강기 전기(구강 동조적 단계)에는 빠는 행위로, 후기(구강 공격적 단계)에는 깨무는 행위로 쾌감을 느낀다. 이가 나기 시작하면, 자신의 욕구 불만에 깨물고 싶은 충동을 느끼며 공격성이 발달하는데 양육자에게 최초로 양가감정을 느끼는 시기이다. 이 시기에 신체적, 정서적으로 무시를 당하거나 박탈감을 느낀 아이는 성인이 된 후 미충족된 욕구로, 강한 갈망이나 타인에 대한 불신으로 대인관계가 어려울 수 있다.

구강기 전기의 구강 동조적 단계에서 과도하게 만족하거나 불만족하는 경우, 성인이 되었을 때 세상 일에 매우 낙관적이며, 타인 의존성이 강하고, 모든 것을 희생해서라도 타인에게 인정을 받으려는 성향을 지닐 수 있다. 이러한 사람은 성인이 되었을 때 수동적이고, 미숙하고, 불안감이 높고 타인에게 잘 속는 경향을 나타낸다. 반면 구강기 후기의 구강 공격적 단계에 고착되면 성인이 되어 논쟁적이고, 비판적이며, 상대방을 비꼬며, 자신에게 필요할 때까지 타인을 이용하거나 지배하는 경향을 나타낸다. 프로이트는 이 구강기 영역이 일생 동안 리비도의 초점으로 남아 있게 된다고 보았는데, 성인들에게서 나타나는 손톱 물어뜯기, 껌씹기, 흡연, 키스, 과식 등이 그 예이다(권중돈, 2014).

② 항문기

1.5세에서 약 3세까지의 유아는 항문자극에서 쾌감을 얻으려 한다. 즉, 변을 참거나 배설하는 활동들을 통해 쾌감을 얻거나 공격성을 드러낸다. 이 시기는 변을 배설함으로써 쾌감을 얻는 항문적 배설단계와 보유하는 데에서 즐거움을 얻는 항문적 보유단계로 나눌 수 있다. 이 시기의 경험을 통해 유아는 자기조절, 자립, 자존감을 느끼고 배우게 되는데, 적절한 배변 훈련을 통해 창조성과 생산성의 기초적 성향을 지니게 되며, 나아가 관용, 자선, 박애 행동의 특성을 지닐 수 있다(권중돈, 2014). 그러나 배변 훈련이 너무 엄격하면 유아는 일부러 지저분한 행동으로 부모에게 대항하기도 하는데, 이러한 경우 항문 배설적(공격적, 폭발적) 성격을 갖게 되어 성인이 되어서 무질서하고, 낭비와 무절제한 생활을 하며, 반항적이고 잔인성, 파괴성, 난폭성을 나타내거나 적대감을 공개적으로 표현하는 성향을 보이게 된다고 한다. 반면, 엄격한 부모의 배변 훈련에 잘 따르며 순응하는 유아는 질서정연하고 결백한 행동을 하려는 강박적 욕구가 발달하여 지나치게 통제된 행동을 하는 항문 강박적(보유적) 성격을 가질 수 있다고 하였다. 그 결과 성인이 되어 깔끔하고 질서정연한 행동유형을 보일 수 있으나 자신의

분노 감정을 잘 표현하지 못하거나, 소극적이고 인색한 행동을 하며, 자신의 계획을 다른 사람에게 강요하며, 수동 공격적 특성이 나타날 수 있다.

③ 남근기

3~6세까지 지속되는 남근기에는 리비도가 성기에 집중된다. 이 시기에 유아는 자신의 성기를 관찰하고 남녀 간의 성적인 차이와 생식기의 유무도 알아가며, 출생과 성에 관해 질문을 하기도 한다. 또한 성적 감각과 쾌감도 느끼는 데, 성인 같은 성적 감각과는 차이가 있다. 그러므로 부모의 성행위를 목격한 남근기의 유아는 아버지가 어머니를 공격하는 것으로 간주하기도 한다(김서영, 2010; 강기정 외, 2015).

프로이트는 이 단계에서 아이와 부모 간에 생기는 삼각관계를 외디푸스 콤플렉스(Oedipus complex)와 엘렉트라 콤플렉스(Electra complex)로 설명하고 있다. 외디푸스 콤플렉스는 남자 아이가 엄마의 사랑을 독차지하고자 하는 과정에서 무의식적으로 성적 욕망과 애착을 느끼고 갈등하면서, 아버지를 자신의 경쟁자로 생각하고 그 보복으로 거세불안을 느낀다는 것이다. 이 감정을 극복하기 위해 아버지의 도덕관이나 가치관을 수용해 남성적 성역할을 습득하며 초자아가 형성되기 시작한다.

반대로 엘렉트라 콤플렉스는 여자 아이가 아버지를 이성적으로 사랑하면서, 어머니에 대해 경쟁의식을 느끼고 증오하는 심리상태를 말한다. 이 시기에 여자 아이는 아버지의 남근이 자신에게 없다는 것을 깨닫고 남근을 선망하게 된다. 그리고, 동시에 자신에게 남근을 주지 않은 어머니를 원망한다. 그러나 시간이 지나 자연스럽게 어머니에 대한 애정을 되찾고 어머니의 여성성과 자신을 동일시하는 초자아가 형성되며 성적 특성을 닮아가기 시작한다.

이 시기에 아동의 성적 충동에 대한 부모의 과잉 통제는 죄책감을 갖게 하거나 유아적 양심의 발달로 낮은 자존감이나 자기비난 등의 심한 갈등을 경험하게 할 수 있다.

표 2-1 프로이트의 심리성적 발달 단계

단계	연령	특징	발달 과업
구강기	출생~1.5세	• 리비도의 자극 = 입 • 욕구충족으로 쾌감, 안정감 갖고 신뢰, 애착 형성	만족감과 쾌감을 통해 대상에 대한 신뢰감 형성
항문기	1.5~3세	• 리비도의 자극 = 항문 • 적절한 배변훈련으로 자아, 대상관계 발달	권위자의 통제 수용과 협상
남근기	3~6세	• 리비도의 자극 = 생식기 • 외디푸스 콤플렉스를 경험하며 성역할과 도덕성 발달	성적 정체감 습득 초자아의 발달
잠재기	6~12세	• 일시적 성적활동 잠재 • 신체적, 지적 발달 왕성	사회화, 또래집단과의 교류
생식기	12세~성인기	• 신체적, 정신적 성숙 • 성숙한 성적 관계 형성	자립과 독립, 사랑의 추구

④ 잠재기

프로이트는 약 6~12세 사이의 시기를 잠재기라 일컬었다. 이 시기에 인간의 성적 에너지, 리비도는 특정 부위에 집중되지 않으며 승화되어 지적 활동, 운동, 동성 간의 우정 등으로 향하게 된다. 그 결과 사회적 기술 습득과 학교 교육 등 학습에 몰두하게 되며, 자아의 성장과 더불어 욕구와 충동을 조절하는 내적 조절 능력을 기르면서 초자아가 더욱 강화된다.

⑤ 생식기

프로이트는 12세 이후 성인기까지의 시기를 생식기라 지칭하였는데, 이 시기에 인간은 2차 성징의 발달로 성적 관심이 다시 증가하며 이성에 대한 정신적 사랑을 추구하게 된다. 생식기에 관해 프로이트는 별다른 관심을 보이지는 않았지만, 부모로부터의 독립, 성역할에 적합한 자아의 발견을 중요시하였다.

(4) 방어기제(Defense mechanism)

프로이트는 인간이 고통스러운 상황이나 불안에 대처하고 적응하려는 무의식적인 심리적 노력으로 방어기제를 언급하였는데, 방어기제는 과한 불안 상황에서 자아를 보호하기 위해 작동하는 심리적 전략이기도 하다.

방어기제는 인간의 발달 수준과 불안 정도에 따라 다르게 나타난다. 그러나 방어기제의 사용이 정신이상과 관련된다고 볼 수는 없다. 그러므로 방어기제의 수나 강도, 사용 연령의 적절성, 안전한 경우의 방어기제의 철회 가능성 등을 종합적으로 고려해 방어의 균형 여부를 판단하는 것이 중요하다.

방어기제의 특성은 다음과 같다.

첫째, 내적 긴장을 완화하기 위해 무의식적 수준에서 행해지므로 실제로는 의식하지 못한다.

둘째, 방어기제는 성격의 발달과 관련되며 성숙 수준을 나타낸다.

셋째, 갈등을 해결하기 위해 동원되는 방어기제가 여러 개일 수 있다.

넷째, 지나치게 방어기제에 의존하거나 무분별하게 사용할 때에는 병리적 증상을 초래할 수 있다.

① 억압(repression)

의식에서 수용하기 어려운 고통스럽고 충격적인 생각과 욕망, 충동 등을 무의식적으로 억눌러 버리는 것이다. 죄책감이나 수치심이 드는 경험일수록 억압의 대상이 된다. 억압을 통해 자아는 위협적 요소들이 의식화되는 것을 막는다. 1차적인 방어기제로 갈등 시 가장 많이 사용되는데 신경증적 증상의 기초가 된다. 너무나 부담되는 어려운 시험이 있을 때 그 시험을 아예 잊어버리는 경우가 그 예이다.

② 부정(denial)

의식하면 감당하기 어려운 상황이나 욕구, 불쾌한 충동 등을 무의식적으로 부정해 생각과 자각을 왜곡하는 방법으로 가장 단순한 방어기제라 할 수 있다. 현실로 받아들이는 것을 거부해 불안감을 피하려는 방법이다. 자신이 걸린 불치의 병을 의사의 오진이라고 하는 것이나, 장애를 가지고 태어난 자녀를 자신의 자녀로 인정하지 않는 것 등이 그 예이다.

③ 반동형성(reaction formation)

무의식적으로 받아들이기 어려운 생각, 욕구, 감정, 충동 등을 반대로 표현하는 것이다. 원래의 생각이나 욕구 등을 의식하지 못하게 하는 기제로 가짜 자아가 형성되도록 한다. 미운 놈 떡하나 더 준다는 속담이 유사하게 적용될 수 있으며, 좋아하는 여학생을 오히려 괴롭히는 남학생 등이 그 예이다.

④ 투사(projection)

스스로 용납할 수 없는 생각, 충동, 행동 등을 무의식적으로 다른 사람이 느끼거나 행동한다고 믿는 것이다. 나의 마음과 상태를 상대방에게 그대로 투사하는 것으로 화가 나 있는 자신을 의식하지 못하고, 상대방이 자신에게 화를 내고 있다고 생각하는 것이 그 예이다. 투사는 착각이나 망상을 형성할 수 있는 기제로 관계망상이나 피해망상으로 발전할 수 있다.

⑤ 치환(전치, displacement)

자신의 감정과 충동들을 위협적인 대상이 아닌, 보다 안전한 대상에게 이동시켜 발산하는 것이다. 아버지에게 야단을 맞은 아이가 집에 있는 강아지를 발로 차 버리는 것, 무의식적인 공격성을 욕설 등으로 표현하는 것이 예에 속한다.

⑥ 합리화(rationalization)

상처받은 자아를 설명하기 위해 무의식적으로 그럴듯한 이유를 붙이는 것을 말한다. 현실에 더 이상의 실망을 느끼지 않으려 합리적이고 이성적이며 자아가 수용할 수 있는 내용으로 꾸며대는 것이다. 이솝우화의 여우와 신포도 이야기에서 여우가 결국 신포도를 단념하면서 생각한 내용이 그 예라 할 수 있다.

⑦ 승화(sublimation)

무의식적 충동, 갈등, 본능적 에너지를 사회적으로 허용되는 형태와 방법으로 전환하여 표출하는 것을 말한다. 때로는 칭찬을 받는 경지에까지 이를 수 있다. 예술을 통해 성적 욕망을 표현하는 것, 강한 공격성과 승부욕을 가진 사람이 운동 선수가 되는 것 등이 예이다.

⑧ 퇴행(regression)

실패나 좌절을 경험해 불안한 상황에 놓일 때 갈등을 피하기 위해 이전 발달 단계나 행동 양식을 보이며 후퇴하는 기제를 말한다. 새로 태어난 동생에게 부모의 사랑이 집중되자 갑자기 대소변을 가리지 못하는 유아의 모습이 그 예라 할 수 있다.

⑨ 내면화(=내사, internalization)

다른 사람의 가치나 기준을 자신의 것으로 수용하는 것이다. 부모나 멘토 등 상대방에 대한 강한 감정을 직접적으로 표현하는 것을 피하기 위해 그 대상을 자신이 그대로 받아들이는 기제로, 긍정적 내면화와 부정적 내면화가 모두 존재한다. 너무나 좋아하는 아이돌 그룹 멤버가 추구하는 가치와 그가 지닌 속성을 그대로 받아들여 통합하는 것은 긍정적 내면화의 예이며, 어머니가 너무 미운데 그 감정을 수용하기도 표현하기도 어려워 자신을 미워하는 경우가 부정적 내면화의 예이다. 부정적 내면화는 우울감을 증가시킬 수 있다.

⑩ 동일시(identification)

주의의 중요한 인물들의 태도와 행동을 닮는 것을 말한다. 무의식적으로 자신의 불안을 제거하기 위해 불안의 원인이 되는 당사자와 똑같이 되려하는 것이다. 무서운 아버지의 말투와 행동을 아들이 닮아가는 경우가 해당된다.

⑪ 보상(compensation)

실제이거나 상상 속에 존재하는 자신의 결점 혹은 약점을 감추기 위해 자신의 강점을 과하게 강조하는 것을 말한다. 자신의 외모에 콤플렉스를 느끼는 사람이 화장에 지나치게 신경을 쓰는 경우, 키가 작은 사람이 배우자로 키가 큰 상대를 찾는 경우가 그 예이다.

⑫ 의식화(ritualization)

무의식적으로 의례적인 행동을 보이며 불안감과 긴장감을 해소하려하는 것이다. 말하기 전에 하는 기침이나, 유아의 취침 전 의식이 의식화 기제에 속한다.

⑬ 무효화(undoing)

용납할 수 없는 자신의 행동을 무효화하여 자기를 보호하고, 자신의 행동 동기를 위장해 정교하게 의식화함으로써 사회적 승인을 얻으려는 것이다. 자녀에게 폭언과 폭행을 한 후 미안하다며 과한 선물을 하는 것 등이 해당된다.

⑭ 전환(conversion)

심리적 갈등과 불안, 긴장이 지속적으로 작용해 감각기관, 수의근계(자신의 의지로 움직일 수 있는 근육)에 그 증상이 전환되어 나타나는 경우를 말한다. 큰 충격으로 실어증에 걸리는 경우, 긴장이나 불안감 해소를 위해 지나친 과식을 하게 되는 거식증 등이 속한다.

⑮ 해리(dissociation)

수용하기 어려운 현실로 인해 일시적으로 정신이 마비되거나 성격의 일부가 의식 수준을 벗어나는 경우를 말한다. 몽유병, 잠꼬대 등이 해당될 수 있으며, '지킬 & 하이드' 작품의 주인공에서 나타나는 성격을 그 예로 들 수 있다.

Plus Tip 프로이트의 정신분석이론과 사회복지실천 연결하기

[사회복지실천에 미친 영향]

1. 인간의 과거 경험을 중심으로 개별적으로 접근하는 개별사회사업 발달에 많은 영향을 주었다.
2. 문제에는 어떠한 원인이 존재한다는 직선적 원인론(linear casuality)을 취하여 사회복지실천이론의 과학적 토대가 되었다.
3. 인간의 불안을 해결하기 위해서는 무의식 수준에서 근원이 되고 있는 원인이 무엇인지를 이해해야 한다는 사실을 깨닫게 하였다.
4. 인간의 정신 내적 현상에 지나친 관심을 두어 기계론적, 결정론적 인간관을 강조함으로써 비판을 받기도 했지만, 다른 인간관을 지닌 이론 개발에 영향을 주었다.

[실천 기법의 예]

- 자유연상: 마음에 떠오르는 생각, 느낌을 자유롭게 말하도록 하는 방법
- 해석: 행동이 지닌 의미를 설명하고 때로는 가르치기도 하는 것
- 꿈의 분석: 꿈을 통해 무의식적 욕구를 찾아내고 미해결 문제를 통찰하는 것
- 전이와 역전이 분석: 치료과정에서 내담자가 치료자를 과거 속 중요한 인물로 느끼거나(전이), 반대로 역전이가 생길 경우 이를 분석하고 해석하는 기법
- 저항 해석: 내담자의 변화를 막는 생각, 태도, 감정, 의식/무의식적 행동을 다루어 직면하도록 하고 저항의 이유를 인식하도록 돕는 것
- 훈습: 내면의 갈등과 역동을 통찰하여 정서적 갈등 수용과 해결을 돕는 과정

2. 융(Carl G. Jung)의 분석심리이론

1) 칼 쿠스타프 융(Carl G. Jung, 1875~1961)의 생애

분석심리학자로 알려진 칼 융은 1875년 스위스에서 태어났다. 융의 할아버지는 의사였고, 아버지는 개신교 목사였다고 한다. 그의 어머니는 융이 태어나기 전 여러 차례의 사산을 경험하면서 우울증상을 앓았다고 하는데, 아버지와 어머니 사이가 좋지 않았다고 알려져 있다. 융은 어릴 적 어머니의 장기 입원과 잦은 요양원 생활로 혼자 있는 시간이 많았으며, 이로 인해 외로운 시기를 보냈다고 한다.

융은 1895년 바젤 대학에 입학해 정신의학을 전공하고, 졸업 후 취리히대학 부속 정신병원의 보조 의사이자 연구원이 된다. 이후 정신병 환자 치료에 프로

이트의 정신분석이론을 적용해 그 효과를 입증하면서 1907년 프로이트와 교류하게 되었는데, 이때 이 둘은 깊은 신뢰를 쌓게 된다. 그러나 융은 프로이트의 성욕론에 반대하는 입장에 서서 리비도를 일반 에너지라 주장한다. 이러한 학문적 견해 차이와 갈등은 결국 프로이트와의 결별로 이어지고 1914년에는 정신분석학회를 탈퇴하고 만다.

이후 융은 1961년 85세의 나이로 사망하기까지 자신의 체험에 근거해 지속적으로 무의식과 상징에 대해 탐구하면서 분석심리학에 몰두하였다. 심리학 분야에서 그의 이론은 꿈과 환상 등 다소 신비로운 개념이 포함되어 있어 난해하다는 평가도 받고 있지만, 인간의 기질적 우세에 따른 유형론을 제시한 것은 공적으로 인정받고 있다.

2) 이론의 주요 개념

(1) 인간관

① 인간은 생물학적, 심리적, 사회적 존재로 전체성을 지니며, 일생을 통해 분화되고 통합된다.

② 인간은 과거의 영향을 받으면서 현재를 살아가지만 미래의 목표를 위해 노력하는 미래지향적 존재이다.

③ 인간은 무의식의 영향을 받지만 의식을 통해 조절되고 변화 가능한 가변적 존재이다.

④ 인간은 자기를 실현하고 완성하기 위해 나아가고자 하는 성장지향적 존재이다.

(2) 주요 개념

① 자아(ego)

자아(ego)는 나에 대한 마음의 의식이라 할 수 있으며, 지각과 기억, 생각, 감정 등으로 구성된다. 따라서 자아는 인간의 심리적 기능에 의해 선택적으로 의식되며, 개인의 의식이 타인으로부터 분리되면서 개성화가 이루어진다. 개성화는 보다 많은 경험을 통해 자신에 대한 의식을 증가시키며 자아를 고도화한다. 융은 인간의 이상적 발달은 보다 강하고 구조화가 잘 된 자아라고 하였다.

② 개인 무의식

개인 무의식은 인간의 의식 속에는 존재하지 않지만 의식 영역으로 불러들일 수 있는 저장소로, 과거의 경험으로 형성되어 있다. 그리고 삶 속에서 억압했던 모든 감정과 성향이 담겨져 있다. 개인 무의식은 무의식의 표면에 위치하며 프로이트가 언급한 전의식의 내용도 포함된다.

③ 집단 무의식

모든 인류에게 공통적으로 유전되어 태어날 때부터 이미 가지고 나오는 무의식층을 융은 집단 무의식이라 하였다. 개인적 경험이나 특성과는 관계없이 누구에게나 발견되는 보편적인 내용으로 조상이나 종족 전체의 경험, 생각, 감정과 관련된 사고, 공포, 원시적 성향을 의미한다. 예를 들어 동양이나 서양에서 지역이 다름에도 유사한 신화가 존재하는 것은 인간의 집단 무의식과 관련된다고 볼 수 있다. 집단 무의식은 꿈, 예술 등을 통해서도 표현되며 인간의 행동에 많은 영향을 미친다. 집단 무의식은 매우 깊은 성격구조에 위치하는데 융은 집단 무의식을 중요한 개념으로 간주하였다.

④ 콤플렉스(complex)

인간의 무의식 속에 내재된 기억, 사고, 정서의 집단으로 특정 감정으로 이루어진 관념 덩어리, 행동적 충동을 말한다. 콤플렉스는 사고의 흐름, 의식의 질서를 방해하거나, 때로는 당황하게 하고, 때로는 화를 내게도 한다. 개인 무의식에 많은 기억이 쌓여가는 과정에서 생겨나는 것으로, 반드시 열등감과 관련되어 있다고 볼 수는 없으며, 인간의 희로애락 모두와 관련되어, 영감이나 충동의 근원으로도 작용한다. 외모나 성격, 죽음에 관한 콤플렉스가 그 예이다. 융은 콤플렉스를 의식화하는 것이 인격성숙의 과제라 하였다.

⑤ 원형

모든 인간에게 보편적으로 나타나는 인간 정신의 가장 보편적이고 근원적인 행동유형이나 이미지, 형상을 말한다. 원형에는 의식과 무의식 모두가 포함되는데, 융은 탄생, 죽음, 권력, 신, 악마 등의 많은 원형을 논하였다. 원형은 그 시작을 알 수 없으며 이미 형성되어 있는 것으로, 인간 내면 깊은 곳의 무의식적 경향과 열망이 표현된 꿈이나 신화, 예술, 환상 등을 통해 발견할 수 있다고 하였다. 인간의 행동과 인격을 형상화하는 대표적인 원형으로는 페르소나(persona), 아니마(anima), 아니무스(animus), 그림자(shadow), 자기(self)가 있다.

⑥ 페르소나(persona)

페르소나(persona)는 무대에서 배우가 썼던 가면을 뜻하는 라틴어로, 성격(personality)이나 인물(person)이라는 단어와 같은 어원을 갖는다. 인간이 외부에 표출하는 이미지 혹은 가면을 의미하는 것으로, 사회에서 주어진 자신에 대한 역할과 기대에 부응하는 태도나 모습을 말한다. 인간은 사회 적응과 원만한 인간 관계를 위해 어느 정도로 페르소나를 발달시킬 필요가 있다. 그러나 지나치게 되면 사회적 역할과 기대에 부응하기 위한 삶에만 갇혀, 성격의 다른 면을 발달시키지 못해 자신을 억압하거나 내면의 세계를 왜곡하여 부작용이 발생할 수 있다. 중년 남성이 사회적으로는 성공했으나 갑자기 자신의 삶을 허무하다고 느끼는 것, 중년 여성이 결혼해 출산과 자녀 양육에 힘써 모든 자녀를 대학까지 보낸 후 공허함을 느끼는 것 등은 중년기에 팽창된 페르소나를 경험하는 예라 할 수 있다.

⑦ 아니마(anima)와 아니무스(animus)

아니마(anima)는 남성의 억압된 여성성을, 아니무스(animus)는 여성의 억압된 남성성을 말한다. 융은 인간이 사회화 과정을 통해 남성은 자신의 여성성을 무의식으로 억압하여 보다 남성다워지고, 여성은 자신의 남성성을 무의식으로 억압해 보다 여성다워지게 되는 것이라 말했다. 또한 자신의 본성을 억압하고 경멸하면 창조성과 전체성이 드러나지 못한다고 하면서, 성숙한 인간이 되기 위해서는 자신의 내부에 잠재해 있는 이성을 이해하고 개발하는 것이 필요하다고 하였다.

⑧ 그림자(=음영, shadow)

인간에게는 개인의 무의식 속에 존재하는 자아와 상충되는, 의식하기 싫은 자신의 부정적인 측면이 있다. 이 때 그 내용이 사회적으로 수용된다면 자아가 되고, 그렇지 않으면 그림자와 관련된다. 그림자는 대부분 인간의 동물적 본성을 포함해 어두운 면, 부정적인 면을 나타내는 원형이라 할 수 있지만, 자발성이나 창의성, 통찰력 등과도 관련되기 때문에 그림자를 너무 억압하면 본성이 희생될 수 있다. 그러나 자아보다 그림자가 더 많은 힘을 갖게 되면 통제가 어려운 상황에 처해 지배당하고 혼돈에 빠질 수 있다.

보다 활력이 넘치는 삶을 위해서는 자신의 그림자에 대한 통찰이 필요하며 자아와 그림자의 적절한 조화가 필요하다.

⑨ 자기(self)

자아(ego)가 의식과 관련된 개념이라면, 자기(self)는 의식과 무의식 영역을 모두 포함하는 인격과 정신의 중심이 되는 개념으로 '본래의 나', '선험적 나'를 의미한다. 자기는 콤플렉스와 원형을 끌어들여 성격의 조화와 안정성, 통합성을 이루도록 하는데, 타고난 정신적 소인이기는 하지만 다른 정신세계가 충분히 발달할 때까지 나타나지 않아 중년기까지 거의 드러나지 않는다. 즉, 자기 실현(self-actualization)은 성격 발달의 궁극적 목표이지만 이에 도달한 사람은 극소수에 불과하다.

(3) 인간의 심리적 유형

융은 자아의 성향을 외향형과 내향형 2가지로 구분하고, 그 기능을 사고, 감정, 감각, 직관 4가지로 구분해 인간의 심리적 유형을 설명했다.

① 자아의 성향

자아의 성향은 태어날 때부터 결정되는 것으로, 정신의 에너지가 외부 대상을 향해 있으면 외향형, 내적 정신구조나 성찰을 향해 있으면 내향형으로 구분한다.

외향형의 특징은 정신적 에너지가 객관적 외부 세계에 있어 주변 환경(정치, 경제, 제도, 물리적 조건 등)과 인간, 사물에 흥미를 지니고 그 상호작용이 활발해 폭넓은 인간관계를 지향하며 사교적이고 활동적이라는 점에 있다. 반면, 내향형의 특징은 의식을 내적이고 주관적인 세계로 향해 자신의 내면세계를 탐구하고 분석하며, 내적인 일에 몰두하는 경향이 있다. 이에 과묵한 편으로 깊이 있는 대인관계를 가지며 조용하고 신중하다. 또한 이해한 다음에 경험하려는 특징을 보인다.

② 자아의 기능

자아의 기능은 외부의 환경을 인식하고, 내면의 세계를 지각하고 이해하는데 사용하는 사고, 감정, 감각, 직관을 의미한다. 이성적 판단이나 평가를 요구하는 합리적 기능으로 사고와 감정을 들 수 있고, 이성적 판단이나 평가가 요구되지 않는 비합리적 기능으로 지각의 두가지 형태인 감각과 직관을 들 수 있다. 융은 인간이 어떤 기능을 우선적으로 사용하고 어떤 기능을 덜 사용하는가에 따라 성격이 달라진다고 하였다(권중돈, 2014).

이후 Myers와 Briggs는 융의 이론에 인식과 판단을 부가하여 4가지 선호 경향에 따라 인간의 성격유형을 16가지로 분류한 MBTI(Myers-Briggs Type Indicator)를 개발하였다.

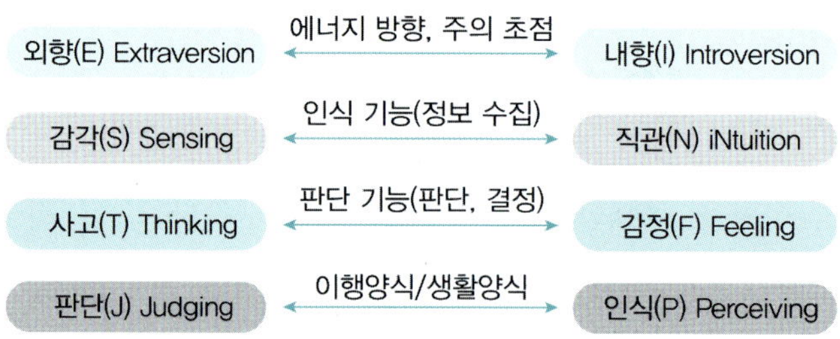

그림 2-2 MBTI의 4가지 선호 경향

출처: 한국 MBTI 연구소 홈페이지(2020). http://www.mbti.co.kr

표 2-2 MBTI의 16개 성격유형

성격유형	성격의 특성
세상의 소금형(ISTJ)	조용하고 신중하며 집중력이 강하다. 매사에 철저하고 사리분별력이 뛰어나다.
임금 뒤편의 권력형(ISFJ)	차분하고 조용하며 친근하다. 책임감이 강하고 헌신적이다.
예언자형(INFJ)	인내심이 강하고 통찰력과 직관력이 뛰어나 신념을 갖고 열정적으로 구현시켜 나간다.
과학자형(INTJ)	사고가 독창적이며 창의력이 뛰어나다. 비판적 분석력이 뛰어나며 내적 신념이 강하다.
백과사전형(ISTP)	조용하며 절제된 호기심으로 인생을 관찰한다. 상황을 민첩히 파악하며 도구를 잘 다룬다.
성인군자형(ISFP)	말없이 다정하고 온화하다. 친절하고 연기력이 뛰어나며 겸손하다.
잔다르크형(INFP)	정열적이고 충실하다. 목가적이며 낭만적이며 내적 신념이 강하다.
아이디어뱅크형(INTP)	조용하고 과묵하다. 문제를 논리적이고 분석적으로 해결하는 것을 좋아한다.
수완 좋은 활동가형(ESTP)	현실적인 문제 해결에 능하다. 적응력이 뛰어나고 관용적이다.
사교적인 유형(ESFP)	사교적이고 활동적이다. 수용적이고 친절하며 낙천적이다.
스파크형(ENFP)	따뜻하고 정열적이며 활기가 넘친다. 재능이 많고 상상력이 풍부하다.
발명가형(ENTP)	민첩하고 독창적이다. 넓은 안목을 갖고 있으며, 다방면에 관심과 재능이 많다.
사업가형(ESTJ)	구체적이고 현실적이며 사실적이다. 일을 조직화시켜 처리해 나가며 지도력이 있다.
친선도모형(ESFJ)	마음이 따뜻하고 이야기하는 것을 좋아한다. 다른 사람과의 인화를 중요하게 여긴다.
언변능숙형(ENFJ)	따뜻하고 적극적이며 책임감이 강하다. 사교성이 좋고 동정심이 많다.
지도자형(ENTJ)	활동적이고 솔직하다. 단호한 결단력과 통솔력이 있다.

출처: ASSESTA 심리평가연구소(2020). http://www.career4u.net/tester/mbti_intro.asp

(4) 인간의 성격 발달

융은 성격의 발달 과정을 개성화(individuation)를 통한 자기실현의 과정이라 보았다. 개성화란 고유한 자기 자신이 되는 것으로, 무의식의 내용을 의식화하여 통합해 나가는 과정이다(Hall & Nordby, 1973). 융은 개성화가 이루어지는 성격의 발달은 전 생애를 걸쳐 이루어진다고 하면서, 인생을 전반기와 후반기로 구분하였는데 이 둘은 정반대의 방향으로 진행되며 삶의 목적과 과제도 다르다(권중돈, 2014).

인생 전반기는 출생에서 시작되며 유아는 집단 무의식 상태로 심리적 분화가 전혀 이루어지지 않은 상태이다. 그러나 시간이 지나면서 자아가 발달되고 원형과 의식의 기능에 분화가 일어난다. 외적 현실에 적응하기 위해 페르소나가 발달하고, 그 과정에서 개인 무의식에 존재하는 그림자가 형성된다. 인생 전반기에는 타고난 잠재력을 발휘하기 위해 정신의 에너지는 외부로 향해 있으며, 외부 현실 속에서 자기를 찾고자 한다. 그러면서 타인과의 관계를 확대해 가고 사회의 규범이나 요구에 자신을 맞추어 나가는 집단화 과정을 경험한다. 자아의 강화와 확대가 이루어지는 시기이다.

인생 후반기에는 중년기(장년기)를 기점으로 전환이 이루어지는데, 정신의 에너지 흐름이 내부로 향하게 된다. 자신의 내면세계에 대한 강한 탐색으로 점차 개성화를 이루는 시기라고 할 수 있다. 즉, 인생 전반기에 강화된 자아를 바탕으로 무의식의 내용을 의식화하면서 자기로 변화되는 과정이다. 인생 후반기에 자아와 페르소나 간의 분리가 일어나면서 자신의 본성과 페르소나가 다른 것임을 깨닫고 내면의 세계로 시선을 돌리게 된다(권중돈, 2014).

Plus Tip 융의 분석심리이론과 사회복지실천 연결하기

[사회복지실천에 미친 영향]

1. 신비로움, 초자연적인 것과 관련된 내용은 모호하여 개념을 이해하기 쉽지 않으며 검증도 어렵다는 비판이 있지만, 인간의 내적 경험의 중요성, 인간 본성의 양면성 등의 내용은 인간의 성격과 행동 발달을 이해하는 데 도움을 주었다.
2. 중년기의 변화와 위기를 설명한 내용들은 중년의 잠재력 개발, 사회의 능동적 참여, 현실 상황에 대한 새로운 대처방식의 발견과 삶의 수용의 측면에서 사회복지사들이 어떻게 접근해야 하는 지 유용한 지침을 제공한다.

[실천 기법의 예]

- 단어연상 검사: 100개의 자극단어를 불러주고, 가장 먼저 떠오르는 단어를 답하게 하여 반응시간을 기록한 후 느낀 감정을 공유하는 기법
- 생애사 재구성기법: 과거 경험에 대해 회상하게 하여 증상이나 병리를 일으킨 발달 유형을 파악해 생애를 재구성하는 기법
- 확충법(amplification): 어떤 주제가 탐색될 때까지 같은 상징들을 계속해 재평가하고 재해석하는 기법

3. 아들러(Alfred Adler)의 개인심리이론

1) 아들러(Alfred Adler, 1870~1937)의 생애

알프레드 아들러는 1870년 오스트리아 비엔나 인근 지역에서 5남 2녀 중 3째로 태어났다. 어린 시절 병약해 어머니의 애정과 돌봄이 집중되었다고 알려져 있으며, 동생의 탄생으로 사랑과 애정을 빼앗기면서 형과 친구들 사이에서 열등감을 경험하며 자랐다고 한다. 그러나 아버지의 격려와 지지로 우수한 학교 성적을 올리면서 자신의 열등감 극복을 위해 노력한 결과, 이후 빈 대학에서 의학 학위를 취득하여 정신과 의사가 된다. 정신과 의사로서 아들러는 프로이트와 같이 활동하였으나 아들러 역시 프로이트의 리비도에 대한 거부감으로 프로이트와 결별하게 된다.

아들러는 사회적 관심을 중요시하며 1922년 지역 사회에 있는 아동보호센터에 처음으로 지역공동체 아웃리치(Community Outreach) 프로그램을 만들기도 했다. 그러나 안타깝게도 1937년 5월 스코틀랜드 에버딘 대학에서 강의 전 산책을 하던 중 심장마비로 사망하였다. 그는 일생동안 활발한 저술활동으로 수많은 책과 논문을 발간했으며, 심리적, 비결정론적 인간관으로 개인 심리학을 발전시킨 공로를 인정받고 있다.

2) 이론의 주요 개념

(1) 인간관

① 인간은 선천적으로 협동하고 상호작용하면서 사회관계를 맺을 수 있는 능력으로 공동체 의식이나 사회적 관심을 지니며, 이를 토대로 타인을 이해하고 공감할 수 있다.

② 인간은 사회환경 속에서 나름의 인생목표를 추구하는 과정을 통해 주관적 평가와 선택을 하는 목표지향적 존재이고, 합리적, 창조적 존재이다.

③ 인간은 부분으로 분리해 파악할 수 없는 전체로서, 통합적 기능을 하는 존재이다. 즉, 인간은 환경에 단순히 반응하는 존재가 아니라 환경의 의미를 해석해 주체적으로 받아들이는 존재이다(김춘경 외, 2010).

④ 인간의 행동은 예외 없이 사회관계 속에서 일어나며 인간의 본성은 사회관계의 이해를 통해서만 파악될 수 있다(권석만, 2012).

(2) 주요 개념

① 열등감과 보상

아들러가 말하는 열등감은 객관적인 것이 아니라 주관적 열등감으로, 선천적 혹은 후천적으로 약하다고 느끼거나 기능의 저조함을 느끼면서 개인이 잘 적응하지 못하거나 문제 해결에 어려움을 느낄 때, 보다 안정을 추구하는 과정에서 생겨난다. 아들러는 인간의 열등감은 무엇을 추구하는 데 동기가 되며, 누구에게나 존재하고, 자기 완성, 성숙, 잠재력의 실현 등에 필수 요인으로 보았다.

한편 보상은 열등감을 극복하여 보다 나아지려고 부족한 것을 채우려 하는 인간의 정신적이고 신체적인 시도로, 열등감을 긍정적으로 해결하려는 과정에서 잠재력을 이끌어내는 건전한 자극이고 반응이다.

② 우월성의 추구

인간은 태어난 이후 평생 우월감을 추구하려고 노력한다. 열등감을 보상하려는 욕구를 해결하기 위한 과정에서 자신의 잠재력을 발휘하며, 나아가 자기를 완성하기 위해 혹은 자아를 실현하기 위해 노력한다.

아들러는 인간의 우월성 추구 경향을 선천적 기본 동기라 하였으며, 모두가 공통적으로 가지고 있고, 출생 시에는 잠재력으로 존재하다가 5세 정도에 자신의 목표가 생기기 시작하면서 실현된다고 하였다. 우월성 추구의 경향은 개인적 수준만이 아니라 사회적 수준에서도 나타나며, 부정적인 경향을 취할 수도, 긍정적인 경향을 취할 수도 있다고 했는데, 그 완성을 위해 상당한 에너지가 투입된다고 하였다.

③ 생활양식

생활양식이란 인간의 삶에 대한 목표, 직업, 우정, 사랑과 결혼이라는 3가지 중요한 생활과업에 대한 개인의 가치와 태도, 생활의 전략 등을 포괄하는 개념으로 개인을 구분하는 독특한 특징을 말한다. 생활양식은 개인이 가지고 있는 열등감을 극복하며 이를 보상하려는 과정에서 형성된다. 아들러는 인간의 생활양식이 생애 초기(4~5세 경) 경험에 의해 거의 형성되며, 이후에는 큰 변화가 일어나지 않고 기본 구조에서 수정되거나 확대된다고 하였다. 그러므로 생애 초기의 가족 내 경험이 중요하다.

아들러는 인간의 사회적 관심 수준과 활동 수준에 따라 생활양식을 유형화하여 지배형, 획득형, 회피형, 사회적으로 유용한 유형으로 구분하였다. 이때 사회적 관심은 타인에 대한 감정이입으로, 개인의 이익보다는 사회발전을 위해 다른 사람과 협력하는 것을 말하며, 활동 수준은 생활과업과 문제를 해결하려는 개인의 움직임으로, 그 에너지의 수준을 의미한다(권중돈, 2014). 2가지 차원에 따라 구분되는 4가지 생활양식의 특성은 다음에서 소개되는 그림의 내용과 같다.

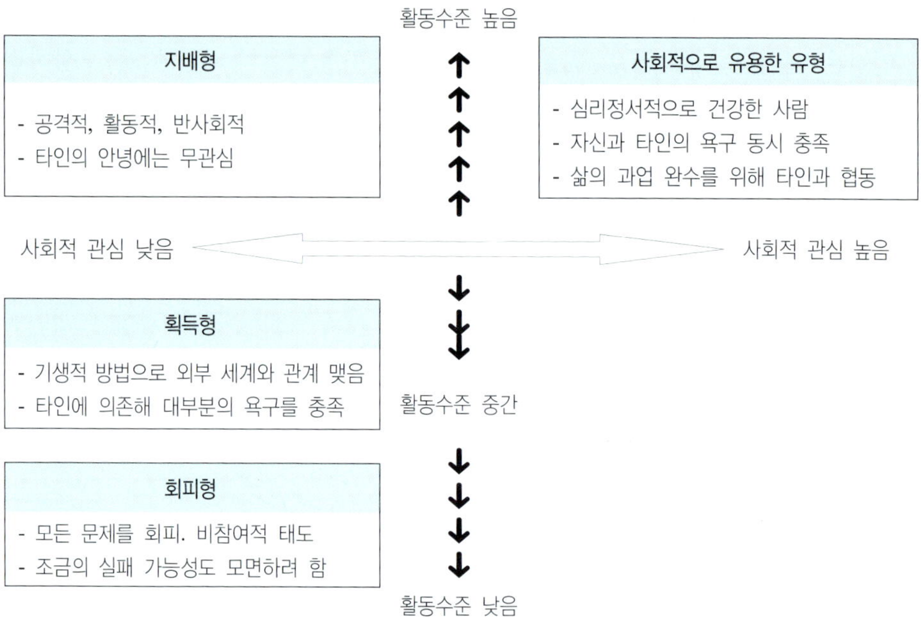

❙그림 2-3❙ 생활양식의 유형과 특성

④ 사회적 관심

사회적 관심은 협동심, 연대의식, 동료 의식, 공동체 의식과 유사한 개념으로, 공동체에 대한 공감능력, 이상적 사회에 공헌하려는 노력을 말한다. 아들러는 인간의 사회적 관심은 심리적 건강을 측정하는 중요한 척도로, 선천적으로 타고나나 의식적인 노력으로 개발되는 것이라 하였다. 사회적 관심에 영향을 미치는 요인으로 가장 중요하게 거론되는 사람은 어머니이고 다음은 아버지이다. 아들러는 자녀의 사회적 관심을 발달시킬 수 있는 부모의 능력은 일, 우정, 사랑과 결혼이라는 3가지 중요한 생활과업에서 만족을 느끼는 사람들이 지닌다고 했으며, 부모의 부부관계 또한 자녀의 사회적 관심에 많은 영향을 미친다고 하였다.

⑤ 창조적 자기

인간은 스스로 자신의 생활양식을 창조할 자유를 지니며, 인생의 목표와 그 목표를 이루기 위한 방법을 결정할 수 있는 존재다. 아들러는 인간은 창조적 자기를 통해 자신의 유전적 조건과 환경, 경험에 대해 주관적으로 해석하고 이를 토대로 자신의 생활양식을 만들어 간다고 했으며, 어려운 상황에 처할 경우 자신에게 적합한 환경으로 만들어가며 극복할 수 있다고 했다. 개인심리이론에서 창조적 자기는 인간에게 생의 의미를 제공하는 중요한 원리로도 간주된다.

⑥ 가족의 형상(family constellation)과 출생순위

아들러는 유아기의 성격 발달에 가족원의 관계가 중요한 역할을 한다고 하였다. 또한 아들러는 부모가 같고 거의 동일한 가족환경에서 자란 아동이라 하더라도 동일한 사회적 환경을 갖는 것은 아니라고 했다.

가족원들의 관계는 자녀 양육에 대한 부모의 태도와 양육의 질을 결정하며, 부모의 양육태도와 질에 의해 자녀가 경험하는 열등감은 달라질 수 있다. 그러면서 자녀는 부모의 개인적 특성을 통합하고 그들을 관찰하며, 그들과의 상호작용을 통해 생활의 모든 것들을 배운다. 그 과정을 통해 부모의 행동 특성에 따라 자녀의 사회적 관심도는 달라지게 되는 것이다.

아들러는 가족의 형상으로 가족 구성원 간의 정서적 유대, 가족의 크기, 가족의 성별 구성, 가족에서의 역할 모델, 출생순위 등이 생활양식의 토대를 형성하고 대인관계의 기술을 학습하도록 하며 이후 성인기 성격 발달에 영향을 미친다고 설명하고 있다. 그 중 출생순위를 매우 중시하였는데, 출생순위에 따른 상황을 개인이 어떻게 지각하는 가가 중요하다고 하였다. 그러면서 인간은 출생순위에 따라 유사한 특징을 보인다고 하였는데, 그 내용을 다음과 같이 설명하고 있다(권중돈, 2014).

첫째 아이는 부모의 많은 관심과 사랑을 받으며 안전하고 평화스러운 생활을 하게 된다. 그러나 둘째가 태어나면서 부모의 관심과 사랑을 빼앗기게 되는데, 아들러는 이러한 형상을 폐위된 왕의 모습으로 비유하며 마음의 상처를 갖게 될 수도 있다고 하였다. 둘째 자녀와 경쟁에서 지는 경우 과거 자신의 위치로 되돌리기 위해 저항하기도 하는데 결국 실패로 이어지며, 스스로 고립되어 독자적인 적응과 생존법을 습득하게 된다. 결국 타인의 애정과 인정을 얻고자 하는 욕구

에 초연해진다(권중돈, 2014). 첫째 아이는 그 과정 속에 열등감, 협동심, 책임감이 발달하며, 힘과 권위, 규칙이나 법을 중시하는 경향을 갖게 된다. 한편으로 부담과 심리적 압박으로 일탈의 경향도 지닌다.

둘째 아이는 태어날 때부터 첫째 아이와 관심과 사랑을 나눠 가지며, 경쟁 속에서 자라난다. 그렇기에 첫째 아이의 장점을 능가하기 위해 자극과 도전을 받으며 보다 빠르게 발전하기도 한다. 경쟁심이 많고 자립과 독립이 이른 편으로, 성공지향적 성향을 지니며 야망을 가진 성격이 된다.

중간 아이는 위 아래로 형제자매를 두고 있어 윗 형제자매를 따라잡으려는 노력과 아래 형제자매보다 앞서기 위한 노력을 해야 하므로 압박감을 느끼게 된다. 중간 아이는 자신의 능력에 대한 확신이 부족해 무력감을 느낄 수 있으며 다른 형제자매에게 의존하는 태도를 보일 수도 있다. 그러나 친구를 사귀거나 사회관계를 맺는 일에는 장점을 지니며, 가족 갈등 시 조정자의 역할을 담당하기도 한다.

막내 아이는 많은 관심을 받고 응석받이, 귀염둥이로 자란다. 그러나 경제적으로 어려운 형편에서 살아가게 되는 경우, 윗 형제자매로부터 자기의 것은 아무것도 없는 모두 물려받아야 하는 상황에 처하면서 천덕꾸러기로 취급당할 수 있다. 자신보다 힘도 세고 특권을 지닌 형제자매들에게 둘러쌓여 있어 독립심이 부족하고 열등감을 쉽게 경험한다. 이를 극복하기 위해 강한 동기가 작용하거나 자유롭게 자기의 길을 추구하면서 특정 영역에서 탁월한 능력을 나타내기도 한다. 아들러는 도전적인 막내일 경우 혁명가로 성장할 가능성이 많다고 하였다.

외자녀는 경쟁할 자녀가 없는 위치에서 어머니에게 응석받이로 자라면서 자기중심적이 되거나 혹은 소심하고 의존성이 많은 사람으로 성장할 수 있다. 경쟁의 경험이 부족한 상황에서, 별 노력 없이 관심을 많이 받고 자라 자신의 중요성에 대해 과장된 생각을 지닐 수도 있다. 어린 시절 계속해서 가족의 관심에 초점이 되기는 하나, 나중에 자신이 관심의 주 대상이 아니라는 것을 인식하게 된다.

⑦ 가상적 목표

인간의 모든 행동은 어떠한 목표를 지향한다는 개념이다. 인간은 누구나 자신의 삶에서 무언가 이루고자 하는 목표를 갖고 있는데, 이것이 가상적 목표이다. 가상적 목표는 자신의 강한 신념이나 가치로, 현실에 효과적으로 대처하도록 하며, 성격통합의 원리로 작용한다. 그러나 다수의 사람들이 그것을 명확히 인지하지는 못한다.

가상적 목표는 현재의 행동에 영향을 미치는 이상으로 주관적이고 정신적인 면과 연결되어 있다. 어떠한 상황에서는 개인이 추구하는 안전한 상태의 자기상이라고도 할 수 있다. 따라서 인간은 진실에 의해 행동하는 것이 아니라, 진실이라고 믿는 그 무엇에 의해 동기가 유발되어 현실에서는 아무런 근거가 없는데도 믿고 행동한다.

아들러는 인간은 스스로 가상적 목표를 형성할 수 있으므로 창조적이면서도 독특한 개성을 지닌다고 하였다. 따라서 어떠한 사람의 가상적 목표를 이해하면 그 사람에게서 나타나는 행동의 의미와 생활양식도 이해할 수 있다고 하였다.

Plus Tip 아들러의 개인심리이론과 사회복지실천 연결하기

[사회복지실천에 미친 영향]

1. 가족의 형태, 가족의 분위기, 가족 구성원의 생활양식에 초점을 두고 있어 가족을 대상으로 한 상담에 유용한 지식기반을 제공한다.
2. 집단 경험을 통해 잘못된 생활양식을 변화시킬 수 있다는 이론의 주요 개념은 집단사회사업에 활용되고 있다.

[실천 기법의 예]

- 역설적 개입: 내담자의 의도와 반대되는 방향으로 개입하는 기법
- 마치~처럼(as if) 행동하기: 그런 상황에 있는 것처럼 상상하고 행동하는 역할극 기법
- 단추누르기: 의도적으로 유쾌 감정이나 불유쾌 감정을 갖도록 하고, 그 경험에 수반되는 감정을 토론하는 기법
- 과제부여: 특정 과제를 개발해 부과하고 이행하게 하여 성취감을 맛보게 하고, 자신감을 갖고 새로운 일에 도전할 수 있도록 하는 기법

4. 에릭슨(Erik Homburger Erikson)의 심리사회이론

1) 에릭슨(Erik Homburger Erikson, 1902~1994)의 생애

에릭슨은 1902년 독일 프랑크푸르트에서 태어났다. 어머니는 유태인, 아버지는 덴마크인이었는데, 그가 태어나기 전 부모는 이혼하였고 그가 태어난 지 얼마 되지 않아 아버지는 사망했다고 한다. 3살이 되면서 어머니가 유태인인 소아과 의사와 결혼하며 새아버지와 생활하게 되는데, 에릭슨은 이러한 사실을 성인이 된 후 알게 되었다.

에릭슨은 어렸을 적 외모의 다름으로 인해 이방인이라는 별명으로 살았다. 고교 졸업 후에는 부모로부터 진학을 권유받았지만 따르지 않고 유럽 등 각지를 돌며 방황하는 유예기를 거치기도 했다. 1927년 에릭슨은 프로이트의 딸 안나 프로이트와 아동의 정신분석에 관해 훈련받고 연구하며 학교에서 아동교사로 활동하게 되는데, 비엔나 정신분석 연구소를 졸업한 후에는 미국으로 건너가 살았다. 미국 보스턴에서 그는 최초의 아동 정신분석학자가 되어 활동했으며 하버드대, 예일대, 캘리포니아대에 재직하면서 강의와 연구를 하였다. 그는 인디언을 대상으로 정상 아동과 문화 배경이 다른 아동의 삶을 연구하기도 했다.

에릭슨은 프로이트의 정신분석에 많은 영향을 받았던 학자로, 신프로이트 학파라고도 불린다. 그는 문화와 사회, 역사적 상황이 인간발달에 미치는 영향을 강조하며 심리사회적 위기와 극복의 결과를 설명하였다. 그의 이론에는 주로 자아의 성장, 자아의 기능이 강조되어 있는데, 인간이 자아정체감을 발전시키는 과정에 중점을 두어 노년기까지를 포함한 총 8단계의 심리사회적 발달이 제시되어 있다.

2) 이론의 주요 개념

(1) 자아

에릭슨의 심리사회이론은 자아심리학이라고 불리울 만큼 자아의 기능과 성장을 중시한다. 따라서 심리사회이론을 배우기 위해서는 자아(ego)에 대한 개념 이해가 필요하다. 이에 에릭슨의 이론과 골드스테인(Goldstein, 1984를 권중돈, 2014에서 재인용)의 설명을 통해 자아에 관한 몇 가지 주요 내용을 다음과 같이 소개한다.

① 인간의 행동은 무의식이 아닌 의식의 영역에서 통제 가능한 자아에 의해 동기화된다.

② 자아의 기능은 타고난 것으로 신체, 심리, 사회적 요인간의 상호작용을 통해 전 생애를 걸쳐 발달한다.

③ 자아는 인간이 일생동안 외부 환경에 대처하고 적응하는 과정에서 생겨나는 창조적이고 역동적인 힘과 관련된다.

④ 자아는 욕구의 충족, 타인과의 동일시, 학습, 발달 과업의 성취, 문제해결, 스트레스 및 위기 대처 과정에서 지속적으로 발달하게 된다.

⑤ 자아의 대처능력 결여나, 개인의 욕구와 능력이 환경 조건이나 자원과 합치되지 않을 때, 사회적 기능상의 문제가 나타난다.

⑥ 자아에 영향을 미치는 심리사회적 환경을 강조하여 '환경 속의 인간'이라는 관점을 형성하는 데 기여하였다.

(2) 자아정체감

에릭슨이 말하는 자아정체감은 시간이 지나면서 변화하는 자기 자신을, 이제까지의 자신과 동일한 존재로 지각하고 수용하는 것을 의미한다. 자신의 개별성, 독특성에 대해 안정된 느낌을 갖는 것으로, 타인과 같은 가치와 흥미, 관심을 공유하고 있어도 자신이 다른 사람과 분리된 개인임을 자각하는 것과 관련된다.

자아정체감의 발달은 아동기의 동일시 경험에서부터 시작해 청소년 후기에는 중요한 이슈로 등장하게 되는 데, 자아정체감을 형성한 사람은 자신의 신념이나 가치관, 정치적 견해나 직업 등에서 스스로 의사결정을 할 수 있다. 에릭슨은 이러한 자아정체감을 평생을 걸쳐 발달되는 것으로 보았다.

(3) 위기

에릭슨은 인간의 발달이 전 생애에 걸쳐 일어나며, 각 단계별로 개인이 직면하는 위기의 발달 과업이 있고, 성격은 그 위기를 해결한 결과에 따라 자아의 특질이 달라지면서 나타난다고 하였다.

위기는 각 발달 단계마다 개인에게 사회가 요구하는 어떠한 심리적 요구이다. 이러한 위기는 새로운 기회이며 인간의 잠재능력의 방향 전환기가 될 수도 있지만, 위기를 성공적으로 해결하지 못하고 사회관계로 소외되면 자아 정체감에 혼란이 발생한다.

(4) 심리사회적 발달 단계

에릭슨은 점성의 원리(epigenetic principle)를 설명하면서 인간의 특정 단계에서의 발달은 기존의 발달 위에서 이루어지는 것으로 이전 단계에서 성취한 발달과업의 영향을 받는다고 하였다. 그리고 그 발달에는 결정적 시기라고 불리는 최적의 시간이 있으므로 모든 단계가 계획대로 전개될 때 완전히 기능하는 성격이 형성될 수 있다고 하였다.

에릭슨은 인간의 발달 단계마다 개인 내부의 변화와 개인과 환경 사이의 상호연관성의 변화를 야기하는 심리사회적 위기가 있으며, 개인은 이런 위기를 통해 자아의 기능이나 균형을 재정립한다고 보았다. 또한 발달 단계의 위기 해결책은 문화에 따라 달라지고, 특정 단계의 심리사회적 위기 해결은 이전 단계의 성패와 직결된다고 하였다. 예를 들어 성장과정에서 발생하는 심리적 위기를 만족스럽게 해결하게 되면 긍정적인 자아의 특질이 강화되지만, 반대의 경우에는 자아에 손상을 갖게 되어 부정적 자아의 특질이 강화되면서 다음 발달 단계에 어려움을 겪게 된다(권중돈, 2014). 에릭슨이 말하는 인간의 전 생애를 통해 나타나는 심리사회적 발달 8단계를 소개하면 다음과 같다.

① 영아기(출생~2세): 신뢰감 대 불신감

이 시기에 영아는 평안하게 지내고, 충분한 영양을 섭취하고, 편안하게 배설할 수 있어야 한다. 에릭슨은 이 시기 영아는 양육하는 보호자와 사회적 상호작용을 하려는 강한 욕구를 지닌다고 하였다. 이 시기 영아가 신뢰를 형성할 수 있는 정도는 보호자가 제공하는 양육의 질에 의해 결정된다. 양육 보호자를 통한 따스한 눈길, 웃어주고, 먹여주고, 어루만져 주는 보살핌을 통해 영아는 신뢰감을 형성하게 된다. 반대로 보호자의 보살핌이 적절하지 못해 일관성이 없고 거부적인 경우에 영아는 불신감을 형성하게 된다. 이 시기의 심리사회적 위기를 해결하게 되면, 자신의 기본적 소원을 성취할 수 있는 신념으로 '희망'이라는 자아의 특질을 형성한다. 그렇지 않을 경우, 사회관계로부터 '철퇴'의 경향을 지니며 인생 후기의 낮은 자존감, 우울증, 사회적 철퇴로 이어진다.

② 유아기(2~4세): 자율성 대 수치심

이 단계는 유아기의 신체발달과 인지발달이 빠르게 일어나는 시기로, 언어가 발달하며 사회적으로 수용될 수 있는 행동을 인식할 수 있게 되고, 독립적으로 주변 환경을 탐색한다. 특히 생리적 성숙으로 인해 배변의 보유와 방출, 혼자 옷 입기 등에서 스스로 하려는 경향이 강해진다.

이 시기 유아는 자기 통제와 주위 사람으로부터의 통제라는 2가지 요구에 직면하게 되는데, 이때 자존감을 상실하지 않고 자기 통제가 가능한 상황이 되거나 타인의 통제에 적응할 수 있게 되면 자율성의 방향으로 위기가 해결된다. 그러나 한편으로 다른 사람의 눈에 자신이 좋지 않게 보이지 않을까 하는 두려움도 갖게 되는데 이것이 바로 수치심이다. 부모가 배변훈련 등에서 아이를 훈육하기 위해 지나치게 수치스럽게 만드는 경우, 아이는 부모와 소원한 감정을 갖게 되고 자기 확신을 얻는 데 실패하게 되므로 수치심이 강화된다. 따라서 부모는 생활 공간 내에서 자녀의 선택권과 자율성 경험을 위해 인내심을 갖고 도와야 한다.

이 시기 심리사회적 위기를 잘 해결하게 되면 '의지'라는 긍정적 자아의 특질이 형성되고 성인기의 정의감으로 확대 발전한다. 그렇지 않을 경우에는 충동을 제한하기 위해 반복적 행동을 하는 등의 강박증을 갖게 되고, 나아가 자신을 싫어하거나 지나친 수치심으로 살아갈 수도 있다,

③ 학령전기(4~6세): 자발성 대 죄책감

이 시기 발달적 위기의 결과는 유아의 놀이나 탐구, 시도 및 실패, 장난감을 사용한 연습 등과 관련된다. 부모가 유아 스스로 환경을 탐색하고 스스로 행동할 수 있도록 격려하면 유아는 자발성을 형성하게 된다. 그러나 유아 스스로 어떠한 일을 완수하도록 기회를 주지 않고 꾸지람을 하게 되면 죄책감을 갖게 되어 다른 사람이 자신의 결정을 대신해 주길 기대하게 된다.

이 시기의 위기를 성공적으로 극복하게 되면, 유아는 목적의식을 발전시킬 수 있지만, 그렇지 않을 경우 목표달성에 대한 의지와 용기가 부족하고, 생각과 표현의 자유를 방해하는 금지의 감정 혹은 억제하려는 경향이 강하게 나타난다. 이 단계를 성공적으로 극복한 성인은 세계의 다양한 측면에 열정을 갖고 관여하는 반면, 죄책감이 깊은 성인은 소극적 성향을 나타내거나, 성적 무기력 등의 정신병리를 유발하게 된다.

④ 학령기(6~12세): 근면성 대 열등감

이 시기 중요한 관계의 범위는 가족 외에 이웃, 학교의 구성원으로 확대된다. 이 시기 아동은 인지적 기술과 사회적 기술을 습득해야 하며, 놀이 규칙에 따라 또래와 협동하고 어울릴 수 있는 능력을 기르고, 연역적 추리, 자기 통제 등의 능력을 발전시켜야 한다. 이러한 발달 과업을 잘 완수하게 되면 주변 사람을 통해 보상과 강화가 뒤따르게 되어 근면성이 발달하며, 그렇지 않을 경우에는 학습 추구에 대한 자신감을 잃고, 부모나 교사로부터 요구받은 과업을 성취할 수 없다고 느끼는 열등감을 갖게 된다.

이 단계의 위기를 긍정적으로 잘 해결할 경우 유능감을 갖게 되며, 그렇지 않을 경우에는 생산적 작업을 방해하는 사고와 행동으로 이어져 비활동적 성향을 나타낼 수 있다.

⑤ 청소년기(12~22세): 정체감 대 정체감 혼란

에릭슨은 이 시기의 청소년은 자신이 어떠해야 하며, 자신을 다른 사람과 어떻게 공유할 것인가라는 문제로 고민하면서 또래집단과의 상호작용이 초점의 주 영역이 된다고 하였다. 이 시기 자아정체감은 내적 충동, 타고난 재능, 기회, 아동기에 획득한 자아의 가치가 모두 합쳐져 내적 동일성을 이루고, 이에 자신이 타인에게 주는 의미에 대한 확신감과 연속성을 통해 형성된다.

청소년기에는 이상적 가정, 종교, 철학, 사회를 동경하지만, 현실적 조건이 이상향을 충족시키지 못하기 때문에 고민을 하게 된다. 이러한 상황에서 청소년은 중요한 결정을 해야 한다고 생각하나, 그러한 결정을 내릴 수 없어 역할 혼란이나 정체감 혼란 현상을 경험하게 된다. 청소년기의 고민에는 다른 사람의 눈에 좋지 않게 보이거나 기대에 어긋날지 모른다는 두려움, 현재 자신의 존재에 대한 불확신, 자신이 앞으로 사회에서 어떠한 지위와 역할을 갖게 될 지에 대한 불안감 등이 있다. 이러한 자기 확신의 결여로 다수의 청소년은 편협하고 배타적인 소속집단과 자신을 동일시하여 파벌집단을 형성하기도 하고, 기존 문화나 권위에 도전하고 반항하며 비행이나 폭동 등의 비사회적 혹은 반사회적 행동에 가담하기도 한다.

이 시기의 위기를 성공적으로 극복하게 되면, '성실'을 유지할 수 있는 능력이 형성되는 반면, 심한 갈등은 생소한 역할과 가치를 거부하는 '거절'이라는 자아의 특질로 이어진다.

⑥ 성인초기(22~34세): 친밀감 대 고립감

성인초기의 친밀감은 자신의 정체성을 잃지 않으면서 타인과 주고받고 나누는 능력을 의미한다. 청소년기에서 자아정체감을 확립한 사람은 타인과 쉽게 친밀한 관계를 형성할 수 있으나, 그렇지 않아 관계 형성이나 접촉을 회피하는 경우 고립감을 형성하게 된다.

이 시기의 주요 관계의 범위는 친구나, 연인, 배우자 등으로까지 확대된다. 따라서 에릭슨은 친밀감을 우정과 사랑, 혼인과 자녀출산, 양육으로까지 이어지는 개념으로 보았다. 이 단계의 위기를 극복하지 못하면 자아도취적 상황에 빠질 수 있고, 친밀한 사회적 관계를 회피하는 고립 상태에 놓이게 되면서 소외감을 느낄 수 있다.

⑦ 중/장년기(34~60세): 생산성 대 침체성

중·장년기의 주요 관계 범위는 직장과 확대가족으로까지 이어진다. 에릭슨은 이 시기의 주요 발달 과업으로 생산성을 갖게 하는 측면에서 자녀를 양육하는 것, 자신의 직장 동료나 직원, 학생을 잘 보호하는 것, 직업이나 여가 참여를 통해 창조성을 얻는 것, 다음 세대로 사상을 전수하는 것 등을 포함하였다. 즉, 이 시기 생산성으로 인해 다음 세대를 양육하고 가르치며 지도 감독하는 활동을 함으로써 이전 세대의 문화와 의식이 다음 세대로 이어지게 된다.

따라서 이 시기에 위기를 잘 극복할 경우 타인을 '배려'하고 '보호'할 수 있는 능력이 형성되지만, 그렇지 않을 경우 부정적 자아 특질인 '거부' 혹은 권위주의가 형성된다. 생산성이 결여된 사람은 사회의 일원으로서 생산적 기능을 발휘하지 못하고 자신의 욕구만을 충족하기 위해 살아가므로, 인간관계가 황폐화되고 중년의 위기로 절망과 허무함을 느끼게 된다.

⑧ 노년기(60세 이상): 자아통합 대 절망감

이 시기는 심리사회적 발달의 마지막 단계로 60세부터 시작해 사망할 때까지 지속되며 주요 관계의 범위는 인류로까지 확대된다.

자아가 통합된 사람은 자신의 삶에 후회가 별로 없고, 성공과 실패, 실망과 보람의 경험 모두를 자신의 인생으로 수용하며, 두려움 없이 죽음에 대해 위엄과 용기로 직면한다. 이들은 과거와 현재, 미래의 경험이 연속성을 지니며, 개인의 생애주기를 수용하고, 인생의 불가피성을 인정하며 '지혜'로운 자아의 특질을 얻게 된다. 반면, 절망의 위기를 경험하는 사람은 인생을 너무 짧다고 느끼고 인간의 존재, 삶에 대해 별 의미를 느끼지 못하며 죽음에 대한 두려움과 지나온 삶에 대한 후회와 한스러움으로 자신과 타인에 대한 신념을 상실하게 된다.

자아통합과 절망의 위기를 성공적으로 해결하지 못한 사람은 '경멸'이라는 부정적 자아의 특질이 나타난다.

표 2-3 에릭슨의 심리사회적 발달 8단계

단계	심리사회적 위기	주요 과제	주요 관계 범위	자아의 특질	주요 병리	심리성적 발달 단계
영아기 (출생~2세)	신뢰감 대 불신감	세상은 안전하고 살 만한 곳이라는 느낌을 갖는 것	모성(母性) 인물	희망	철퇴	구강기
유아기 (2~4세)	자율성 대 수치심	스스로 결정할 수 있는 독립된 인간이라고 인식하기(배변훈련, 옷입기 등)	부모	의지	강박	항문기
학령전기 (4~6세)	자발성 대 죄책감	새로운 것을 시도하고 실패를 처리할 수 있는 능력을 개발하는 것	가족	목적	억제	남근기
학령기 (6~12세)	근면성 대 열등감	기본적 기술을 배우고 타인과 함께 일하는 것을 배우는 것. 인정과 격려가 필요함	이웃, 학교의 구성원	유능성	비활동성	잠재기
청소년기 (12~22세)	정체감 대 정체감 혼란	지속, 통합된 자아감을 개발하는 것. 자기의 위치, 능력, 역할, 책임에 대해 명확한 인식으로 스스로 결정할 수 있어야 함	또래집단, 외집단, 지도력있는 모형	성실	거절	생식기
성인초기 (22~34세)	친밀감 대 고립감	사랑과 우정을 나누는 관계 형성하기. 타인과 감정이나 생각을 주고받고 공유하기	우정, 애정, 경쟁, 협동의 대상들	사랑	배타성	
중/장년기 (34~60세)	생산성 대 침체성	자녀양육과 보호, 다음 세대 혹은 타인을 위해 생산적 일 수행하기	직장, 확대가족	보호, 배려	거부	
노년기 (60세 이상)	자아통합 대 절망감	자신의 인생을 만족스럽고 가치있는 삶으로 관조하기	인류, 동족	지혜	경멸	

출처: 권중돈(2014)의 내용 일부 발췌 후 재정리.

Plus Tip 에릭슨의 심리사회이론과 사회복지실천 연결하기

[사회복지실천에 미친 영향]

1. 사회문화적 요인을 배경으로 인간의 발달을 이해하게 함으로써 정신분석학을 확대 발전시켰다.
2. 생애주기를 통한 전 생애의 발달 변화를 강조하여 인간의 건강한 발달에 새로운 통찰력을 갖게 하였다.
3. 이론의 과학적 근거 제시가 부족하다는 비판은 있지만, 자아의 성장가능성을 제시하여 인간의 발달 과정을 폭넓게 이해하고 활용하도록 하였다.

[실천 기법의 예]

- 인생 회고 기법: 과거의 경험으로 점진적으로 되돌아가면서 과거의 왜곡된 경험을 해결하고 통합하는 것
- 심리사회적 사정: 개인의 상황, 환경 간의 상호작용 속에서 많은 요소들이 어떠한 관련성이 있는지를 파악하여 실천의 방향을 결정하는 것

요약정리

- 프로이트의 정신분석이론은 무의식적 힘에 지배를 받는 수동적 인간관, 결정론적 인간관을 지닌다.
- 프로이트는 인간이 의식을 자각하는 수준을 의식, 전의식, 무의식으로 구분하였으며, 마음과 정신의 구조적 측면을 원초아(id), 자아(ego), 초자아(superego)로 모형화하였다. 원초아는 리비도(libido)라는 성적 에너지를 방출하며 쾌락의 원리로, 자아는 현실의 원리로, 초자아는 사회적 원리로 작동한다.
- 프로이트는 인간의 발달을 성적 본능과 욕구에 따라, 구강기→ 항문기→ 남근기→ 잠재기→ 생식기 5단계로 나누었다.
- 인간은 고통과 불안에 대처하고 적응하기 위해 무의식적으로 심리 전략을 사용하는데, 이것이 방어기제이다. 방어기제의 사용은 수나 강도, 사용 연령의 적절성 등을 종합적으로 고려해 균형 여부를 판단함이 중요하다.
- 융의 분석심리이론에서는 인간을 미래지향적, 가변적, 성장지향적 존재로 본다.
- 융은 고도화된 자아를 통한 개성화, 무의식 세계를 강조하였으며, 콤플렉스, 인간의 행동과 인격을 형상화하는 원형들(페르소나, 아니마, 아니무스, 그림자, 자기 등)을 설명하였다.
- 융은 자아의 성향을 외향형과 내향형으로 구분하고, 사고, 감정, 감각, 직관 4가지 자아의 기능을 토대로 인간의 심리적 유형(성격)을 나누었다.
- 아들러는 인간의 열등감에 대해 무엇을 추구하는 데 동기가 되고, 자기 완성, 성숙, 잠재력 실현의 필수 요인이라 말하였다. 그리고 인간은 열등감을 보상하려는 과정에서 선천적으로 우월성 추구의 경향을 나타낸다고 하였다.
- 생활양식은 삶의 목표로 우정, 직업, 사랑과 결혼이라는 3가지 생활과업에 대한 개인의 가치와 태도, 생활전략 등을 포괄하는 개념으로 개인을 구분짓는 특징이다.
- 아들러는 인간의 성격과 행동을 이해함에 있어 사회적 관심, 창조적 자기, 가족의 형상, 출생순위, 가상적 목표 등을 중요한 개념으로 보고 있다.
- 에릭슨의 심리사회이론에서는 자아의 기능과 성장, 평생을 통해 발달하는 자아정체감의 중요성을 강조하고 있다.

- 에릭슨은 인간의 발달을 점성의 원리로 설명하면서 심리사회적 발달 단계를 소개하였는데, 그 단계마다 위기에 직면한다고 하였다. 그리고 위기를 극복하는 과정 속에서 자아의 기능과 균형이 재정립된다고 하였다.
- 인간의 심리사회적 발달 8단계와 위기는 영아기의 신뢰감과 불신감→ 유아기의 자율성 대 수치심→ 학령전기의 자발성 대 죄책감→ 학령기의 근면성 대 열등감→ 청소년기의 정체감 대 정체감 혼란→ 성인초기의 친밀감 대 고립감→ 중·장년기의 생산성 대 침체성→ 노년기의 자아통합 대 절망감이다.

2장과 관련된 사회복지사 1급 시험 기출 문제

01 융(C. Jung)의 분석심리이론에 관한 설명으로 옳지 않은 것은? [16회]

① 인간은 생물학적, 심리적, 사회문화적 존재이다.
② 인간은 자신의 일부를 받아들이기 꺼리는 그림자(shadow)를 가지고 있다.
③ 집단무의식을 '조상 대대로의 경험의 침전물'로 보았다.
④ 남자의 여성적인 면은 '아니무스(animus)', 여자의 남성적인 면은 '아니마(anima)'이다.
⑤ 페르소나(persona)는 개인이 외부에 표출하는 이미지 혹은 가면을 의미한다.

02 방어기제에 관한 설명으로 옳지 않은 것은? [17회]

① 반동형성(reaction formation): 어떤 충동이나 감정을 반대로 표현하는 것이다.
② 전치(displacement): 본능적 충동의 대상을 원래의 대상에서 덜 위협적인 대상으로 옮겨서 발산하는 것이다.
③ 전환(conversion): 심리적 갈등이 감각기관 또는 수의근계 기관의 증상으로 표출되는 것이다.
④ 투사(projection): 용납할 수 없는 자신의 충동, 생각, 행동을 무의식적으로 다른 사람의 탓으로 돌리는 것이다.
⑤ 해리(dissociation): 어떤 대상에 피해를 주었을 경우, 취소 또는 무효화하는 것이다.

03 다음 학자의 주요 이론과 개념의 연결이 옳지 않은 것은? [17회]

① 에릭슨(E. Erikson) – 분석심리이론 – 원형, 집단무의식
② 프로이트(S. Freud) – 정신분석이론 – 원초아, 자아, 초자아
③ 아들러(A. Adler) – 개인심리이론 – 열등감과 보상, 생활양식
④ 반두라(A. Bandura) – 사회학습이론 – 자기강화, 관찰학습
⑤ 로저스(C. Rogers) – 인본주의이론 – 완전히 기능하는 사람, 현상학적 장

정답 01 ④ 02 ⑤ 03 ①

생각 잠시 머물기 **프로이트의 저서 「꿈의 해석(The Interpretation of Dreams)」**

프로이트는 1900년에 「꿈의 해석」이란 저서를 발간했는데, 이후 8번이나 개정할 정도로 이 책을 매우 중요하게 생각했다. 이 책은 한국에서도 번역되어 대중에게 보급되어 왔는데, 결론부터 말하자면 제목처럼 꿈의 해석을 목적으로 한 책은 아니다.

프로이트는 이 책을 통해 의식의 세계에서는 도통 알 수 없는 무의식의 세계를 의식이 풀려버린 '꿈'을 꾸는 시간 동안, 인간이 소망하는 실체 즉, 인간의 시선이나 도덕적 관념이 어떠한 모습으로 드러나는 가를 말하고자 한다. 꿈이 형성될 때 작용하는 정신과정과 왜곡 현상, 꿈의 작동 방식들을 고찰하고 있다.

미국 정신분석학회에서는 이 책에 대해 "이 책이 없었다면 정신질환치료법의 등장은 불가능했을 것이며, 정신질환으로 고통받는 수백만 명의 사람들을 구해낼 수 없었을 것이다"라고 할 정도로, 수많은 학자들은 「꿈의 해석」을 인류 역사에 혁명적 변화를 몰고 온 명작으로 꼽는다.

프로이트가 말하는 꿈은 내가 미처 몰랐던, 나의 열정이 향하는 곳이 어디인지를 발견할 수 있는 세계로, 인간의 진정한 소망을 발견할 수 있는 세계인 듯하다.

사진 출처: 아마존(2020). The Interpretation of Dreams(Master's Collections).
https://www.amazon.in/Interpretation-Dreams-Masters-Collections-Sigmund/dp/9380005873

03

CHAPTER

인지행동이론

1. 스키너(Burrhus Frederic Skinner)의 행동주의이론
2. 반두라(Albert Bandura)의 사회학습이론
3. 피아제(Jean Piaget)의 인지발달이론
4. 콜버그(Lawrence Kohlberg)의 도덕성 발달이론
5. 엘리스(Albert Ellis)의 합리적 정서행동이론

이 장의 학습목표

1. 인지행동이론의 주요 개념을 이해한다.
2. 인지발달이 인간의 행동에 미치는 영향을 이해한다.
3. 인지행동이론을 사회복지실천에 적용할 수 있는 방안을 이해한다.

생각해 보기

가정, 유치원, 학교에서 부모나 선생님이 자녀나 학생들의 바른 행동이나 더 나은 생활 습관을 유도하기 위해 적용했던 규칙이나 벌을 생각해 봅시다. 자신에게 혹은 자신이 생각하기에 가장 효과적이었다고 기억되는 방법은 무엇인가요?

CHAPTER 03

인지행동이론

1. 스키너(Burrhus Frederic Skinner)의 행동주의이론

1) 스키너(Burrhus Frederic Skinner, 1904~1990)의 생애

미국 펜실베니아 출신인 스키너는 유복한 가정에서 태어나 부모를 통한 교육과 종교교육을 받고 자랐다. 뉴욕의 해밀턴 대학에서 영문학을 전공하며 문학가가 되기를 희망하였으나, 1927년 뉴욕타임즈지에 실린 파블로프의 업적을 통해 심리학을 공부하기로 결심한다. 이후 스키너는 하버드대에서 심리학 박사학위를 취득하고 하버드대 심리학 교수로 활동하면서 수많은 저서를 집필했으며, 심리학의 행동주의 학습이론을 체계화하였다.

그는 인간의 행동은 환경을 통해 얻게 되는 힘의 결과라 주장하며, 인간의 문제를 해결하기 위해서는 환경의 힘을 적절하게 조작화해야 함을 주장했다.

2) 이론의 주요 개념

(1) 이론의 주요 초점

① 인간의 내적인 동기와 욕구, 지각에 초점을 두기보다 구체적으로 관찰가능한 행동에 초점을 둔다. 자극변수가 조작되고 그 조작에 의해 반응이 예측될 수 있는 객관적이고 과학적인 방법으로 인간의 본성을 연구하였다.

② 인간의 행동은 학습되거나 학습에 의해 수정될 수 있다고 보기 때문에 학습이론이라고도 한다. 학습을 통해 지식과 언어를 습득하고, 태도와 가치를 형성하며 다양한 감정을 경험한다. 따라서 인간의 행동은 사회적 맥락에서 이해할 수 있다.

(2) 인간관

① 인간의 행동은 내적 동기나 욕구보다는 외적인 자극에 의해 동기화된다.

② 인간행동에 영향을 주는 중요한 요인은 환경으로, 환경의 자극에 의해 동기화되고 행동의 결과인 강화에 의해 결정된다(환경론적 인간관).

③ 인간의 행동은 보상과 처벌에 의해 강화되며, 그 결과를 통해 행동이 유지되고 변화된다(기계론적 인간관).

④ 인간의 행동은 법칙적으로 결정되므로, 예측 가능하여 통제할 수 있다.

⑤ 인간행동의 기본 가정은 ABC 패러다임을 따른다. 즉, 인간의 특정한 행동은 선행사건(Antecedents), 행동(Behavior), 결과(Consequence)에 의해 일어난다.

A. 선행사건(Antecedents)

- 행동 이전에 발생하는 사건
- 예 어머니가 출근 준비를 하며 아이를 유치원에 맡기려 함

B. 행동(Behavior)

- 직접 관찰가능하고 측정 가능한 반응 혹은 행동, 사고, 생리적 반응, 감정 등

- 예 어머니와 떨어질 것이라 생각한 자녀가 울며 토하는 증상을 보임

C. 결과(Consequence)

- 행동에 따르는 강화나 벌에 의해 전적으로 행동이 결정됨
- 예 자녀의 증상으로 어머니가 출근하지 못하고 자녀 곁에 머물며 돌봄

(3) 고전적(반응적) 조건 형성: 파블로프식 조건 형성(classical conditioning)

고전적(반응적) 조건 형성이란 무조건 반응을 일으키는 무조건 자극과 연합된 조건 자극도 나중에는 반응을 유발하게 된다는 것을 의미한다. 쉽게 파블로프의 개 실험을 생각하면 되는데, 주요 개념을 예를 들어 설명하면 다음과 같다.

[실험 1] 고기를 주려고 할 때 개가 침을 흘린다.

① 무조건 자극 = 고기 ← 사전 훈련없이 반응을 유발하는 자극

② 무조건 반응 = 타액 분비 ← 무조건 자극에 대한 반사적 행동

[실험 2] 종소리를 울리고 나서 고기를 주는 훈련을 반복한 후, 고기를 주지 않고 종소리만 울렸는데도 개가 침을 흘렸다.

③ 조건 자극 = 종소리 ← 조건 반응을 유발하는 자극

④ 조건 반응 = 종소리만 울렸을 때의 타액 분비 ← 조건 자극이 무조건 자극과 연합되어 유발된 반응

고전적(반응적) 조건 형성은 실천 현장에서 환경과 문화에 정상적인 감정이나 태도를 학습하지 못했을 경우 재학습 방법으로 많이 사용된다.

개에 물려 동물만 보면 무서워 우는 아이에게 장난감 동물인형과 친해지도록 하고 동물과 노는 영상을 보여주어, 동물에 대한 관심과 흥미를 느끼고 무섭고 두려운 감정을 서서히 사라지도록 해 개를 보고도 가까이하고 함께 놀 수 있도록 하는 것을 예로 들 수 있다.

(4) 스키너의 조작적(도구적) 조건 형성

고전적(반응적) 조건 형성과 달리 유기체가 원하는 결과를 얻기 위해 실행하는 환경에 대한 자발적이고 선택적인 반응을 조작적(도구적) 조건 형성이라 한다. 즉, 자극과 자극 간의 연합이 아닌, 행동과 결과 사이의 연합으로 조작적(도구적) 조건 형성이 이루어진다. 그 결과가 긍정적이면 행동이 증가하고, 부정적이면 행동이 감소한다. 주요 개념 설명을 위해 예를 들면 다음과 같다.

[조작적 조건 형성의 실험 예]

버튼이 달린 유리문 안쪽에 치즈를 넣어두고 쥐의 행동을 관찰하였다. 쥐는 치즈를 바라보고 이리저리 돌아다니다가, 버튼을 눌렀는데 누를 때마다 치즈가 나왔다. 이후 같은 실험에서 쥐는 버튼을 누르는 행동을 반복했다.

① 연속적 강화: 버튼을 누를 때마다 음식이 나옴
② 조작적 조건화: 행동(버튼을 누름)과 결과(음식이 나옴)의 연합으로 행동이 조건화됨(자발적 행동 반복)

스키너는 행동의 학습에 있어 강화가 없으면 일어나지 않는다고 보기 때문에, 조작적 조건화의 원리를 응용해 인간의 행동을 수정할 수 있는 다양한 치료 기법을 개발해 실천 현장에서 적용할 수 있도록 하였다.

학급청소를 할 때마다 칭찬 스티커를 배부(연속적 강화)하여, 자발적 행동을 유도하고 스티커의 개수에 따라 학기말에 선물을 받도록 하는 것은 조작적 조건화의 원리를 응용한 예라 할 수 있다.

(5) 변별 자극

행동에 영향을 미치는, 특정 반응이 보상되거나 보상되지 않을 것이라는 단서나 신호로 작용하는 자극을 말한다. 예를 들어 도로에 설치되어 있는 무인 속도 측정기는 운전자가 속도를 줄여 운전해야 한다는 것을 암시해 안전운전을 유도하는데, 이때 무인 속도 측정기는 변별자극이라 할 수 있다.

(6) 소거, 벌

소거는 어떠한 행동이나 반응이 더 이상의 강화를 받지 못해 약화되거나 사라지는 것을 말하며, 벌은 어떠한 행동에 대해 혐오스럽거나 불쾌한 자극을 주어 행동의 빈도를 감소시키는 것을 의미한다. 벌에는 다음과 같이 2가지 유형이 있다.

① **정적 벌**: 특정 행동 후 불쾌한 자극을 주어 행동의 빈도를 감소하도록 유도
   예 체벌, 감금 등

② **부적 벌**: 특정 행동 후 유쾌한 자극/강화를 주지 않아 행동의 빈도 감소 유도
   예 용돈 주지 않기, 컴퓨터 게임 못하게 하기 등

(7) 강화, 강화계획

강화는 어떠한 행동이나 반응에 보상을 제공하여 보다 강하게 나타나도록 하는 것으로, 행동의 빈도를 증가시키거나 행동이 다시 발생할 확률을 높인다. 강화에는 2가지 유형이 있다.

① 정적 강화

행동이나 반응에 대해 보상함으로써 행동의 발생 확률을 증가시키는 것이다. 정적 강화를 위해서는 정적 강화물을 제시하게 되는데, 정적 강화에는 사회적 강화와 물질적 강화가 있다. 학급 청소를 한 학생에게 칭찬하기, 인정하기, 미소짓기, 안아주기 등을 한다면 사회적 강화라 할 수 있으며, 간식이나 선물을 준다면 물질적 강화라 할 수 있다.

② 부적 강화

행동이나 반응에 대해 불쾌하거나 혐오스러운 자극을 주지 않음으로써 특정 행동이나 반응의 빈도를 증가시키는 것이다. 부적 강화물을 제거하는 방법으로

행동이나 반응의 빈도를 감소시키는 처벌과는 다른 개념이다. 등교시간을 잘 지키면 청소를 면제해 준다거나, 안전 벨트를 착용하면 시끄러운 소음이 그치는 것 등을 예로 들 수 있다.

③ 강화계획

강화계획은 행동 증가를 목적으로 한다. 강화물 제시 간격과 빈도로 다음과 같이 강화계획을 세울 수 있다.

- 연속적 강화계획: 행동이 일어날 때마다 강화물을 제시하는 것
- 간헐적 강화계획: 간헐적으로 강화물을 제시하는 것
  - 고정간격 강화계획: 강화들 사이에 시간 간격이 일정함
    예 50분 수업 후 10분간 휴식
  - 가변간격 강화계획: 강화들 사이에 시간 간격이 일정하지 않음
    예 2시간 내 10분 휴식, 하루 2번의 간식 제공
  - 고정비율 강화계획: 특정 행동이 일정 수만큼 일어났을 때 강화를 제공
    예 귤 한박스 당 1만원의 보수를 지급하는 것
  - 가변비율 강화계획: 평균 몇 번의 반응이나 행동이 일어난 후 강화를 제공. 다음 강화가 언제 제공될 지는 예측할 수 없음
    예 도박장의 슬롯머신

(8) 행동조성(행동형성)

복잡한 행동이나 기술을 학습시키는 데 적용하는 점진적 접근을 행동조성(행동형성)이라 한다. 단순한 것에서부터 복잡한 것으로 단계별로 학습되도록 강화를 제공하는 것이다. 언어 치료 시 내담자에게 말하는 단어의 빈도와 단어 수를 점진적으로 늘려가는 것, 지적 장애인인 내담자에게 일상 생활을 단계적 학습과정으로 훈련하여 스스로 할 수 있는 일을 반복하도록 하고 점차 그 수를 늘리고 수준을 높여가는 것 등을 예로 들 수 있다.

Plus Tip 스키너의 행동주의이론과 사회복지실천 연결하기

[사회복지실천에 미친 영향]

1. 개입의 중심을 인간의 정신 내면적 갈등에서 외적 행동으로 이동시켰다.
2. 인간의 신체와 심리발달에 환경의 중요성을 강조하여 사회복지실천에 중요한 관점을 제공했다.
3. 주요 원리와 기법 적용으로 인간의 행동수정이 가능해져 실천 개입에 다양한 방법을 제공했다.

[실천 기법의 예]

- 토큰경제: 바람직한 행동을 했을 때 그에 상응하는 징표(예 토큰, 쿠폰)를 주어 후에 내담자가 원하는 다양한 물건이나 기회와 교환하도록 하는 기법
- 타임아웃: 특정 행동의 발생 빈도를 줄이기 위해 이전의 강화를 철회하는 것
- 이완훈련: 불안 수준을 낮추기 위해 4~8시간 근육이완 교육을 받은 후, 조용한 환경 속에서 깊고 규칙적인 호흡으로 근육을 이완시키며 동시에 즐거운 상상이나 생각을 하게 함. 이 절차를 반복하도록 하여 점진적으로 근육이 이완되도록 돕는 기법
- 체계적 둔감화: 불안 유발상황에 대해 위계목록을 작성해 이완훈련을 시키고 불안을 유발하는 상황을 상상하게 해 불안이나 공포로 인한 부적응적 행동이나 회피행동을 수정하는 것
- 반응대가: 부적응적 행동을 했을 때 자신에게 이익이 되는 물건이나 권리를 내놓게 하여 대가를 치르게 하는 기법. 예 토큰 회수
- 혐오기법: 특정 행동이 나타날 때마다 고통스러운 혐오자극을 주어 문제 행동을 소거하는 기법. 예 전기충격, 화학적/시각적 혐오자극
- 인지적 행동수정기법: 역기능적 행동을 유도하는 사고를 수정하도록 하는 기법. 예 인지적 재구조화, 인지적 자기지시, 인지적 심상기법 등
- 자기주장훈련법: 어떠한 상황에서 자신의 의사를 정확히 표현할 수 있도록 훈련하는 것. 타인의 감정이나 권리에 민감하게 반응하면서 훈련을 통해 자신을 표현할 수 있는 행동 목록을 증가시킴. 예 지시, 환류, 모델링, 행동연습, 사회적 강화 등

2. 반두라(Albert Bandura)의 사회학습이론

1) 반두라(Albert Bandura, 1925~)의 생애

반두라는 1925년 캐나다 앨버타주에서 태어났다. 반두라는 초등, 중등, 고등학교가 통합된 작은 학교에서 친구들과 함께 스터디그룹을 통해 독학한 것으로 알려져 있다. 이러한 교육적 환경은 사회학습이론에서 제시하는 관찰학습이나 모델링, 자기효능감 등 주요 개념의 토대가 되었다고 한다.

1949년 캐나다 벤쿠버의 브리티시 컬럼비아 대학에서 심리학 과정을 마치고, 이후 미국 아이오와 대학에서 심리학 석사와 박사학위를 취득한 후, 현재 스탠포드 대학에서 심리학과 교수로 재직 중에 있다.

아이오와 대학에서의 초기 연구들은 가족 내 아동의 공격성 등 임상심리에 관한 것이 주였는데, 이후 보보인형 실험을 통해 아동은 사회 환경 내에서 관찰과 모방을 통해 행동한다는 주장으로 사회학습이론을 제시하기 시작한다. 즉, 인간의 행동 발달에 관찰학습이 중요하며, 사회적 환경 내에서의 인지가 중요한 영향을 미치고 있음을 주장하였는데, 이에 그의 이론은 사회인지이론이라고도 불린다.

다수의 연구와 집필을 지속하면서 심리학과 학습이론에 관한 업적으로 여러 차례 공로상을 수상했으며, 행동주의와 인지심리학 간의 전환에 큰 영향을 미친 것으로 인정받고 있다.

Note 보보인형 실험

보보인형 실험은 1960년대 심리학자 알버트 반두라에 의해 고안되었으며, 공격적인 행동을 하는 모델을 본 아동들이 폭력적인 행동을 더 많이 한다는 모방학습 효과를 보여주는 실험이다. 당시 스탠퍼드 대학 심리학 교수로 있던 그는 '모방'이라는 요소 역시 학습에 중요한 요소라고 주장하며, 3세에서 6세 사이의 미취학 아동을 대상으로 한 실험의 결과를 발표했다.

피험자가 된 아이는 연구원과 함께 놀이방에 들어가는데, 이 안에서 연구원은 한쪽 구석에 놓여 있는 보보인형을 장난감 망치로 두들기거나 손으로 집어 던지는 등 공격적인 행동을 보인다. 이후 아이를 혼자 놀게 했는데, 이들은 공격적 행동을 보지 않은 아이에 비해서 훨씬 더 빈번하게 장난감을 공격적으로 다루는 모습을 보였고, 특히 아이와 연구원이 같은 성(sex)이었을 때 그 정도는 더욱 심했다.

출처: 네이버 지식백과(2020). 보보인형실험 내용 일부 발췌해 재정리.

2) 이론의 주요 개념

(1) 이론의 초점

① 인간의 행동은 개인적, 사회적, 상황적 요인들 간의 지속적인 상호작용의 결과이다.

② 개인 내적인 요인들(사고, 지각, 기대, 열망, 선호도)보다는 행동과 관련된 구체적 환경 조건들과 그것에 대한 개인의 인지적 능력이 보다 중요하다. 그것에 따라서 자극에 대한 반응이 달라질 수 있다.

③ 인간은 환경의 자극에 대해 직접적인 반응 행동을 할 수도 있지만, 타인의 행동을 간접적으로 관찰하고 모델링하며 모방을 통해 행동할 수 있다.

(2) 모델링, 모방

타인의 행동을 관찰해 그 행동을 모방하는 것을 모델링(Modeling)이라 한다. 인기있는 친구의 말투를 그대로 흉내 내는 유치원생, 축구 경기에서 좋은 실적을 내고 있는 유명 선수의 헤어스타일을 따라하는 초등학생의 모습에서 그 예를 찾을 수 있다. 반두라는 관찰자와 유사성을 가지고 있거나, 지위나 신분에 있어 더 높거나 전문성이 있다고 판단될 때, 다수의 모델을 통해서 어떠한 행동이 관찰될 때 모방할 가능성이 높다고 하였다.

(3) 관찰학습

인간은 환경에 대한 단순한 자극을 통해 반응하는 것이 아니라, 타인의 행동을 관찰하고 학습하여 행동한다는 것이다. TV에 출연한 아이돌이 춤을 추는 모습을 보고 청소년들이 동작을 따라하는 행동은 관찰학습의 예라 할 수 있다. 반두라는 인간의 관찰학습은 기계적 모방에 그치지 않고 필요에 따라 창의적인 아이디어를 더하여 새로운 행동으로 이어질 수도 있다 하였다.

이에 관찰학습의 과정을 4단계로 구분하였는데, 어떠한 상황을 주의 집중하는 과정, 그 기억을 보존하는 과정, 모방을 위해 기억하고 있는 것을 외형적 행동으로 나타내는 운동재생과정, 강화를 통해 행동의 동기를 높이고 수행가능성을 높이는 동기유발과정으로 설명하였다.

① 1단계: 주의집중과정

관찰 대상을 선택하는 단계로 관찰 대상과 관련된 자극에 주의를 집중하여 중요한 특징, 행동 등을 지각하기 위해 노력한다.

② 2단계: 보존(보유/기억)과정

관찰한 내용이나 모방한 행동을 이미지나 언어, 운동 등 인지적으로 구조화하여 기억에 담는 과정이다.

③ 3단계: 운동재생과정

이미지나 언어 등으로 기억된 내용을 외형적인 행동으로 전환하는 과정이다. 반응을 선택하는 단계와 자신의 관찰과 타인의 피드백을 통해 행동을 조정하는 단계를 포함한다.

④ 4단계: 동기유발과정

관찰한 내용이 적절하게 수행되도록 동기를 유발하여 행동으로 이어지도록 하는 과정이다. 강화를 통해 혹은 강화를 예측하도록 하여 동기를 유발시킬 수 있으며, 행동의 수행 가능성도 높일 수 있다.

(4) 자기강화와 대리강화

① 자기강화

자신이 가진 감정이나 사고, 행동의 통제 능력으로 자신의 행동을 유지하거나 변화시키는 것이다. 자신을 위한 보상이나 처벌로 통제할 수 있다. 어려운 과제를 끝낸 후 자신에게 선물을 한다거나, 중간고사 시험결과가 좋지 않아 아침마다 공부를 하기 위해 잠을 1시간씩 줄이는 것, 대학 입시를 치른 후 입학을 앞두고 자신이 좋아하는 곳으로 여행을 다녀오는 것 등은 자기강화의 예라 할 수 있다.

② 대리강화

자신에게 직접적인 보상이나 처벌은 없지만 타인의 행동이 강화되거나 처벌받는 모습을 통해 자신의 행동을 촉진하거나 통제하는 것을 말한다. 친구가 대학에서 우수 학생으로 선정되어 장학금을 받는 것을 보고 더 열심히 공부하거나, 잦은 지각으로 벌점이 쌓여 승진을 하지 못한 동료를 보고 출근시간에 늦지 않으려 서두르는 모습 등은 대리강화의 예라 할 수 있다.

(5) 자기효능감(self-efficacy)

자기효능감은 특정 시기에 특정 유형의 과제를 자신이 성공적으로 수행할 수 있다는 능력에 대한 판단과 신념이다. 자기효능감은 행동의 동기로 작용하며, 행동의 질을 결정하는 요인이 되기도 한다. 자신의 능력에 대한 신뢰는 도전 정신이나 모험심을 유발하게도 하는데, 그 과정에서 어떠한 일에 대한 수행 결과가 성공적일 경우 자기효능감 수준은 더 크게 향상된다. 이와 같이 자기효능감은 인간의 사고와 동기, 행동에 중요한 영향을 미친다.

Plus Tip 반두라의 사회학습이론과 사회복지실천 연결하기

[사회복지실천에 미친 영향]

1. 관찰과 모방이 내담자의 문제 행동을 제거하거나 감소시키는 데 유용하다는 사실을 입증함으로써 실천적 개입에 중요한 근거가 되었다.
2. 인간의 행동에는 자극과 반응이라는 유형을 넘어 복합적인 사회적 상호작용으로 영향을 받을 수 있음을 깨닫게 하여 사회적 환경의 중요성을 부각시켰다.

[실천에서의 적용 예]

- 자기효능감과 자기강화의 적용
  개인의 신념이나 가치형성에 기여하는 자아효능감 증진을 위한 상담과 교육, 그리고 자기강화 전략은 불안감이나 우울감을 지닌 내담자의 변화 과정에 필수적으로 적용할 수 있는 방법이다.
- 사회적 모델링을 통한 부모교육
  자녀 양육에 바람직한 의사소통과 반응 양식을 부모에게 보여주고 자녀에게 적용하도록 하여 긍정적인 상호작용이 이루어지도록 교육한다.
- 진로 탐색과정에서의 모델링 적용
  아동이나 청소년들에게 희망하는 미래 직업군에서 뛰어난 업적을 보인 사람이나 닮고 싶은 사람에 대해 모델링을 부여하고 모방과 학습을 유도하는 방법을 적용할 수 있다.

3. 피아제(Jean Piaget)의 인지발달이론

1) 피아제(Jean Piaget, 1896~1980)의 생애

피아제는 1896년 스위스 뉴샤텔에서 태어났다. 그는 역사학자인 아버지와 지성적이고 감성이 풍부한 어머니를 두었던 것으로 알려져 있다.

매우 학구적이었던 그는 11세에 참새의 서식에 관한 글을 박물관 학술지에 게재한 경험이 있으며, 22세에 생물학 박사학위를 취득하고 파리의 소르본 대학에서 2년간 공부하였다. 파리에서는 학생들 대상의 독해력 검사 도구를 개발하여 아동의 추론과정에 관심을 가지면서 아동심리학을 연구하게 된다.

그는 1927년 뇌샤텔 대학에서 철학 교수로 있다가 1929년부터는 제네바대학교로 옮겨가 아동심리학과 교수로 재직하였는데, 죽을 때까지 이 대학에서 연구하였다. 피아제는 아동의 언어와 사고, 수학과 과학에 대한 개념 발달, 도덕성 발달 등 지적 발달 전반에 중요한 기여를 하였으며, 인지발달이론가로 널리 알려져 있다.

2) 이론의 주요 개념

(1) 인간관

① 인간은 매우 주관적 존재로, 개인의 정서, 사고, 행동은 개인이 현실세계를 받아들이고 해석하는 방법에 따라 달라진다.

② 인간의 감정과 행동은 인지 혹은 사고에 의해 통제될 수 있다.

③ 인간은 변화하고 성장하는 존재이다(비결정론적 관점).

④ 인간은 환경과의 상호작용 과정에서 능동적인 역할을 담당한다.

⑤ 인간은 미래지향적 존재로 인간의 성격은 현실세계를 수용하고 해석하는 방식이 달라지면 그에 따라 지속적으로 변화한다. 이러한 인지 변화는 정서 변화와 행동 변화에도 영향을 미친다.

(2) 인지와 도식(schema)

인지란 인간이 외부 세계를 이해하고 파악하는 지각과 인식능력을 의미한다. 의식, 지각, 사고의 작용, 학습, 개념화 등 모든 정신적 과정을 포함하는 개념이다.

도식은 인간의 마음 속에 어떠한 사물이나 개념의 가장 중요한 측면이나 특징을 인식하고 표현하는 능력으로, 사건이나 사물의 자극을 지각하고 반응하며 사실에 대해 이해하는 틀을 의미한다. 도식은 환경과 계속 접촉하며 반복되는 행동을 통해 지속적으로 변화하고 세분화되며 통합되는데, 그 과정 속에서 수많은 도식이 생겨나고 수정되면서 복합적이고 고차원적인 도식이 만들어지게 된다. 즉, 도식은 사고를 조직화하고 환경에 적응하도록 하는 심리적 구조라 할 수 있다.

(3) 적응(adaptation) 과정

인간이 자신의 주변 환경과 상호작용을 통해 도식을 변화시키고 환경의 조건을 조정하는 과정을 적응이라 한다. 적응 과정에는 동화와 조절이 있으며, 동화와 조절이 어려운 상황에서는 인지구조를 다시 평형화하려는 노력을 하게 된다.

① 동화(assimilation)

기존의 개념 안에 새로운 경험이나 사건, 정보를 통합하는 과정을 말한다. 기존의 사고방식에 융합을 해 나가게 되므로 인지구조의 양적 변화를 가져오게 된다. 유아가 손으로 잡을 수 있는 모든 것을 입으로 가져가 빠는 모습은 모유나 젖병을 통해 음식을 섭취하는 기존 도식을 사용하는 동화의 예라 할 수 있다.

② 조절(accommodation)

외부의 자극이나 정보에 맞게 자신이 도식을 변화시키는 과정을 말한다. 자신의 인지구조를 변화시켜 인지구조의 질적 변화를 가져오게 된다. 유아가 털이 긴 동물을 처음에는 강아지로만 알고 있다가 울음소리가 다른 고양이를 알게 되고, 생김새와 울음소리, 특징이 조금씩 다른 호랑이, 원숭이 등을 알게 되면서 털 있는 동물에 대한 개념을 넓히게 되는 데 이 과정은 조절의 예라 할 수 있다.

③ 평형화(equilibration)

동화와 조절이 균형을 이루고 있다가 시간이 지난 후 자신과 환경의 변화로 동화하기 어렵고 조절할 수 없는 새로운 경험이나 정보가 들어오게 되면 인지구조에 갈등이 생기고 불균형이 야기된다. 이때, 다시 새롭게 평형 상태를 유지하기 위해 노력하는 것을 평형화(equilibration)라 한다. 평형화를 통해 인간은 보다 높은 수준의 심리구조를 획득하게 되는데, 피아제는 이를 인지발달의 주요 원리로 보았다.

(4) 인지발달 단계

피아제는 4단계의 인지발달을 소개하고 있는데, 발달에는 다음과 같은 원칙이 있다(사회복지교육연구센터, 2019).

첫째, 발달 단계에 있어 각 단계에 도달하는 개인 간 연령 차이는 있을 수 있으나 발달 순서는 바뀌지 않는다.

둘째, 모든 아동은 단계를 순서대로 통과하여 발달하며 단계를 뛰어넘을 수는 없다.

셋째, 다음 단계로 이동하는 과도기에는 두 단계의 인지적 특징이 함께 나타날 수 있다.

넷째, 형식적 조작기에 도달한 아동이나 고도로 인지발달이 된 성인도 때로는 낮은 단계의 사고를 보일 수 있다.

① 감각운동기(0~2세)

반사적 행동과 감각기능, 운동능력의 발달을 통해 세상과 사물을 탐색하는 시기이다.

자신의 감각을 이용하고 운동능력을 활용하여 어떠한 결과에 민감하게 반응하며, 흥미를 느낄 때 그 행위를 반복하는 행동을 한다. 그리고 자신의 욕구 충족을 위해 의도적이고 목적지향적 행동을 하게 된다. 이 시기 영아는 자신의 행동과 그 결과 간의 관계를 연결하면서 세상을 배워 나간다. 이러한 감각운동들은 점차 정교해지고 좀 더 큰 단위로 상호 결합되면서 보다 효율적인 인지구조를 형성하게 된다(박경애 외, 2017).

감각운동기의 인지적 발달 과업에는 대상이 보이지 않더라도 대상이 계속해 존재한다는 사실을 인식하는 대상영속성(object permanence)의 발달, 주변의 여러 대상으로부터 자신을 분리시키기, 빛과 소리에 반응하기, 흥미있는 일 계속하기, 조작을 통해 물체의 속성 알기 등이 있다.

② 전조작기(2~7세)

이 시기는 감각운동적인 기능들이 내면화되는 시기이다. 조작(operation)이란 사람, 사물 간에 관계를 이해하고 적용할 수 있는 내면화된 논리적 패턴을 말한다. 조작의 가장 중요한 특징은 가역성으로 이미 행해진 일을 거꾸로 돌려 원래의 형태나 상태를 유추해 내는 것이다. 그러나 이 시기의 조작이라는 인지기능이나 가역성의 특징은 나타나지 않는다.

이 시기에 유아는 언어를 배우며 상징적 표상능력을 지니기 시작하나 유아 자신의 관점과 생각이 옳다고 보는 자아중심적(=자기중심적, egocentrism) 관점을 지니며, 직관적이고 비논리적으로 사고하고, 환상이나 놀이를 통해 상징적 양식으로 환경을 받아들이고 행동한다. 그리고 대상영속성의 개념을 확립하는 시기이다. 이 시기는 전개념적 사고 단계(2~4세)와 직관적 사고 단계(4~7세)로 구분되는데 특징적인 내용을 정리하면 다음과 같다.

전개념적 사고 단계에서는 마음 속으로 이미지를 만들 수 있어 모방, 상징화,

상징놀이, 언어기술이 획득된다. 반드시 만지거나 보지 않아도 표상하는 기술을 통해 원하는 사건을 표현할 수 있다. 전개념적 사고는 상징적 사고(예 소꿉놀이), 자아중심적 사고, 물활론적 사고(움직이는 것은 살아있다고 믿는), 인공론적 사고(세상의 사물이나 현상을 인간이 필요에 의해 만들었다고 생각하는), 전도추리(비약하는 특성. 예 내가 동생을 괴롭혀 동생이 아프다고 생각하는 것)가 특징이다.

직관적 사고 단계는 사물과 사건에 대해 보다 많은 개념을 형성하지만, 아직은 불완전한 상태로 부분적 논리를 통해 추론을 한다. 이 시기의 아동은 상위의 개념과 하위의 개념을 완전히 구분하지 못하므로 서열화나 분류 능력이 불완전하고, 직관적 사고로 보존개념의 원리를 이해하지 못하여 배열 방식이 달라져도 주어진 양이 같다는 것을 이해하기 어려워하며, 비가역적 사고(사물의 이치를 한면, 한 방향으로만 이해하여 반대로 이해하지 못하는 특성)를 한다. 전체 상황 중에서 하나의 차원이나 한 측면에만 주의를 기울이는 중심화(집중성, concentration) 성향을 지니며, 여러 차원을 생각하기 어려우므로 내재된 규칙이나 조작을 이해하지 못하고, 여전히 전도추리의 경향이 나타난다.

이 시기에 도덕성 발달은 타율적 도덕성(heteronomous morality) 수준이다. 어른이 정한 규칙에 맹목적으로 복종하는 수준으로, 규칙은 변하지 않는다 생각하고 지키지 않으면 벌을 받으므로 반드시 지켜야 한다고 생각한다. 또한 의도를 고려하지 못해 행동의 결과에 있어 잘못이 클수록 더 나쁜 것으로 판단한다.

③ 구체적 조작기(7~12세)

아동은 이 시기에 구체적인 수준에서 논리적 수준으로 사고력이 발달한다. 추론 능력이 발달하는 시기이기는 하나 여전히 보고 만지고, 듣는 등 실제 보이는 것에 대한 사고가 중심이다. 이러한 구체적 상황을 정신적 활동을 통해 융통적으로 생각할 수 있는 시기이므로 보존개념과 분류개념(유목화, 상위와 하위 개념 간의 관계에 대한 이해)을 획득하고, 서열화(사물을 순서대로 배열하는 능력)가 가능하며, 가역적 사고(사물의 이치를 상호적으로 이해할 수 있는 특성)를 할 수 있고 자아중심성이 극복되면서 탈중심화되는 특징을 지닌다. 이에 따라 이전에 비해 자신의 경험과 환경의 자극을 더 체계적으로 생각하고 계획성있게 문제를 해결한다. 그리고 자신의 현재 기분이 좋다고 해도 괴롭고 힘든 표정을 하고 있는 사람의 감정을 헤아리고 이해하려 주의를 기울이게 되고, 자신과 타인의 감정 차이를 인식할 수 있게 된다(박경애 외, 2017). 또한 논리적 조작을 통해 어떤 행동에 대한 내적 표상을 할 수 있게 된다. 예를 들어 집에서 학교까지 가야한다면 아동은 경비실, 편의점, 공원, 서점 등 자신이 아는 장소들을 순차적으로 지나면서 최종 목적지인 학교까지 가는 길의 지도를 머릿 속으로 그릴 수 있다. 그러나 이러한 능력은 현재 다루고 있는 구체적인 상황에 국한되는 것이 대부분이다. 형식적 조작기에 속하는 청소년들과 같이 미래의 사건이나 추상적인 일에 대해 인지적으로 조작하거나 추론하기는 어렵다.

이 시기의 도덕성 발달은 타율적 도덕성에서 자율적 도덕성(autonomous morality) 수준으로 이어지는 과도기적 단계이다. 10세 이후 정도인 구체적 조작기의 후기부터는 규칙이라는 것이 서로 협동하기 위한 계약임을 알기 시작하며, 점차 서로 동의와 합의를 통해 규칙은 자율적으로 바꾸거나 수정할 수 있다고 생각한다. 이에 행위의 결과보다는 그 의도가 어떠한 지에 따라 옳고 그른 것을 판단할 수 있게 되어 규칙에 어긋나더라도 상황이 어떠했는지를 파악하여 처벌 여부를 고려할 수 있다.

④ 형식적 조작기(12~15세)

이 시기 아동은 사물이나 사건에 대한 구체적인 경험이 없어도 머릿속으로 생각할 수 있는 추상적 사고가 발달한다. 인지의 질적 변화가 일어나는 것이다. 추상적 사고를 통해 융통적이고 효율적인 사고가 가능하며, 사물의 인과관계에 대한 이해력이 높아지고, 모든 방안을 종합적으로 고려해 문제를 해결할 수 있는 능력을 지니게 된다. 또한 이 시기에는 복잡한 추리나 가설을 통해 특수한 논리를 끌어내는 연역적 사고를 할 수 있어(예 삼단논법) 미래 사건에 대한 예측이 가능하고, 문제가 자신의 이전 경험이나 신념과 다르더라도 처리가 가능하며, 과학적 사고를 할 수 있다.

이러한 발달로 이 시기에는 자신에 대한 성찰과 개선이 이루어질 수 있으며, 성인세대들의 모순적 현실을 수용하기 어려워 비판과 저항을 하기도 한다.

Plus Tip 피아제의 인지발달이론과 사회복지실천 연결하기

[사회복지실천에 미친 영향]

1. 아동기의 인지발달 과정을 이해할 수 있는 이론적 토대를 제공하였다.
2. 아동의 사고가 성인들의 사고방식과 다름을 밝혀내어 아동 발달을 위한 실천적 접근에 유용한 지식과 기준을 제공하였다.

[실천에서의 적용]

- 인지장애 아동에 대한 접근: 정확한 진단과 개입 & 양육자의 정서 지원
  인지발달이 적절히 이루어지지 못한 아동들은 인지장애가 나타나 지능이 평균보다 낮고 그 결과 적응기능에 결함이 생길 수 있으므로 정확한 진단과 개입 계획을 세워야 하며, 양육자의 정서적 지지를 위한 실천도 병행되어야 한다.
- 아동의 인지발달을 위한 교육환경
  아동은 성인과 다른 사고방식과 인지기능을 가지고 있으므로 아동 대상의 실천에는 정서와 사회적 발달의 연관성을 고려하여 이들의 눈높이에 맞는 가치기준으로 접근되어야 한다.

4. 콜버그(Lawrence Kohlberg)의 도덕성 발달이론

1) 콜버그(Lawrence Kohlberg, 1927-1987)의 생애

콜버그는 1927년 미국 뉴욕 주 브롱크스빌의 부유한 집안에서 태어나 유복한 유년시절을 보냈다. 그는 명문 사립고등학교를 졸업하였지만, 당시 2차 세계대전 말의 시대적 분위기에 영향을 받아 대학에 진학하지 않고 이스라엘 난민을 도우며 지내게 된다. 그러나 체포되어 2년여 간 감금생활을 하였다.

이후 콜버그는 1947년 시카고 대학에 입학해 심리학을 전공했으며 우수한 성적으로 조기 졸업을 했다. 이후, 대학원 과정에서 피아제 이론에 흥미를 갖고 아동과 청소년을 대상으로 도덕성 이론과 딜레마를 연구하며 박사학위를 취득하였다. 그는 예일대, 하버드대, 시카고 대학에서 교수로 재직하며 많은 연구를 하였지만, 안타깝게도 60세의 나이에 불치병을 앓게 되면서 이를 비관하여 자살로 생을 마감하였다.

2) 이론의 주요 개념

(1) 이론의 배경 및 특징

콜버그의 도덕성 발달이론의 배경과 특징을 요약해 정리하면 다음과 같다.

① 콜버그는 도덕적 딜레마의 가상적 상황(예 하인츠 이야기)을 연구하여, 피아제가 제시한 전조작기와 구체적 조작기의 도덕성 발달에 관한 내용을 청소년기와 성인기까지 확장하여 3개 수준 6단계로 제시하였다.

② 콜버그의 이론은 도덕성 발달에 있어 판단의 결과보다는 판단의 논리에 관심을 갖는 것으로 논리의 유사성을 근거로 도덕성 발달 수준을 구분하였다.

③ 콜버그의 이론은 피아제의 이론과 같이 10세 정도까지는 전인습적 수준에 머물다가, 이후 점차 타인의 의견과 행위에 대한 상황 파악을 고려해 판단하기 시작하여 13세 경에는 인습적 수준으로까지 발달하게 된다.

④ 피아제의 형식적 조작기에 속한 인간은 추상적 사고의 발달과 더불어 후인습적 수준으로까지 도덕성이 발달하게 된다. 즉, 보다 차원이 높은 윤리적 관점에서 행동의 정당함을 판단할 수 있게 된다.

⑤ 콜버그의 이론에서 도덕성 발달에는 인지능력의 발달이 뒤따라야 한다는 것을 전제로 하고 있지만, 인간의 도덕성 발달 수준은 상대적이면서도 개인차가 많아 단계별 연령 기준을 명확히 제시하기는 어렵다.

Note **하인츠의 딜레마**(Heinz's dilemma)

하인츠의 아내는 치료하기 어려운 특이한 병에 걸렸다. 의사는 더 이상 자신이 할 수 있는 것은 없다고 하인츠에게 말하면서 방법을 하나 알려 주었다.

"아내를 구할 수 있는 약이 있어요."

그 약은 어느 약제사가 개발한 것으로, 그 약을 만드는 방법은 그 약제사만이 알고 있었다. 약을 만드는 원가는 200달러에 불과했으나, 그 약제사는 원가의 100배인 2만 달러에 팔고 있었다.

하인츠는 돈이 없어 여기저기 돈을 구하러 다녔지만, 1만 달러밖에 구하지 못했다. 그 사이 아내의 병세는 급속히 악화되었다. 그러나 하인츠는 더 이상의 돈을 구할 수 없었다.

하인츠는 1만 달러를 들고 약제사를 찾아가 1만 달러에 약을 줄 수 없느냐고 말하며 울었다. 그리고 이후 부족한 1만 달러는 꼭 갚겠다고 사정했다.

하지만, 약제사는 거절했고 하인츠는 좌절했다. 며칠을 고민하던 하인츠는 약제사의 가게로 몰래 들어가 약을 훔쳤다.

……………………………

콜버그는 위와 같은 이야기를 연구 대상들에게 들려주고 다음과 같은 질문을 던졌다.

"남편은 약을 훔쳤기 때문에 벌을 받아야 하는가?"

"약사는 비싼 약값을 요구할 권리가 있는가?"

"약사 때문에 아내가 죽게 되었다고 비난하는 것은 정당한가?"

"만약 비난이 정당하다면, 그리고 아내가 사회적으로 중요한 인물이었다면 약사를 더 무겁게 처벌해야 하는가?"

출처: 네이버 지식백과(2020). 하인츠 딜레마. 내용 일부 발췌해 재정리.

(2) 도덕성 발달 단계

콜버그의 도덕성 발달 단계는 전인습적 수준, 인습적 수준, 후인습적 수준에서 총 6개의 단계로 구분된다.

첫 번째 전인습적 수준은 외부 환경을 통해 주어진 규칙에 따라 벌을 피하거나 보상을 받기 위해 행동한다. 주로 4~9세 정도의 연령대에서 발견된다. 이 수준은 1단계 타율적 도덕성과 2단계 개인적·도구적 도덕성으로 구분된다.

두 번째 인습적 수준은 다른 사람이 수용하는가, 사회 질서 유지에 도움이 되는가를 생각해 규칙과 규범을 따른다. 도덕적 행동은 단순히 처벌과 보상이 아닌 사회적 수용이나, 비난을 고려한 동기를 통해 나타난다. 10세 이상의 아동이나 청소년, 대다수의 사람에게서 발견된다. 이 수준은 3단계 개인 상호 간의 규준에 근거한 도덕성과 4단계 사회체계 지향의 도덕성으로 구분된다.

세 번째 후인습적 수준은 형식적 조작과 조작적 사고가 가능한 정도의 인지능력 수준과 관련되어 정의의 원리를 적용해 판단하는 수준이다. 옳고 그름에 있어 항상 동일한 기준을 적용하기 어렵고, 법에 준한다 하더라도 그 법이 반드시 타당하다고 보기 어렵다는 것을 알게 되면서 보다 자율적이고 독립적인 생각과 판단을 하게 된다. 콜버그는 후인습적 수준은 20세 이상의 소수의 사람만이 도달한다고 했으며 그 비율이 10% 미만이라고 하였다. 이 수준에서는 5단계 민주적이며 인권을 기반으로 한 도덕성과 6단계 보편적 원리 지향의 도덕성으로 구분된다.

다음의 표 내용은 도덕성 발달의 6단계를 요약적으로 정리해 예와 함께 제시한 것이다.

표 3-1 콜버그의 도덕성 발달 단계

도덕성 발달 수준	단계	단계별 특성
전인습적 수준 (4~9세)	1단계	[타율적 도덕성] • 주어진 외부 규칙의 벌과 보상 기준에 따라 판단 • 권위자에 대한 복종과 처벌을 지향 • 반응 예 - 벌 받게 되니까 훔치면 안돼요. - 훔치면 경찰에게 잡혀가요.
	2단계	[개인적·도구적 도덕성] • 자신의 욕구 충족(칭찬, 보상, 쾌락 등)과 자신이나 자신이 좋아하는 사람에게 이익이 되는 정도를 따름 • 반응 예 - 하인츠 입장에서는 아내를 위해 훔치는 게 옳다고 생각할 수도 있어요. 약제사 입장에서는 자신의 약을 몰래 훔쳤으니까 하인츠를 나쁘다고 생각할 수 있고요.
인습적 수준 (10세 이상의 아동, 청소년, 대다수의 사람)	3단계	[개인 상호 간의 규준에 근거한 도덕성] • 권위있는 인물의 기대 충족이나 인정에 따름 • 다른 사람과의 관계 유지, 착한 아이 지향 • 반응 예 - 하인츠는 아내를 사랑해서 병을 낫게 하고 싶었던 거예요. 약제사는 남을 생각하지 않고 자신의 이익만 생각한 사람이에요.
	4단계	[사회체계 지향의 도덕성] • 사회 질서 유지를 위한 법과 의무, 권위의 존중 지향 • 반응 예 - 하인츠 사정이 딱하기는 해요. 그런 생각이 들 수도 있다고 생각하고요. 그러나 훔치는 행동을 사회에서 용서하는 건 질서를 어지럽히는 일이예요.
후인습적 수준 (20세 이상의 소수의 사람)	5단계	[민주적·인권 기반의 도덕성] • 사회의 규범과 관습을 이해하고 인정하나, 도덕적 원리에 근거한 개인의 가치(자유, 정의, 행복의 추구 등) 기준에 따름 • 법이 궁극적으로 사람에 대해 충분히 고려하지 않은 면이 있다면 사회 구성원들과의 동의와 민주적 절차를 통해 수정하고 변화시킬 수 있다고 생각함 • 반응 예 - 훔친 일은 벌을 받아야 하지만, 하인츠의 의도는 아픈 아내를 구하기 위한 것이었어요. 상황을 고려해 형벌의 수준을 낮춰야 해요.
	6단계	[보편적 원리 지향의 도덕성] • 인간의 존엄성, 인류의 평화 등 보편적 도덕원리 지향 • 질서가 유지되는 사회라 할지라도 인류의 보편적 도덕원리가 모두 실현되고 있지는 않다고도 생각함 • 반응 예 - 약은 아픈 사람을 위해 개발된 것이에요. 그런 약을 개발하고 이익만 추구한 약제사는 윤리적이지 못했다고 생각해요. 하인츠가 다른 방법을 생각하지 못하고 약을 훔친 것은 안타깝지만, 하인츠의 아내가 죽을 지도 모르는데, 약제사가 몰인정하게 배려하지 않았다는 것은 생명을 존중하지 않았다는 겁니다.

Plus Tip 콜버그의 도덕성 발달이론과 사회복지실천 연결하기

[사회복지실천에서의 적용]

- 아동을 대상으로 한 사회복지실천에서 아동의 인지수준에 맞는 도덕적 사고와 윤리의식이 적용되어야 한다.
- 비행 청소년의 경우, 사회적 규범을 중요시 여기는 것보다는 또래집단의 소속감이나 공동행위 같은 관계중심적 태도가 더 우선시되어 감정이나 욕구에 의해 우발적이고 충동적인 행동이 나타난다고 보는 것이 중요하다. 그러므로 청소년들의 자아중심적 사고에서 먼저 도덕적 판단과 윤리의식을 강화해야 하며, 개인의 문제행동 배경과 환경들 간의 상호작용하는 역동성을 통합적으로 다룰 수 있어야 한다(강기정 외, 2015).

5. 엘리스(Albert Ellis)의 합리적 정서행동이론

1) 엘리스(Albert Ellis, 1913-2007)의 생애

1913년 미국 펜실베니아주에서 유태계 부모의 3남매 중 장남으로 출생한 엘리스는 1934년 뉴욕시티 칼리지에서 경영학을 전공하고 사업과 소설가로 활동하였다. 이후 심리학 공부에 흥미를 느껴 1942년 콜롬비아대 심리학과 대학원 과정에서 석·박사학위를 취득하고 뉴욕에서 연구소를 설립해 소장으로 지냈다.

당시 정신분석학이 심리학계에 주류를 차지하고 있어 그 접근을 따라 치료와 연구를 했으나 한계를 느꼈고, 이에 다른 학자들의 영향을 받으며 자신만의 인지행동적 치료방법을 완성하게 된다. 이후 내담자가 지니는 비합리적이고 자기패배적 신념을 바꾸어 정서적 문제와 심리적 스트레스를 경감시킴으로써 변화를 유도한다는 접근으로 심리학계의 판도를 바꾸게 된다. 그의 치료 방법은 합리적 정서행동이론으로 불리고 있으며, 그는 아론 벡(Aron Beck)과 함께 인지치료이론가로도 알려져 있다.

엘리스는 평생에 걸쳐 강의와 연구를 통해 활발한 활동을 하였는데, 미국과 캐나다에서는 가장 영향력있는 심리학자로 거론되기도 하였다.

2) 이론의 주요 내용

(1) 이론의 특징

합리적 정서행동이론은 행동주의이론과는 접근이 다르다. 극단적 행동주의이론이 인간을 단순히 외부 자극에 반응하는 기계적 존재로 파악했다면, 합리적 정서행동이론에서는 외부 자극에 대한 개인의 반응을 매개하는 신념체계, 즉 인간의 해석방식의 중요성을 강조한다. 인간의 문제는 잘못된 비합리적 사고나 신념에서 야기된 것으로, 이것이 정서와 행동에 큰 영향을 미치게 된다는 것이다.

이 이론은 '인간의 고통은 외부 사건 자체가 아니라 그에 대한 생각으로 인해 발생한다'라는 기본 가정을 전제로 한다. 그러므로 내담자에게 자신의 비합리적 신념체계와 부적절한 자기 신념을 인식하도록 하고, 보다 합리적이고 긍정적인 사고로 변하도록 하여, 정서와 행동을 보다 적응적으로 바꾸도록 하며 나아가 삶의 전반을 변화시키도록 한다.

(2) ABCDE 모델

엘리스는 인간의 비합리적 신념이 부적응적 정서와 행동에 미치는 과정을 ABCDE 과정으로 설명하였다.

① A(Activating event, 선행사건)

정서적 혼란을 야기하는 사건을 의미한다. 예를 들어, 일자리를 잃거나 시험에 낙방하는 것 등을 들 수 있다.

② B(Belief system, 신념체계)

선행사건이나 행위 등 환경적 자극에 대한 개인의 태도나 사고방식을 말한다. 예를 들어, 시험에 낙방한 후 '나는 쓸모없는 인간이야'라고 생각하는 것이다. 이것은 비합리적 생각과 신념에 속한다.

③ C(Consequence, 결과)

선행사건에 대한 비합리적 생각, 태도, 신념을 가지고 그 사건을 해석함으로써 느끼는 불안이나 우울, 원망, 비판, 죄책감 등의 부적응적 정서나 행동 등의 결과를 말한다. 예를 들어, 시험에 낙방한 후 자신을 쓸모없는 인간이라 생각하면서 불안해하고 우울한 감정을 느끼는 것이다.

④ D(Dispute, 논박)

자신이 지니고 있는 비합리적 사고나 신념을 검토해보고 과연 그것이 합리적인 것인지 생각해보는 것이다. 예를 들어, 시험에 낙방한 후, 자신을 쓸모없는 인간이라 생각하며 불안해하고 우울한 감정을 느끼는 가운데, 자신의 생각을 돌아보며 '겨우 한번 치른 시험인데, 내가 왜 이러지?', '가을에 시험이 한번 더 있잖아?' 등의 생각을 하는 것이다. 혹은 사회복지사가 '이런 시험을 보통 다른 사람들도 한번에 통과하나요?'라고 하거나 '시험의 합격률은 어느 정도입니까?' 등의 질문을 통해 논박을 유도할 수 있다. 사회복지사가 개입해 합리적 사고나 신념으로 변화하도록 유도한다.

⑤ E(Effect, 효과)

내담자가 지닌 비합리적 사고방식이나 신념을 구체적으로 논박해 합리적 신념으로 바꾸게 되면, 내담자는 자신을 수용적으로 바라보고 긍정적 감정을 느끼게 되는데, 이를 효과라 본다. 이것은 내담자의 적응적 정서와 행동으로 이끄는 것이다. 예를 들어, 논박의 과정까지 거쳐 '그렇게 나쁜 상황은 아니구나', '새로운 일자리를 구하면 될 거야'라는 바로잡힌 합리적 신념을 갖게 하는 것이다.

Plus Tip 앨리스의 합리적 정서행동이론과 사회복지실천 연결하기

[사회복지실천에 미친 영향]

1. 개인이 환경 속에서 다른 사람의 행동이나 사건, 상황에 어떠한 의미를 부여하고 있는가에 접근할 수 있는 이론적 틀을 제시하였다.
2. 내담자의 현실 해석과 정서와 행동에 영향을 받는 그 과정을 내담자의 관점에서 이해하도록 하여 사회복지실천의 개입 지점과 방향을 명확히 하도록 하였다.
3. 위기에 놓이거나, 위축된 사회관계를 나타내는 내담자들에게 스스로 자신의 인지와 신념을 변화시키는 권한을 부여하도록 하는 것은 내담자 중심의 사회복지실천에 중요한 근거가 된다.

[실천 기법의 예]

- 인지적 기법: 내담자의 생각 중 비합리적 생각이나 언어의 근거를 찾아 합리적으로 바꾸는 것
- 정서적 기법: 내담자가 자신을 정직하게 표현하도록 하고, 그 경험을 통해 자신을 개방하도록 하는 기법
- 행동적 기법: 내담자에게 어떠한 행동을 하게 해 비합리적 신념체계를 변화시키고, 역기능적 증상에서 벗어나 보다 생산적인 행동을 하도록 원조하는 것.

  예 행동과제의 부여, 미루는 습관 교정을 위해 바로 그것을 시작하도록 유도하는 것

요약정리

- 스키너의 행동주의이론은 환경론적 인간관과 기계론적 인간관을 갖는다. 즉, 인간의 행동은 외적 자극에 의해 동기화되며, 보상과 처벌에 의해 강화된다.
- 유기체가 행동과 결과 사이의 연합으로, 원하는 결과를 얻기 위해 자발적이고 선택적으로 보이는 반응을 조작적(도구적) 조건 형성이라 한다. 칭찬 스티커는 조작적 조건화 원리를 응용한 것이다.
- 변별자극은 특정 반응에 대한 보상 여부를 알 수 있는 단서나 신호로 작용하는 것이다.
- 소거는 행동이나 반응이 사라지는 것이며, 벌은 행동의 빈도를 감소시키는 것이다. 벌에는 정적 벌과 부적 벌 2가지 유형이 있다.
- 강화는 어떠한 행동이나 반응에 보상을 제공해 빈도를 증가시키거나 다시 발생할 확률을 높이는 것으로 정적 강화와 부적 강화가 있다.
- 강화계획에는 연속적 강화계획, 간헐적 강화계획이 있는데, 간헐적 강화계획에는 고정간격, 가변간격, 고정비율, 가변비율 강화계획이 포함된다.
- 단순한 것에서 복잡한 행동이나 기술로 단계별 학습이 이루어지도록 강화하는 점진적 접근을 행동조성(형성)이라 한다.
- 행동주의이론의 실천 기법에는 토큰경제, 타임아웃, 체계적 둔감화, 자기주장훈련법 등이 있다.
- 반두라의 사회학습이론에서는 인간의 행동을 타인의 모습과 행동을 관찰하고 모델링과 모방을 통해 이루어지는 것으로 설명한다.
- 반두라는 인간의 관찰학습 과정을 4단계로 구분하고, 주의집중과정→ 보존(보유/기억)과정→ 운동재생과정→ 동기유발과정 순으로 설명하였다.
- 인간은 자기강화나 대리강화를 통해 자신의 행동을 촉진하거나 통제한다.
- 자기효능감은 특정 시기의 특정 과제를 자신이 성공적으로 수행할 수 있다는 능력에 대한 판단과 신념이다.
- 인지란 인간이 외부 세계를 이해하고 파악하는 지각과 인식능력을 말하며, 도식은 마음속에 사건이나 사물의 자극을 지각하고 반응하며 사실에 대해 이해하는 틀이다.
- 피아제의 이론에서 인간은 도식을 변화시키고 동화와 조절 과정을 통해 자신의 주변 환경에 적응한다.

- 인간은 인지구조에 갈등과 불균형이 생기면 평형화를 통해 보다 높은 수준의 심리구조를 획득하게 되는 데 이 과정을 통해 인지발달이 이루어진다.
- 피아제의 인지발달 단계는 총 4단계로 감각운동기(0~2세) → 전조작기(2~7세) → 구체적 조작기(7~12세) → 형식적 조작기(12~15세) 순으로 진행된다.
- 콜버그는 전인습적 수준, 인습적 수준, 후인습적 수준에서 인간의 도덕성 발달을 총 6개 단계로 구분하였다. 1단계는 타율적 도덕성 단계, 2단계는 개인적·도구적 도덕성 단계, 3단계는 개인 상호 간의 규준에 근거한 도덕성 단계, 4단계는 사회체계 지향의 도덕성 단계, 5단계는 민주적·인권 기반의 도덕성 단계, 6단계는 보편적 원리 지향의 도덕성 단계이다.
- 엘리스는 인간의 비합리적 신념이 부적응적 정서와 행동에 미치는 과정을 설명하며 ABCDE 모델을 통해 비합리적 신념을 바로잡는 과정을 소개하였다. ABCDE 모델은 선행사건(Activating event)→ 신념체계(Belief system)→ 결과(Consequence)→ 논박(Dispute)→ 효과(Effect)의 순으로 진행된다.

3장과 관련된 사회복지사 1급 시험 기출 문제

01 피아제(J. Piaget)의 인지발달이론에 관한 설명으로 옳지 않은 것은? [16회]

① 인지발달은 동화기제와 조절기제를 활용하여 환경에 적응하는 것이다.
② 인지발달을 감각운동기, 전조작기, 구체적 조작기, 형식적 조작기로 구분한다.
③ 구체적 조작기에는 추상적 사고가 가능하다.
④ 인지발달은 개인과 환경의 상호작용에서 이루어지는 적응과정이다.
⑤ 상위단계는 이전 하위단계를 기초로 형성되며 하위단계를 통합한다.

02 반두라(A. Bandura)의 사회학습이론의 주요 개념으로 옳지 않은 것은? [16회]

① 모델링
② 관찰학습
③ 자기강화
④ 자기효능감
⑤ 논박

03 콜버그(L. Kohlberg)의 후인습적 수준의 도덕성에 관한 설명으로 옳은 것은? [17회]

① 일반윤리에 의해 자신의 이익에 따라 행동을 판단한다.
② 개인 상호간 대인관계의 조화를 바탕으로 행동한다.
③ 인간의 존엄성과 양심에 따라 자율적이고 독립적 판단이 가능하다.
④ 타인 중심에서 벗어나 개인의 욕구충족을 위해 행동한다.
⑤ 도덕적으로 옳고 법적으로도 타당할 때 충족된다.

정답 01 ③ 02 ⑤ 03 ③

생각 잠시 머물기 **치매 예방, 인지중재치료의 제도적 지원의 필요성**

최근 다양한 과제나 프로그램을 통해 인지능력 및 일상생활의 전반적인 능력을 향상시키는 치료적인 개입을 총칭하는 인지중재치료가 주목을 받고 있다. 좁게는 치매환자의 인지기능 향상을 위한 인지중재치료이고, 넓게는 치매환자를 돌보는 가족에 대한 정신적 지지와 교육까지를 포함한다.

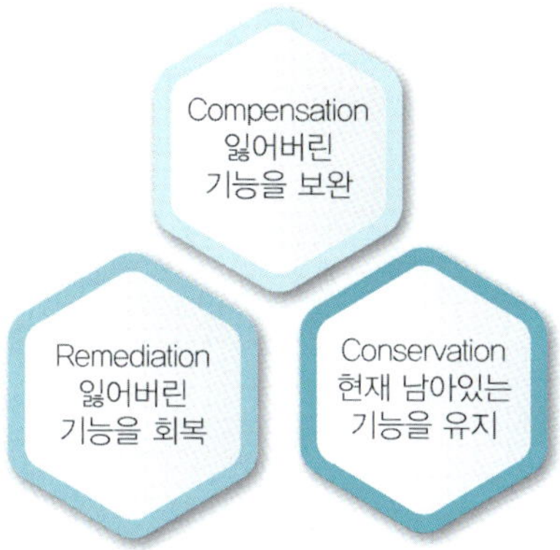

[치매의 치료 원칙]

정지향 이대목동병원 신경과 교수는 "치매는 다중영역을 중재하면 확실히 인지기능이 호전된다"며 환자에게 식단, 운동, 두뇌·사회활동, 대사 및 혈관위험인자 관리 등을 다중적으로 교육하고 동기부여를 통해 치료를 계속하면 예방에도 효과적이라고 설명했다.

나이가 들어도 두뇌활동, 사회활동, 육체운동을 지속하면 새로운 신경세포가 형성되어 뇌세포가 손상되어도 알츠하이머 치매 증상의 발현 위험도를 낮춘다는 연구들이 나오고 있다. 또한 정상 또는 치매 고위험군에서 인지중재치료를 하면 인지기능저하가 더디게 나타난다는 분명한 근거도 보고되고 있다.

실제 인지중재치료에서는 인지자극, 인지훈련, 인지재활의 요소들이 혼합된 경우가 많다. 치매환자가 인지중재치료의 효과를 유지하는 방법은 치료의 일반적인 전략을 가르치고 환자가 일상생활의 다양한 상황에서 이를 적용하도록 훈련하는 것이다.

그러나 정 교수는 "인지중재치료는 이미 인지장애가 발생한 치매환자의 경우에도 악화를 지연시키고 치매와 동반된 우울 및 행동장애 극복에 있어 상당히 효과적이고 부작용도 없지만 여전히 비급여로 남아있어 적극적 치료가 이뤄지지 못하는 실정"이라며 대책을 촉구했다. 또한 "의학적인 연구나 제도가 이제 막 시작되는 단계로 의학적 근거 마련 및 활성화를 위해 임상뿐만 아니라, 다양한 전문가 집단의 협업과 체계적인 연구가 향후 지속적으로 있어야 한다"고 덧붙였다.

출처: 의학신문(2020.02.12일자). "치매 예방, 인지중재치료 제도적 지원 필요하다"의 일부 내용 발췌. http://www.bosa.co.kr/news/articleView.html?idxno=2121295

그림 출처: 중앙치매센터(2020). https://www.nid.or.kr/info/diction_list7.aspx?gubun=0701

04
CHAPTER

인본주의이론

1. 매슬로우(Abraham Maslow)의 욕구단계이론
2. 로저스(Carl Ransom Rogers)의 현상학이론

이 장의 학습목표

1. 인본주의이론의 주요 개념을 이해한다.
2. 인간중심이라는 사회복지실천의 주요 전제를 이해한다.
3. 인본주의이론을 사회복지실천에 적용할 수 있는 방안을 이해한다.

생각해 보기

나의 지금의 성격이나 행동, 발달에 직접적으로 많은 영향을 미친 사람들을 떠올려 봅시다. 그들은 초등학교 입학 전, 초등학생 시절, 중학생 시절, 고등학생 시절 등 여러분의 성장 과정에서 구체적으로 어떠한 영향을 주었나요? 긍정적으로 혹은 부정적으로 내게 미친 영향을 생각해 봅시다.

CHAPTER 04

인본주의이론

1. 매슬로우(Abraham Maslow)의 욕구단계이론

1) 매슬로우(Abraham Maslow, 1908~1970)의 생애

매슬로우는 1908년 뉴욕 부르클린에서 태어났다. 러시아에서 이민 온 유태인 부모에게서 자란 매슬로우는 7남매 중 장남으로 내성적인 성격이었고 어머니와 사이가 좋지 않았던 것으로 알려져 있다. 그는 대학 적응에 실패하여 여러 대학을 옮겨 다니며 공부했다고 하는데, 결국 1930년 위스콘신대학에서 심리학을 전공한 후 동 대학원에서 공부를 계속해 심리학 박사학위를 취득하게 된다.

매슬로우는 행동주의이론의 영향을 받았지만, 세계 제2차 대전을 지켜보며 인간의 편견과 증오를 경험하면서 인본주의 심리학으로 전환하게 된다. 미국 심리학회 회장도 역임한 바 있는 그는 보다 성숙하고 건강한 인간을 연구하기 위해 노력했다는 공로를 인정받아 당시 가장 주목받는 심리학자로 거론되기도 하였다. 그러나 안타깝게도 62세의 나이에 심장마비로 사망하였다.

2) 이론의 주요 개념

(1) 인간에 대한 기본 가정

① 인간의 본성은 선하고 자기실현을 위한 긍정적 과정을 갈망한다.

② 인간은 성장과 발달을 위한 본능적 욕구를 갖고 태어나며, 이러한 본능적 욕구는 자신을 성숙하게 하고 자기를 실현하도록 하는 원동력이다.

③ 자기실현은 소수만이 완전히 도달하므로, 대부분의 사람은 그 욕구를 충족시키고자 갈망하며, 자신에 대해 더 알고자 하고, 자신의 능력을 최대로 개발하고자 한다.

④ 인간은 자신의 능력을 스스로 개발하고 타인에게 나타내며 인격 성숙의 기쁨을 느끼고 사회에 도움을 주려하는 존재이다.

⑤ 모든 인간에게는 창조성이 잠재해 있다.

⑥ 누구나 심리적 성장과 건강에 대한 잠재력을 가지고 있다. 그 잠재력을 개발할 수만 있다면 이상적 경지에 도달할 수 있다.

(2) 인간 욕구의 단계

매슬로우는 인간의 욕구에 관해 생존적 경향의 결핍의 욕구와 실현적 경향의 성장의 욕구가 있다고 하였다. 결핍의 욕구는 제 1형태의 욕구로 삶을 유지하고자 하는 동기와 관련되며 기본적 욕구라 할 수 있다. 생리적 욕구, 안전의 욕구, 소속과 애정의 욕구, 자존감의 욕구가 포함된다. 성장의 욕구는 제 2형태의 욕구로 삶을 창조하려는 동기와 관련된 자기실현의 욕구가 포함된다.

매슬로우는 그의 욕구단계이론에서 인간의 욕구는 강도와 유용성, 중요성에 따라 위계를 갖는다고 하였는데, 그 단계를 순서대로 설명하면 다음과 같다.

① 생리적 욕구

인간의 가장 강력한 욕구이다. 음식이나 물, 산소, 배설 등 인간의 생존과 직접적으로 관련된 욕구로, 가장 기본적이며 우선적으로 충족되어야 하는 욕구이다.

② 안전의 욕구

신체적 안전과 심리적 안정에 관한 욕구로, 보다 예측 가능한 세계를 갈망하는 욕구이다. 안전, 보호, 질서, 공포 및 불안으로부터의 자유가 해당된다.

③ 소속과 애정의 욕구

다른 사람과 어울리거나 생각과 감정을 주고받고 싶은, 관계를 형성하고 소속되기를 희망하는 마음, 애정과 사랑을 나누고 싶은 욕구를 말한다. 이러한 욕구가 충족되지 못하면, 공허감, 무가치감, 적대감, 부적응, 신경증 등이 나타날 수 있다.

④ 자존감의 욕구

자존감의 욕구는 자기 존중과 타인으로부터의 존경을 모두 포함하는 욕구이다. 자기 존중은 자신에 대한 유능감, 자신감, 적합성, 성취, 독립, 자유 등을 포함하며, 타인으로부터의 존경은 명성, 지위, 평판, 수용 등을 포함하는 개념이다. 자존감의 욕구가 충족되지 못하면 열등의식을 갖게 되고, 자기를 비하하며 무력감, 나약함을 경험하게 된다.

⑤ 자기실현의 욕구

자기실현의 욕구는 자신의 모든 잠재력과 능력을 인식하고 충족시키고자 하는 욕구로, 자기 향상을 위한 개인적 갈망이며 잠재력을 실현하고자 하는 욕구이다.

이 욕구를 충족시킨 사람의 특징은 다음과 같다.

- 주변 세계와 사람들을 객관적이면서도 명확히 지각할 수 있는 능력을 지닌다.
- 자신의 강점과 약점을 왜곡하지 않고 수용하며 실패한 일에 대해 부끄러움과 죄책감을 갖지 않는다.
- 주관이 뚜렷하고 행동에 있어 인습에 연연하지 않으며 개방적이고 솔직하고 자연스럽게 행동한다.

- 자신의 삶에 사명감을 가지며 자신 외의 일들에도 많은 관심을 갖고 민주적이고 우호적이다.
- 자신의 일에 대해 책임감을 갖고 성실히 일하며, 큰 기쁨과 흥분을 경험한다.

매슬로우는 자신의 능력에 대한 의심과 두려움, 자기실현을 위한 기회를 얻지 못하거나 사회적 환경의 제약 등으로, 자기실현의 욕구를 충족시키는 사람은 극소수에 불과하다고 하였다.

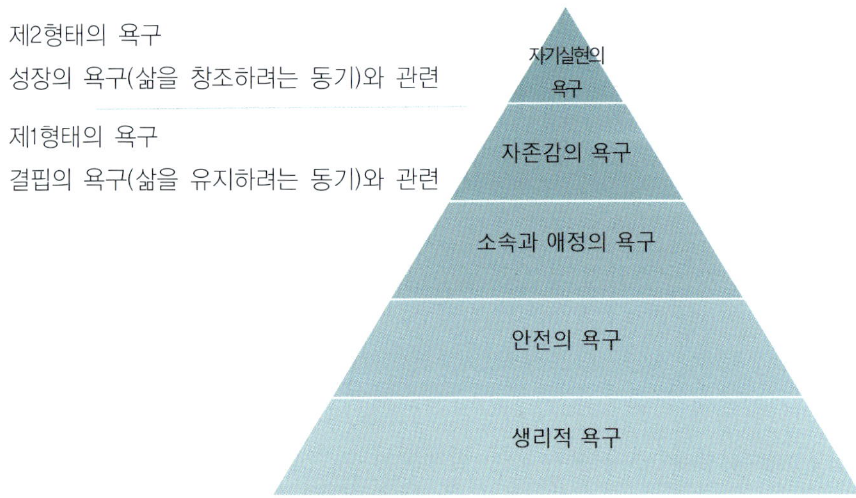

| 그림 4-1 | 매슬로우의 인간 욕구의 위계

(3) 욕구의 특성

매슬로우의 욕구단계이론에서 말하는 인간의 욕구 특성을 설명하면 다음과 같다.

① 인간의 욕구는 하위의 욕구가 더 강하고 우선적이다. 가장 기본적 욕구가 충족되면 그 다음 단계의 욕구를 갈망하게 된다.

② 기본적 욕구가 충족되지 않으면, 생리적·심리적 역기능이 발생해 직접적인 혼란 상태가 야기된다.

③ 생리적·심리적 역기능과 혼란 상태는 욕구가 충족되면 회복된다. 기본적 욕구 충족이 장기화되면 그 요구도는 감퇴한다.

④ 욕구의 위계에서 상위의 욕구는 인생의 후반에 나타나는 경향이 있다. 생리적 욕구와 안전의 욕구는 유년기에, 소속과 애정에 대한 욕구는 청년기에 나타나며, 자기실현의 욕구는 인생 중반에 이르기까지 잘 나타나지 않는다.

⑤ 상위의 욕구 충족은 생산적이고 유용하며, 심오한 행복감과 마음의 평화, 인생의 내적 성취감을 제공한다.

Plus Tip 매슬로우의 욕구단계이론과 사회복지실천 연결하기

[사회복지실천에 미친 영향]

1. 인간의 존엄성, 인간의 가치, 성장을 지향하는 인간의 성향과 노력에 대한 내용은 사회복지의 가치와 잘 부합한다.
2. 인간의 비정상적 행동이나 일탈 행동의 변화를 다루고자 했던 정신분석이론이나 행동주의이론과 달리, 인간의 성장 지향적이고 긍정적인 본질에 초점을 두어 사회복지사가 지녀야 하는 인간관의 폭을 넓혀 주었다.
3. 인간 본성에 관해 긍정적 관점을 지니고 인간의 경험, 환경과의 상호작용, 전체로서의 인간을 중요하게 다루고 있어 내담자 중심의 사회복지실천에 유용하다.
4. 욕구의 위계는 사회복지사가 만나는 내담자의 욕구를 평가하고 사정하는 데 보다 정확한 준거가 된다.
5. 욕구의 위계는 사회복지실천 현장에서 인간의 가장 기본적인 욕구에 우선하여 개입해야 한다는 근거로 작용하며 그에 부합한 순차적 전략을 세울 수 있도록 한다.

2. 로저스(Carl Ransom Rogers)의 현상학이론

1) 로저스(Carl Ransom Rogers, 1902~1987)의 생애

로저스는 1902년 미국 일리노이 주 태생으로, 유복한 기독교 집안의 5남 1녀 중 4째로 자랐다. 아버지가 농장을 소유하여 농업에 관심을 가진 그는 1919년 위스콘신대 농과대학에 입학했는데, 이후에는 전공을 중세 역사로 바꾸어 졸업했다고 한다. 그는 대학 재학 당시 교회활동을 열심히 하였고, 미국 대표로 북경에서 열린 세계기독학생연합회에 참석하게 되는데, 이를 계기로 유니언 신학대학에서 신학을 공부하게 된다. 이후 교육학 공부도 병행하여 콜롬비아대에서는 교육심리학 박사학위를 취득하였다.

이후 로저스는 로체스터 사회기관에서 심리학자로 일하다 1940년 오하이오 주립대 임상심리학 교수가 된다. 그는 사회사업가들의 영향으로 인간의 존엄성에 관심을 가지며 '비지시적 상담'을 발전시키게 되는데, 내담자들과 깊은 치료적 관계를 맺는 법을 알게 되고 이를 확산시키게 된다. 이후 인간연구센터를 창설하여 참만남집단, 대인관계 등에 초점을 둔 활동도 하였다. 그는 '인간중심 상담'이라는 표현을 쓰며 상담 외에도 교육, 종교, 사회사업, 조직, 국제관계까지 인간중심의 접근이 적용되도록 많은 노력을 하였다.

의사가 아닌 심리학자에게 치료행위의 길을 열어 주었다는 점과 상담의 과학적이고 실증적 연구를 보여주었다는 점에서 공적을 인정받고 있는 그는 1987년 생을 마감할 때까지 수많은 저서와 연구를 남겼다.

2) 이론의 주요 내용

(1) 인간중심 접근의 기본 가정

로저스의 인간중심 접근은 다음과 같은 기본 가정을 전제로 한다(김동배 외, 2010).

① 인간은 믿을 수 있으며, 능력이 있고 자기이해와 자기실현을 위한 잠재력을 지니고 있으며, 이러한 능력 발현을 통해 점진적으로 완성되는 존재이다.

② 인간에게 객관적 현실세계는 존재하지 않으며 주관적 현실세계만 존재한다. 인간행동은 각 개인의 주관적 경험이나 내적 준거체계에 따라 달라진다.

③ 인간행동의 궁극적 목표는 자기실현이다.

④ 신뢰와 존경의 분위기가 조성된다면 인간은 긍정적 방향으로 성장하고 발달할 것이다. 개인의 성장은 치료적 관계나 다른 형태의 관계를 통해 증진될 것이다.

⑤ 진정한 관심과 수용, 감정 이입적 이해 등을 포함한 원조자의 긍정적 태도는 효과적 원조관계의 필수적 조건이다.

⑥ 내담자의 주관적 경험을 존중하고, 자유와 개인적 책임성 및 자율성을 높여주며, 선택권을 부여함으로써 내담자의 성장을 촉진시킬 수 있다.

⑦ 치료자는 권위적 인물이 아니다. 치료자는 존경과 긍정적 관심을 통해 내담자의 긍정적 성장을 원조할 수 있는 사람이다.

⑧ 내담자는 자기를 인식할 수 있는 능력을 지녔으며, 더욱 적절한 행동을 할 수 있는 능력을 가지고 있다. 모든 사람들과 마찬가지로 내담자는 부적응적 상태에서 심리적으로 건강한 상태로 변화할 수 있는 성향을 가지고 있다.

⑨ 치료자는 원조관계에서 나타나는 현재 행동에 초점을 두어야 한다. 원조관계에서는 내담자가 자신의 세계를 다루는 방법을 강조해야 한다.

⑩ 원조관계의 중요한 목적 중 하나는 진정한 자기에 대한 인식을 획득하는 것이다.

⑪ 원조관계의 목적은 내담자가 더욱 독립적이고 통합된 상태로 변화하게 하는 것이다.

(2) 현상학적 장(주관적 경험과 행동)

현상학적 장이란 경험적 세계 또는 주관적 경험이라 할 수 있는 개념으로 특정 순간에 개인이 지각하고 경험하는 모든 것을 의미한다. 로저스는 같은 현상이라도 개인마다 다르게 지각하고 경험하기 때문에 이 세상에는 개인적 현실, 즉 현상학적 장만이 존재한다고 보았다. 프로이트가 과거 경험이 인간의 행동을 결정한다고 보았다면, 로저스는 현재 행동을 결정하는 것은 과거 그 자체가 아니라 '과거를 개인이 현재 어떻게 해석하고 있느냐', '그 현상을 어떻게 지각하고 있느냐'라고 할 정도로 현재의 현상학적 장을 중요시하였다(김동배 외, 2010).

현상학적 장은 인간이 현실을 바라보는 방식이다. 이에 인간의 행동은 객관적 상황의 차이가 아닌 그 상황을 받아들이는 주관적 경험의 방식에 따라 다르게 나타난다. 그러므로, 내담자를 이해하기 위해서는 내담자가 자신이 처한 현실을 어떻게 체험하고 지각하고 있는지 그 현상학적 장을 알아야 한다.

(3) 자기실현(self actualization)

① 자기(self)

로저스의 이론에서 자기는 인간행동을 이해하는 데 매우 중요한 요소이다. '나는 무엇인가?', '나는 무엇이 될 수 있는가?' 등 자신이 어떠한 존재인가에 대한 개인의 지각이며 자신에 대한 자아상(self image)이라고도 할 수 있다.

로저스는 자기라는 개념은 '주체적 나'와 '객체적 나'라고 하는 특징이 타인과의 관계를 통해 지각되고 그 내용에 가치가 부여되면서 형성되는 것으로, 외부 환경을 인식하고 행동하는 데 일관성을 유지할 수 있도록 한다고 하였다.

자기는 인생 초기에는 존재하지 않다가 분화의 과정을 통해 출현되는데, 부모, 형제, 친척, 친구 등 자신에게 중요한 영향을 미치고 상호작용을 통해 관계를 맺는 타인을 통해 형성되고 발전된다. 자기에 대한 개념은 인지능력, 지각능력이 성숙해 감에 따라 점차적이면서 보다 복잡하게 분화된다.

② 자기실현의 경향

로저스는 자기실현의 경향을 선천적인, 인간의 유일한 기본적인 동기라고 보았다. 인간은 자기를 유지시키고 향상시키기 위해 자신의 능력을 개발하고자 하는 경향성을 지니고 있다는 것이다. 그러므로 인간은 출생에서부터 시작해 음식물을 섭취하여 필요한 영양분을 공급받고, 위험한 상황에서는 방어적으로 행동해 자기를 유지하고자 하는 목적을 성취하려는 성향을 지닌다. 그리고 외적인 힘에 통제를 받고 의존하기 보다는 독립성, 자기 책임성, 자기 규제, 자율성, 자기 통제 등 보다 높은 수준으로 자기실현을 위해 생산적으로 성장하도록 되어 있으며, 가능한 자신의 잠재력을 최대한 발휘하고자 한다.

이는 창조의 과정으로, 이 과정을 통해 모든 인간은 보다 성숙하고 능력있는 사람이 되며, 삶의 의미를 찾고 주관적 자유를 실천해 감으로써 점진적으로 완성되어 간다.

(4) 가치의 조건

가치의 조건(conditions of worth)이란 자신과는 무관하게 타인을 통해 부여받은 가치로 자기의 가치를 형성하는 것을 말한다. 바꾸어 말하면, 다른 사람으로부터 거부, 거절당할 수 있는 태도나 행동은 삼가고, 타인이 바람직한 태도와 행동이라고 표현한 것들에 인정과 수용의 가치가 있다고 생각하는 믿음에 관한 개념이다.

예를 들어, 아동은 자신의 가치를 부모나 형제, 선생님 등 타인이 인정하고 수용한 그 태도와 행동, 느낌 등을 토대로 평가하면서, 타인의 기준에 맞추어 그러한 자기가 되고자 할 수 있다. 이러한 과정을 통해 자신의 행동이 어떠한 조건에 따라 판단되어 그것에 따라 가치를 느낄 수 있는데 이 때 긍정적이건 부정적이건 가치의 조건을 알게 된다.

가치의 조건은 자신이 활용할 수 있는 경험은 무시하고 자신의 행동을 제한하거나 현실을 왜곡시키는 면이 있다. 그러므로 가치의 조건이 갖는 제한과 왜곡을 최소화하기 위해서 진정한 관심, 무조건적인 긍정적 관심을 주고받는 것이 필요하다.

(5) 긍정적 관심

긍정적 관심은 자기의 개념이 나타나면서 발달하게 되는 인간의 보편적이면서도 영속적인 욕구이다. 부모를 비롯해 형제, 친척, 친구 등 타인으로부터 받게 되는 수용과 존중, 승인의 감정, 사랑 등을 모두 포함하는 개념이다.

긍정적 관심에 대한 욕구는 타인의 인정을 통해 얻게 되는 만족과 인정받지 못할 때 생겨나는 좌절이나 불만족을 통해 점차 드러나게 된다. 이 욕구는 타고나기도 하고, 학습되기도 하는데, 자기와 타인과의 상호작용에서 드러나는 부분이므로 관계의 특성을 지닌다.

(6) 완전히 기능하는 사람

완전히 기능하는 사람은 자기의 잠재력을 알고, 능력과 자질을 드러내며 자신에 대한 이해를 완벽히 하고 풍부한 경험을 향해 나아가는 사람을 말한다. 이러한 사람은 심리적으로 보다 자유로우며 좀 더 완전히 기능하는 방향으로 나아간다.

로저스는 인간에게 스스로 움직일 수 있는 내적 자유가 있다고 하였다. 그리고 삶은 그 내적 자유를 통한 선택의 방향으로 움직이는 과정이어서 목적지를 향한 삶보다는 방향이 있는 삶이 중요하다고 하였다.

로저스가 말한 '완전히 기능한다'라는 것은 자기실현을 위한 노력을 통해 이루어지는 것이다. 그리고 곧 진정한 자기 자신이 되어간다는 의미와도 같다. 완전히 기능하는 사람에게는 다음과 같은 특징이 나타난다.

첫째, 경험에 대해 개방적이다. 자신의 감정과 태도, 행위에 있어 자율적으로 자유롭게 경험할 수 있다. 방어기제를 사용하지 않고도 자신을 개방할 수 있다.

둘째, 실존적인 삶을 산다. 경직된 사고에 얽매이지 않고 현재 있는 그대로를 수용하며 매 순간 충실한 삶을 살아간다.

셋째, 자신을 유기체로서 신뢰한다. 자신을 수용하고 믿으며 자신의 경험을 신뢰하며, 이상적 목표를 향한 수단으로 자기 자신을 생각하고 그렇게 행동한다.

넷째, 창조적이다. 자신이 존재하는 모든 영역에서 타인으로부터의 인정보다는 자신에 대한 소신을 갖고 독창적이고 창의적인 삶을 살아간다.

다섯째, 자기가 선택한 삶을 자유롭게 살아간다. 자신의 삶을 자유롭게 스스로 선택하고 그 선택과 지배감을 즐기며, 자신의 의지로 살아갈 수 있음을 믿는다.

Plus Tip 로저스의 현상학이론과 사회복지실천 연결하기

[**사회복지실천에서의 적용**(김수정, 2014의 내용 일부 발췌해 재정리)]

- 사회복지실천에서의 상담 목표는 내담자를 경험에 대해 개방적인 인간으로 변화시키는 것으로, 그 과정의 특징은 비지시적이고 내담자 중심이라는 것이다. 내담자에 대한 무조건적 수용과 공감적 이해를 통해 경험에 대해 솔직하게 개방하는 것이 두렵지 않다는 것을 보여줄 수 있다.
- 내담자 스스로 진실된 자기를 찾을 수 있도록 사회복지사는 먼저 내담자에게 수용, 존경, 이해한 것을 솔직히 표현하고 전달하도록 하며 그 진실된 모습을 통해 감정과 태도가 일치하는 방법을 보여줄 수 있어야 한다.
- 사회복지사는 내담자가 생각하고 느끼고 탐색하는 것을 도와 내적인 준거틀을 발전시킬 수 있도록 한다. 내담자가 왜곡되고 부정적인 경험들을 받아들이게 됨으로써 진정한 자기를 찾을 수 있도록 한다.
- 인간중심적 접근으로 로저스가 정한 인정감, 상호신뢰, 감정표현의 분위기 조성 등의 원칙은 사회복지실천에서 집단을 원조하는 활동에 동일하게 적용할 수 있다.
- 사회복지사가 전략의 하나로 기법을 사용하게 되면 관계가 비인간화될 수 있다. 기법은 최대한 억제하고 의식적으로 사용하지 않도록 해야 한다. 내담자와의 관계에서 기법은 '솔직한 표현'을 위한 것이어야 한다.

요약정리

- 매슬로우의 욕구단계이론은 인간의 성장 지향적이고 긍정적인 본질, 선함에 초점을 둔다.
- 욕구단계이론에서 인간의 욕구는 제1형태의 결핍의 욕구(생리적 욕구, 안전의 욕구, 소속과 애정의 욕구, 자존감의 욕구), 제2형태의 성장의 욕구(자기실현의 욕구)로 나눌 수 있으며, 욕구의 위계에 따라 5단계(생리적 욕구→ 안전의 욕구→ 소속과 애정의 욕구→ 자존감의 욕구→ 자기실현의 욕구)로 구분된다.
- 매슬로우의 욕구단계이론에서 인간의 욕구는 하위일수록 강하고 우선적이며, 상위일수록 인생 후반에 나타나는 경향이 있다. 이러한 특성은 사회복지실천 현장에서 인간의 가장 기본적인 욕구에 우선 개입하려는 근거로 작용한다.
- 로저스의 현상학이론에서는 개인이 특정 순간에 지각하고 경험하는 모든 것, 즉 현상학적 장을 매우 중요시한다. 현상학적 장이 현재의 행동을 결정한다고 본다.
- 로저스는 인간이 자기를 유지하고 향상시키기 위해 능력을 개발하고자 하는 성향을 자기실현의 경향이란 개념으로 설명하고, 이를 인간의 선천적이며 기본적인 동기로 보았다.
- 자기실현의 경향을 통해 인간은 잠재력을 발휘할 수 있고, 창조의 과정으로 나아갈 수 있으며, 보다 성숙하고 능력있는 사람으로 완성되어 간다.
- 인간의 긍정적 관심에 대한 욕구는 보편적이고 영속적인 욕구로 수용과 존중, 승인의 감정, 사랑 등의 개념을 모두 포함하며 관계의 특성을 지닌다.
- 로저스가 말한 완전히 기능하는 사람은 경험에 개방적이며, 실존적인 삶을 살고, 자신을 유기체로 신뢰하며, 창조적이고, 자기가 선택한 삶을 자유롭게 살아가는 인간이다.

4장과 관련된 사회복지사 1급 시험 기출 문제

01 로저스(C. Rogers)의 현상학이론에서 '완전히 기능하는 사람'의 성격 특성을 모두 고른 것은? [14회]

가. 창조성	나. 경험에 대한 개방성
다. 실존적인 삶	라. 선택과 행동의 자유의식

① 가, 나, 다　　② 가, 다
③ 나, 라　　④ 라
⑤ 가, 나, 다, 라

02 매슬로우(A. Maslow)의 욕구단계에 관한 설명으로 옳지 않은 것은? [15회]

① 생리적 욕구 - 음식, 수면, 성의 욕구
② 안전의 욕구 - 보호, 의존, 질서, 구조의 욕구
③ 소속감과 사랑의 욕구 - 친분, 우정, 존경의 욕구
④ 자존감의 욕구 - 능력, 신뢰감, 성취, 독립의 욕구
⑤ 자아실현의 욕구 - 자발성, 포부실현, 창조성의 욕구

정답 01 ⑤ 02 ③

생각 잠시 머물기 **자기만의 질문**

누구에게나 18번이 있다. 노래가 되었건, 요리가 되었건, 가장 대표적인 것을 18번 혹은 시그니처(signature)라고 한다. 어느 식당에 가든 우리는 그곳의 시그니처 요리를 맛보고 싶어한다. 골프장들도 시그니처 홀을 하나씩은 가지고 있다. 시그니처란 본인 고유의 필체로 자기 이름을 적는 것, 즉 서명(署名)을 뜻하는 말이다.

요리나 골프 홀, 제품 등에 '시그니처'를 붙여서 부르는 이유는 그것을 통해 그곳만의 고유한 정체성을 확인할 수 있기 때문이다. 당연히 사람에게도 시그니처 캐릭터(대표 강점)가 있다. 그 사람 하면 떠오르는 그만의 대표적 특성을 의미한다.

그를 생각할 때면 처음 만난 날 그가 던진 질문이 자동적으로 떠오른다. 그는 학문적 명성만큼이나 키가 컸다. 유학 생활에 대한 긴장과 두려움으로 잔뜩 움츠려 있던 내게 육체와 정신이 모두 압도적이었던 그가 던진 질문은 의외로 단순하고 소박했다.

"아파트, 차, 컴퓨터가 있니?"

그렇다고 답을 하자, 지도교수는 그럼 됐다고 말씀하시고는 곧장 연구에 대한 이야기로 대화의 주제를 바꾸었다. 제대로 된 공부라는 것을 처음 시작하는 내게 지도교수가 던진 이 평범한 질문은 꽤 인상적이었다. 생활의 도구와 연구의 도구를 갖추었느냐는 이 질문은 그분에 관한 기억들이 하나씩 사라지는 와중에 오히려 더 강렬해지고 있다. 이 경험을 통해 누군가를 기억한다는 것은 그가 던진 질문을 기억하는 행위이고, 누군가를 존경한다는 것은 그가 던진 질문을 따라 던지는 행위라는 점을 알게 되었다.

사람은 누구나 자기만의 시그니처 질문이 있다. 어머니는 늘 "밥은 먹었니?"라고 물으신다. 끼니를 걱정해야 할 형편은 이미 넘어섰다는 것과 자식 역시 자녀를 둔 성인이 되었다는 것을 알고 계심에도 불구하고, 그 질문을 쉬지 않는다. 자신의 존재 이유가 그 질문이기 때문이다. 어머니가 늘 밥에 대해 질문하는 존재라면, 성직자는 늘 '영혼의 양식'에 대해 질문하는 존재다. 그들의 정체성이 육이 아니라 영에 있기 때문이다.

한 사회에도 그 사회만의 시그니처 질문들이 있다. 미국 갤럽은 각국 사람들의 행복을 측정하면서 다음과 같은 질문들을 추가로 제시했다.

어제 하루, 당신은 다른 사람들로부터 존중받았습니까?

어제 하루, 당신은 새로운 것을 배웠습니까?

어제 하루, 당신은 당신이 가장 잘하는 것을 했습니까?

어제 하루, 당신은 믿을 만한 사람이 있었습니까?

어제 하루, 당신은 당신의 시간을 어떻게 쓸지를 스스로 선택할 수 있었습니까?

이 질문들을 던진 이유는 이 질문들에 대한 답이 우리가 일상에서 경험하는 기분과 긴밀한 관계를 맺고 있기 때문이다.

우리는 타인으로부터 무시당하지 않고 존중받을 때, 뭔가를 배워서 성장했다는 느낌이 충만할 때, 열등감에 시달리지 않고 일을 잘해낼 때, 무슨 일이 생기더라도 믿을 사람이 있다고 안심할 때, 그리고 자기 삶을 주도적으로 살고 있을 때 행복을 경험한다. 행복한 기분은 돈보다는 존중·성장·유능·지지·자유와 같은 내면의 욕구가 결정한다.

이 다섯 가지 질문들에 '예'로 답한 사람들의 비율로 각국의 순위를 정한 결과, 매우 충격적이게도 우리나라는 89개국 중 83위를 차지했다. 내면의 자유와 행복의 순위에서 최하위권이다. 그 조사에 임한 우리나라 사람들은 어쩌면 한 번도 접해본 적 없는 질문들 앞에서 당혹스러움을 느낀 것이 아닐까? 그렇지 않고서야 어떻게 그런 순위가 나올 수 있었을까?

우리 사회의 인생 교과서는 경제적 풍요와 사회적 지위에 관한 질문들로만 구성되어 있다. 그런 까닭에 우리는 인생 수업에서 자신의 내면을 들여다보는 질문을 좀처럼 접하지 못한다. 돈을 잘 버는지는 물어왔지만, 자율적으로 살고 있는지는 묻지 않았다. 대기업에 다니는지는 물어왔지만, 존중받고 사는지는 묻지 않았다. 아파트 평수는 물어왔지만, 외롭게 살고 있지는 않은지는 묻지 않았다. 내면에 대한 질문이 실종된 사회였다.

질문이 바뀌어야 관심이 바뀐다. 이제 그동안 잊혔던 질문들을 우리 삶의 전면으로 부상시켜야 한다. "안녕하십니까?"라는 인사의 원래 의미대로 정말 안녕한지를 물어야 한다.

가정의 달에, 자녀들에게 물려줄 나만의 질문을 곰곰이 생각해본다.

출처: 중앙일보(2019.05.08일자). "서울대 심리학과 최인철 교수의 [마음읽기] 자기만의 질문". https://news.joins.com/article/23513892

사진 출처: 보리굴비(2017). 별헤는 밤, 행복과 밀당중. https://m.post.naver.com/viewer/postView.nhn?volumeNo=9992686&memberNo=36489004&vType=HORIZONTAL

05
CHAPTER

체계이론

1. 체계이론의 소개
2. 생태체계이론의 소개
3. 문화체계와 인간행동

이 장의 학습목표

1. 체계이론의 주요 개념을 이해한다.
2. 문화체계가 인간의 행동에 미치는 영향을 이해한다.
3. 체계이론을 사회복지실천에 적용할 수 있는 방안을 이해한다.

생각해 보기

초등학교, 중학교, 고등학교, 대학교에 입학했을 때 혹은 새로운 환경에서 낯선 사람을 접했을 때, 여러분이 적응하기 위해 했던 노력은 무엇이었는지 생각해 봅시다. 그 노력의 결과는 어떠했나요?

CHAPTER 05

체계이론

1. 체계이론의 소개

체계이론은 1947년 오스트리아 출신 캐나다 생물학자 버틀랜피(Ludwig von Bertalanffy)에 의해 소개된 이론으로, 여러 학문에서 관심 대상에 적용되고 논의되며 발전되어 왔다. 체계이론에서는 중심이 되는 대상, 예를 들어, 인간, 가족, 사회, 자연환경 등 이를 둘러싼 하나의 체계와 그 주변 체계와의 상호관계, 그리고 하나의 체계 내에서 투입과 변환, 산출, 피드백이라는 연속적 과정을 토대로 체계가 쇠퇴하거나 적응, 유지되는 모습을 설명하고 있다.

체계이론은 사회복지 분야에서도 인간을 둘러싼 환경, 그리고 그 상호작용과 적응을 다룸에 있어 유용하게 활용되고 있다.

1) 체계의 개념

체계란 상호의존적이고 상호작용하는 각 부분들의 전체를 말한다. 부분들 사이에 관계를 맺고 있는 일련의 단위라 할 수 있다. 체계는 전체이기도 하고 동시에 다른 체계의 부분이기도 하다. 예를 들어 사회복지학과는 하나의 체계로 전체이기도 하고, 소속된 ○○대학교라는 체계의 부분이기도 하다.

이러한 체계는 경계를 가진다. 경계는 그 체계가 환경과 구별되거나 다른 체계와 구분되는 독립적 영역이다.

2) 기본 가정

체계이론에서 전제하고 있는 기본 가정은 다음과 같다(김동배 외, 2010; 강기정 외, 2015).

① 체계를 구성하고 있는 요소와 구성원들은 상호 의존하며 작용하므로, 서로에게 영향을 미치고 나아가 체계 전체에 영향을 미친다.
② 전체는 각 부분의 합보다 크다.
③ 체계의 환경은 그 체계의 경계선 밖의 것으로 규정된다.
④ 모든 체계는 그보다 큰 다른 체계의 하위체계에 속한다.
⑤ 체계 내·외부의 변화로 체계가 불균형해지면 체계는 변화를 통해 균형을 이루고자 한다.
⑥ 체계는 적응적이면서도 또한 목표지향적이다.

3) 체계의 특성

(1) 구조상의 특성

① 경계

경계는 외부 환경과 구분되는, 그러나 물리적 구조가 아니어서 보거나 만질 수는 없는 선이나 테두리를 말한다. 요소들 간의 상호작용이나 구성원들 간의 교류 혹은 행동하는 방식을 보면 경계를 알 수 있다. 경계는 내부 관계의 특징과 정체감을 형성하며, 내외부로의 에너지 흐름을 규제하는 역할을 한다.

② 개방체계와 폐쇄체계

반투과적 경계를 갖고 있어 에너지의 흐름이 체계 내에서도 자유롭지만, 외부와의 에너지, 그리고 자원 교환도 허용되는 체계를 개방체계라 한다. 체계의 기능 유지와 성장, 발달을 위해서는 상호작용하는 다른 체계들로부터의 투입이 어느 정도 개방적이어야 한다.

반면 폐쇄체계는 외부 환경과의 에너지나 자원교환이 이루어지지 않은 채 고립된 체계를 말한다. 융통성이 부족하며 역기능적 체계가 되면서 체계의 유지와 변화가 어렵다. 이러한 폐쇄체계는 엔트로피(entropy) 속성이 나타날 수 있는데, 엔트로피란 체계 내 요소들 간의 상호작용이 감소하고 외부 체계와의 교류가 차단되면서 외부 에너지의 투입이 이루어지지 않으며, 체계가 서서히 무질서, 혼란에 빠지고, 비조직화되며 점차 소멸되어가는 현상을 말한다.

③ 대상체계, 상위체계와 하위체계

관심과 분석의 대상이 되는 체계가 대상체계이며, 대상체계의 외부에 있으면서 그 체계에 기능적으로 영향을 미치는 보다 큰 단위는 상위체계이다. 대상체계의 내부에 종속되어 있으면서 다른 하위체계와 상호작용하며 체계를 이루는 더 작은 체계는 하위체계이다.

(2) 교류적 특성

① 공유영역

두 체계가 공존하는 곳이다. 서로 다른 두 체계의 공통된 이익이나 관심을 추구하기 위해 필요한 것으로, 공유영역을 통해 체계 간의 교류가 일어난다.

② 의사소통

의사소통이란 체계 내·외부에 존재하는 두 사람 이상의 개인들 간의 정보 흐름을 말한다. 의사소통 과정에서 축적되는 상호교환은 관계 형성의 기반이 되며, 이를 통해 사회적 경험을 공유하게 된다. 의사소통 방법에는 언어적 의사소통과 미소나 울음, 몸짓 등의 비언어적 의사소통이 있다.

의사소통은 기능적 상태와 역기능적 상태로 구분할 수 있다. 기능적 상태는 명확하고 직접적인 메시지 전달이 가능한 상황으로, 필요할 경우 재언급을 요구하거나, 구체적인 예를 들어 내용을 명확히 하는 것이 가능하다. 그러나 역기능적 상태는 대화 내용에 연결성이 없고 상황과 동떨어진 반응을 하며 부적절한 행동으로 이어지는 상황이 발생한다.

③ 균형(평형 상태)

균형(equilibrium)은 외부 체계로부터 투입이 없는 고정된 체계의 구조를 말한다. 양쪽에 같은 무게로 움직이지 않은 양팔저울의 모습과 유사한 양상이다. 체계 내부 간 수평적 교류 정도만 있을 뿐 외부 환경이나 체계 내 수직적 교류는 거의 없다. 체계 내 구조의 변화가 거의 없는 폐쇄체계에서 나타난다.

④ 항상성

항상성(homeostasis)은 체계가 균형을 위협받았을 때 이를 회복하려는 경향을 의미한다. 환경과 상호작용하면서 역동적인 균형을 이루고 있는 상태로 개방체계에서 주로 나타나며, 체계의 구조는 크게 달라지지 않고 비교적 안정적인 편으로 체계의 일관성을 유지하는 기능을 한다. 예로, 가사 일을 주로 담당하던 어머니가 감기몸살로 누워계시게 되니 대신 자녀가 음식을 준비하고 빨래를 하며 가사 일을 돌보다가 어머니가 다 나으신 후에 다시 이전 상황으로 돌아가는 것을 들 수 있다.

⑤ 안정상태

안정상태(steady state)는 전체 체계가 균형을 이루고 부분들 간의 관계를 유지시켜 체계의 쇠퇴와 붕괴를 막고, 환경과 융통적인 에너지 교환체계를 지속하는 상태를 말한다. 변화하는 여건에 적응하기 위해 구조를 변경시킬 수 있는 개방체계에 존재한다.

안정상태는 균형이나 항상성보다 역동적이고 개방적인 특성을 지닌다. 예를 들어, 초등학생 때까지 부모님 말씀에 순종하며 귀가시간이 일정했던 자녀가, 중학교에 들어가 친구들과 어울리는 시간이 많아지며 귀가시간도 늦어지는 경우가 잦아 부모님의 꾸지람을 들었다. 그럼에도 자녀의 행동은 더 나아지지 않고 부모와의 관계가 나빠지기만 하였다. 이에 부모가 가족회의를 통해 자녀가 희망하는 가족규칙을 수용하여 자녀의 귀가 시간을 타협한 시간으로 늦추고, 늦어질 경우 부모에게 사전 연락을 취하는 등 부모와의 약속을 지키도록 하였다. 그리고 규칙을 잘 지켰을 경우 자녀가 좋아하는 컴퓨터 게임 시간을 일정 시간 늘려주기로 하였다. 이러한 예는 부모가 자녀의 성장을 이해하고 달라진 욕구를 반영하여 가족의 구조와 체계에 변화를 준 것이라 할 수 있다.

(3) 과정적 특성: 투입 - 변환 - 산출 - 환류

체계는 투입과 변환, 산출과 환류라는 과정적 특성을 지닌다. 투입은 체계가 환경으로부터 자원이나 에너지, 정보나 사건 등을 받아들이는 것을 말하고, 변환은 투입 요소가 체계 내에서 적절한 형태로 변형되어 산출을 위해 재조직화되거나 처리되는 과정을 말한다. 산출은 체계 내에서 변형된 투입 요소들이 환경으로 방출되는 것이다.

이때 산출을 통해 얻어진 결과에 대해 우리는 2가지 특성을 알 필요가 있다. 초기 투입 요소가 다르더라도 같은 결과를 보이는(유사한 안정상태를 나타내는) 동등결과성이 있을 수 있고, 투입 요소가 유사하더라도 다른 결과가 나타나는 다중결과성이 있을 수 있다. 즉, 사회복지사가 내담자에게 다른 자원을 공급했는데도 유사한 결과를 보이거나, 같은 서비스를 공급했음에도 다른 결과를 나타낼 수 있다는 것이다. 그러므로 사회복지사는 대안 선택을 위해 다양한 자원을 알고 있어야 하고, 가능한 자원을 적절히 연계할 수 있는 능력을 지녀야 한다.

환류(feedback)는 체계의 평형을 유지하거나 변화를 촉진하는 역할을 한다. 즉, 투입, 변환, 산출 과정에서 얻은 정보를 체계가 다시 받는 것을 말한다. 이는 체계의 순환적 성향을 잘 보여주는 개념으로 체계를 점검하고 수정하는 능력과도 관련된다.

환류에는 부적 환류와 정적 환류가 있다. 부적 환류는 체계의 이탈을 막기 위해 상호작용 형태나 목표를 수정하거나 변화를 요구하는 환류로, 체계의 항상성을 유지하며 변화를 최소화하기 위해 부분만 변화시키고 체계 전체는 유지하는 기능을 한다. 예를 들어 시험 기간 첫날 게임을 밤늦게까지 한 아들이 성적이 좋지 않자, 부모가 야단을 치고 다음 날에는 게임을 하지 못하도록 한 경우를 들 수 있다.

반면 정적 환류는 체계 전체를 변화시킬 수 있는 것이다. 이에 급진적이고 불연속적인 변화를 유도하는 기능을 한다. 예를 들어 부부 갈등으로 사회복지사가 개입해 상담을 하였으나, 부부 갈등이 더 심해져 더 이상 부부체계를 유지할 수 없게 되어, 아예 별거 상태가 된 경우를 들 수 있다.

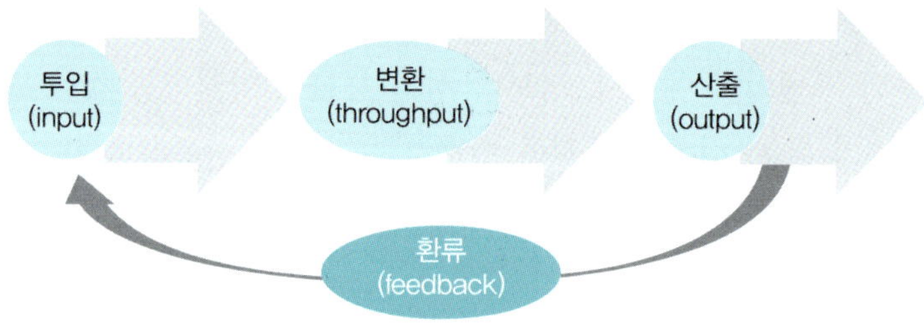

| 그림 5-1 | 체계의 과정

2. 생태체계이론의 소개

생태체계이론은 생태학의 개념과 체계이론을 기반으로 파생된 이론이다.

생태학은 조직과 환경 간의 상호관계를 이해하고자 하는 학문이다. 즉, 종들이 환경을 어떻게 활용하여 그것을 파괴하지 않고 자신의 요구에 맞게 변형시켜 자신을 유지하고 적응하는 가에 관한 학문으로, 이 과정에서 환경의 속성을 어떻게 변화시키는 지 알고자 한다(조흥식 외, 2010). 이에 유기체와 환경이 실패와 성공을 통해 어떻게 적응하는 지 생물학적 차원에서 그리고 심리적, 사회적 차원에서 다룬다. 생태학이론을 인간에 적용한 대표적 학자는 러시아계 미국인 학자 브론펜브레너(Urie Bronfenbrenner, 1917~2005)이다.

한편 생태체계이론은 인간과 환경적 힘이 상호작용하는 방법에 대해 실천적 관점을 중시한다. 대표적 학자는 지터먼(Alex Gitterman)과 저메인(Carel B. Germain)이다. 생태체계이론은 생태학에서의 개인과 환경 간의 상호 적응의 개념과 체계이론의 주요 개념, 그 외에도 동물행동학, 인류학, 스트레스 이론, 인본주의이론 등의 영향을 받았다. 그러므로 생태체계라 함은 인간을 둘러싼 모든 환경을 포함한 개념으로 설명된다.

이를 토대로, 사회복지 분야에서 사용하는 사회환경이라는 용어는 가족, 집단, 조직, 지역사회, 사회제도, 문화 등의 사회환경 만이 아니라 물리적 환경도 포함하며 이들 간의 상호작용 모두를 포함하는 의미로 적용된다(권중돈, 2014). 이에 생태체계는 사회복지 분야에서 말하는 사회환경과 동일한 개념으로 볼 수 있다.

생태체계이론의 사회복지실천 모델은 생활모델(life model)이다. 생활모델은 사람이 환경과의 관계에서 어떻게 적응하며 상호작용하는 가에 관심을 갖고 생활 속 문제들에 통합적으로 접근하는 것으로 이론을 실용화한 것이다.

1) 이론의 특징

생태체계이론의 주요 특징을 정리하면 다음과 같다.

① 인간과 환경은 지속적인 상호 교류 속에서 하나의 체계를 이루는 것으로 본다.

② 인간의 성격은 일생을 걸쳐 생물학적, 심리적, 문화, 경제, 정치적 요인들의 상호작용의 영향으로 형성된다.

③ 환경 속의 인간을 이해하기 위해 인간과 환경 사이의 상호 교류, 상호 보완, 적합성, 지지와 방해 등의 요소에 유념해야 한다.

④ 인간을 둘러싼 생태 환경(가족, 지역사회, 문화 등)과 인간 간의 평형상태 유지와 성장에 초점을 두어 그 관계를 이해하고 체계적으로 구조화하는 것이 인간발달의 주요 과제이다.

2) 주요 관점

(1) 인간과 환경

① 생태체계이론은 '환경 속의 인간'이라는 총체적 인간관을 지니고 있다.

② 인간은 환경에 반응하기도 하지만, 스스로 환경을 창조하는 힘을 가지고 있다.

③ 인간은 생물학적, 심리적, 영적, 사회적, 문화적으로 환경을 구성하기도 하고 환경에 영향을 미치기도 하는, 환경과의 상호 교류와 적응의 호혜적 관계를 갖는다.

(2) 인간의 행동과 부적응

① 인간의 행동은 환경과의 상호 이익을 찾는 과정에서 동기 유발된다.

② 인간의 문제행동은 환경과의 상호작용에서 비롯된 것이므로, 내담자에게 문제행동이 나타났다 하더라도 그것은 내담자의 책임이 아닌 그를 둘러싸고 있는 환경과의 상호작용을 통해 나타난 결과이다.

③ 생태체계이론에서 인간의 행동은 자신의 욕구와 환경 간의 조화를 이루기 위한 적응의 과정이므로, 부적응 행동이라 명명할 수 있는 것은 아무 것도 없다. 수용되기 어려운 행동으로 보일지라도, 그것은 그 환경에서 적응적인 것으로 그 상황에서 의미를 갖는다.

(3) 인간의 변화

① 생태체계이론에서는 인간의 변화를 개방적이고 낙관적으로 바라본다. 즉, 인간은 환경과의 상호작용 속에서 진보적 변화를 통해 발달한다.

② 인간은 환경을 자율적으로 활용하고, 환경 안에서 효율적으로 기능할 수 있으며, 환경과의 교류를 통해 성공적인 경험을 축적하고, 자율성과 자기통제능력, 유능성을 획득할 수 있다.

3) 주요 개념

(1) 생태체계의 구성

생태체계이론에서는 체계의 구성을 인간을 중심으로 관계의 거리에 따라 미시체계, 중간체계, 외체계, 거시체계, 시간체계의 5개 구조로 설명하고 있다. 그 내용을 소개하면 다음과 같다.

① 미시체계

미시체계(micro system)는 대상 요소인 인간을 포함하여 이를 둘러싼 가장 직접적이고 가까운 물리적·사회적 환경을 말한다. 가족과 학교, 친구, 교사, 이웃, 종교단체 등을 포함하여 그 환경 내에서의 지위와 역할, 활동, 대인관계 등이 해당된다. 개인의 특성과 성숙 과정에 따라 미시체계의 요소가 달라지며, 대면적 상호작용이 이루어진다.

② 중간체계

중간체계(meso system)는 미시체계 간의 관계 혹은 상호작용을 말한다. 가족과 학교 간의 관계, 형제자매 간의 관계, 가족과 또래집단 간의 관계 등 과정과 연결의 의미가 포함된다. 개인은 여러 미시체계와 관련이 되므로 여러 역할을 수행하게 되는데, 그 연결이 원활하지 않으면 어려움을 겪게 된다. 예를 들어 어느 자녀가 친구들 간의 관계는 원만하고 만나면 즐거워 시간가는 줄 모르고 놀 정도로 돈독한데, 가족들은 그 자녀가 친구 누구와 노는 지도 모르고, 친한 친구가 누구인지 이름도 몰라 귀가 시간이 지나도록 들어오지 않는 자녀를 찾기 위해 부모가 우왕좌왕하는 경우가 해당된다.

이러한 중간체계 역시 개인이 새로운 환경에 접하게 되면 새롭게 형성되거나 확대된다.

③ 외체계

외체계(exo system)는 개인과 직접적인 상호작용을 하지 않지만 미시체계에 영향을 미치는 환경을 말한다. 부모의 직장, 대중매체, 교통·통신시설, 문화시설 등이 속한다. 예를 들어, 마을에 도서관이 생기게 되니 토요일마다 자녀를 데리고 방문하여 책을 자주 읽게 되는 경우는 외체계에 의한 미시체계의 변화라 할 수 있다.

④ 거시체계

거시체계(macro system)는 개인에게 광범위하면서도 간접적으로 강한 영향을 미치는 이념, 문화, 관습, 법, 경제, 정치, 사회 등의 환경요소이다. 거시체계는 하위체계의 지지기반이 되며, 가치의 기준으로 작용한다. 거시체계는 비교적 다른 체계보다 안정적이기는 하나, 사회적 변화로 개선이나 소멸, 생성될 수 있다. 사회복지사가 지역사회를 조직화하거나 소외계층을 위한 옹호과정을 통해 보호법령을 입안하도록 하는 행위는 거시체계에 관한 실천이라 할 수 있다.

⑤ 시간체계

시간체계(chronosystem)는 역사적, 사회적 맥락 하에 연결되어 있는 연대를 의미하는 것으로, 개인의 생애를 걸쳐 일어난 변화와 역사적 환경을 포함하는 체계이다. 앞서 언급한 미시체계에서 거시체계에 이르기까지 생태체계는 과거와 현재, 미래의 연결 속에서 시간의 흐름에 따라, 즉 시간체계에 따라 변화하는 작용을 한다.

이러한 시간체계는 개인이 어느 시대에 태어났느냐에 따라 다르게 작용할 수 있는데, 전쟁 시기에 태어나 부모를 잃고 유년기를 보낸 사람과 사회경제적 부흥기에 태어나 유년기에 초·중·고등 교육을 받고 성인이 된 사람은 심리적 혹은 사회적 발달 과정이 달랐다고 볼 수 있다. 이처럼 어떤 시대에 태어나 성장했는지에 관한 시간체계는 개인의 발달과 삶에 영향을 미친다.

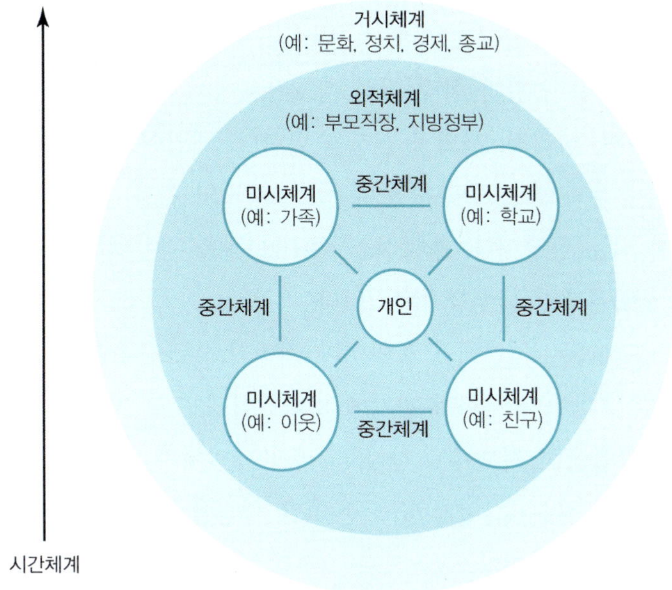

그림 5-2 생태체계의 구성

출처: Bronfenbrenner(1989). Ecological System Theory. 그림 번역 및 재구성

(2) 적합성, 적응

적합성(goodness of fit)이란 개인이 지닌 환경에 대한 적응 욕구와 지지되는 환경자원의 부합 정도를 말하는 것으로, 개인의 욕구와 사회적 요구 사이의 조화와 균형 수준을 의미한다. 개인의 적합성은 타인, 사회조직, 정치경제적 구조와 정책, 물리적 환경이 그 개인의 성장과 발달, 물리적·정서적 안녕을 지지할 때 달성되는 것이다. 저메인은 '인간은 자신과 환경 간의 최상의 적합성을 끌어내는 방식으로 행동한다'라고 하였다(Germain, 1987).

적응(adaptation)은 인간이 환경의 조건에 맞춰 자신을 조절하고 변화시키는, 혹은 환경을 변화시키는, 개인의 노력이 요구되는 상호 의존적 과정이다. 인간은 적응을 통해 주변 환경에 효과적으로 기능하게 된다. 사회복지사는 인간이 새로운 환경이나 새로운 기회에 생산적 에너지를 사용해 적응하며 기능할 수 있도록 돕는 역할을 하게 된다.

(3) 스트레스와 대처

스트레스(stress)는 인간과 환경 간의 상호작용에서 나타나는 혼란, 불균형으로 발생되는 생리적, 심리적, 사회적 현상을 말한다. 개인이 지각하고 있는 현 상황에 대한 요구수준과 이를 충족시킬 수 있는 자원의 활용 능력이 일치되지 않으면 경험하게 되는 현상이다. 스트레스 수준이 높을 경우에는 환경에 대한 적응이 어려워 생활문제가 발생할 수도 있다.

이러한 스트레스는 개인에게 불안이나 죄의식, 분노, 우울, 무기력, 절망감을 유발할 수 있고, 나아가 사회적 관계에 소극적이게 되고 자긍심, 자율성, 자신감이 저하되는 모습을 가져오게도 한다. 그러나 개인차가 있다. 즉, 스트레스가 성장의 방해 요인이 될 수도 있지만, 도전 혹은 성장을 위한 새로운 기회나 동기로 인식될 수도 있다는 것이다. 그러므로 스트레스 그 자체보다는 스트레스에 대한 인식과 대처(coping)가 중요하다.

대처는 스트레스나 심리적 어려움, 혹은 그로 인해 발생되는 욕구를 통제하기 위해 개인이 취하는 특정 행동을 말한다. 적응의 한 형태이며 문제를 해결하기 위한 노력과도 같은 의미이다. 대처를 위해서는 자아존중감이나 문제해결기술 등의 개인 내적 자원과 가족이나 사회적 관계망, 조직의 지원 등의 외적 자원이 요구된다(김동배 외, 2010).

(4) 유능성

유능성(competence)은 개인이 환경 속에서 효과적으로 기능할 수 있는 능력이다. 유능성은 환경과의 성공적인 상호작용을 통해 형성되며 자아정체감, 자아존중감과 밀접하게 연관되는 개념이다(김동배 외, 2010). 생태체계이론에서 유능성은 인간발달에 필수적이며 생활문제를 완화시키는 요인으로, 일생을 통해 여러 차례 조정되며 확대된다고 본다.

3. 문화체계와 인간행동

체계이론과 생태체계이론을 통해 인간을 둘러싼 사회환경에는 다양한 체계가 존재함을 알았다. 이를 기반으로 가족체계나, 조직체계, 지역사회체계 등은 사회복지실천 교과과정에서 심화학습 형태의 과목으로 다뤄지고 있다.

최근 사회복지실천 영역에서는 거시체계 중 문화체계에 대한 관심이 증가하고 있다. 한국에 거주하는 외국인 수의 증가와 더불어 지역사회에서 문화적 배경이 다른 가족 구성원들 간의 갈등과 서비스 욕구가 발견되고 있기 때문이다. 이에 실천 개입의 필요성도 커지고 있다.

본 교재에서는 이러한 요구를 고려해 문화체계에 대한 주요 개념을 파악하여 서로 다른 문화, 그리고 변화하는 문화 속에서 인간은 어떠한 모습으로 행동하며 적응해 나아가는지 그 내용을 학습한다.

1) 문화의 개념과 특성

문화란 사회 구성원으로서 인간이 습득한 지식과 믿음, 예술, 도덕, 법과 관습, 기타 모든 능력과 습관의 복합적 총체이다(Tylor, 1958, 권중돈, 2014에서 재인용), 즉, 문화는 인간이 어떻게 생활하는지에 관한 방식과 모습으로, 의식주 생활과 종교생활, 사회생활, 경제생활 등에서 구성원들에게 내면화되어 행동에 영향을 미치는 생활양식이다. 문화는 인간이 성장하는 과정 속에 후천적으로 학습되며, 정체되지 않고 항상 변화한다.

기존 학자들의 논의를 종합해 문화의 특성을 정리하면 다음과 같다.

① 문화는 인간의 생활양식으로 사회 구성원에게 내면화되어 인간행동에 영향을 미치는 사회체계이다.

② 문화는 정치, 경제, 사회, 역사 등 다른 환경 요소와의 관계와 상호작용의 결과물로 전체적으로 체계를 이루고 있다.

③ 문화는 학습을 통해 후천적으로 획득되며, 사회화를 통해 개인에게 내재된다.

④ 문화는 언어와 문자 등 상징적 수단을 통해 세대 간에 전승되며 축적된다.

⑤ 문화는 환경의 변화에 따라 지속적으로 수정되고 조정되며, 새로운 특성이 추가되면서 변화한다.

⑥ 문화는 외형적으로 드러나기도 것 말고도 어떠한 상징적 의미를 지닌다.

⑦ 모든 사회에는 언어, 가치, 규범을 포함하고 있는 가족체계, 혼인제도, 종교 등 보편적 유형의 공통된 문화 형태가 있다.

⑧ 문화는 다른 사회의 구성원과 구별되는 속성을 갖는다.

⑨ 문화는 초개인적인 특성을 지닌다.

⑩ 문화는 사회통합의 기회를 제공하기도 하지만, 긴장과 갈등의 소재가 되기도 하고, 특정 집단에 대한 억압과 소외의 원인이 되기도 한다.

2) 관련 용어의 이해

(1) 문화접촉과 문화마찰

문화접촉(culture contact)이란 다른 문화를 지닌 사람들의 직접적 접촉이나 전파와 같은 간접적 접촉을 통해 일어나는, 둘 이상의 다른 문화가 접촉하는 것을 말한다. 문화마찰(culture conflict)은 문화접촉을 통해 자기 문화의 관점에서 상대 문화를 이해하려할 때 생겨나는 오해와 갈등을 의미한다.

(2) 문화변화와 문화변용

문화변화(culture change)는 사회와 문화체계가 달라지는 것으로, 그 영향요인을 내부적인 것과 외부적인 것으로 구분할 수 있다. 내부적 요인은 인구나, 경제적 변화, 자연환경의 변화 등이 속하며, 외부적 요인은 외부 문화로부터 다른 문화 요소가 전파되는 경우를 예로 들 수 있다. 영화를 극장에서만 보다가 시간과 비용의 절감을 위해 핸드폰으로 영화를 보는 인구가 늘어 영화앱 사용이 활성화된 경우, 한국의 K-pop이 해외로 전파되어 한국어로 된 음악을 많은 세계인들이 알게 된 것은 문화변화의 예일 것이다.

한편 문화변용(acculturation)은 각기 다른 문화를 지닌 둘 이상의 사회가 오랜 시간을 걸쳐 직접적인 접촉을 통해 한쪽 혹은 양쪽의 문화 형태에 변화를 일으키는 현상을 의미한다. 햄버거의 빵을 밥으로 대신해 밥버거를 만들어 먹는다거나, 한복을 서양식 드레스 형태로 만들어 신부의 혼인 예복으로 사용하는 것이 그 예이다.

(3) 문화사대주의, 문화상대주의, 자민족중심주의

문화사대주의는 다른 사회의 문화만을 동경하거나 숭상한 나머지 자기 문화를 업신여기거나 낮게 평가하는 태도를 말한다. 문화상대주의(culture relativism)는 어떤 문화든 저마다 독특한 변화를 통해 발전해 왔으며, 이러한 문화에 대해 특정 문화의 입장에서 다른 문화의 우열을 가리는 것은 바르지 않다고 주장하는 입장이다. 이와 대조적으로 자민족중심주의는 자신이 소속된 민족의 관점에서 다른 민족의 가치관과 문화를 받아들이는 것을 말한다.

3) 인간의 문화적응 행동

문화체계에 대한 인간의 적응 행동을 이해하기 위해 학자 베리(Berry, 1997)는 문화적응이론을 소개하였고, 라프롬보이스와 그의 동료들(LaFromboise et al., 1993)은 이차문화획득 모델을 소개하였는데, 그 내용은 다음과 같다.

(1) 베리의 문화적응이론

베리(Berry)는 문화적응(Acculturation)이란 용어를 광의의 개념으로 해석하여 문화접촉을 통한 심리적 변화와 문화적 변화 모두를 포함하고 있다. 이때 심리적 변화는 자신의 문화 정체성과 문화변용에 대해 지니는 태도의 변화를 말하며,

문화적 변화는 집단 내의 관습, 경제적, 정치적 삶의 방식 등의 변화를 의미한다(사회복지교육연구센터, 2019).

베리는 문화적응이 접촉과 참여라는 두 개의 축을 통해 이루어진다는 다차원적 접근 방법을 제시하고 모국의 고유문화를 유지하느냐 여부와 이주사회 주류문화에 참여하고 그 관계를 유지하느냐의 여부에 따라 4가지 유형의 문화적응 전략을 제시하였다(이은정, 2019). 다음은 그에 관한 설명이다.

① 통합(integration)

통합은 주류 사회와의 관계를 유지하면서 동시에 고유문화의 문화 정체성과 특성을 유지하는 것을 말한다.

② 동화(assimilation)

동화는 주류 사회와의 관계는 유지하지만 모국의 고유문화의 문화적 정체성과 특성을 포기하는 것이다.

③ 분리(separation)

분리는 주류 사회와의 관계는 유지하지 않고 모국의 고유문화의 문화 정체성과 특성을 유지하는 것이다.

④ 주변화(marginalization)

주류 사회와의 관계도 유지하지 않으며 동시에 모국의 고유문화와의 접촉도 거부하는 것을 말한다.

표 5-1 베리(Berry)의 문화적응 전략

<table>
<tr><th colspan="2" rowspan="2">차원의 구분</th><th colspan="2">개인의 정체성과 성격을 유지하는 것이 가치있다고 생각하는가?</th></tr>
<tr><th>Yes</th><th>No</th></tr>
<tr><td rowspan="2">주류 사회와의 관계를 유지하는 것이 가치있다고 생각하는가?</td><td>Yes</td><td>통합</td><td>동화</td></tr>
<tr><td>No</td><td>분리</td><td>주변화</td></tr>
</table>

출처: Berry(1997). Immigration, acculturation, and adaptation.

(2) 이차문화획득 모델(Models of Second-Culture Acquisition)

라프롬보이스와 그의 동료들(LaFromboise et al., 1993)은 사회적 기술과 인성 발달의 수준에서 문화적 역량을 갖출수록 두 문화 내에서 효과적으로 기능하는 데 어려움을 덜 겪는다고 하면서, 이차문화획득 모델을 제시하였다. 이들은 상황과 환경에 따라 두가지 문화를 달리 구상할 수 있는 역량을 중요시하였는데, 이를 이중문화역량이라 정의하고 있다. 그리고 이중문화역량의 핵심 요소로 주류 및 소수 집단에 대한 긍정적 태도를 꼽고 있다.

이 모델에서는 동화, 문화적응, 다문화, 융합, 교대라는 5개 유형을 제시하였는데, 이은정(2019)이 소개한 내용 일부를 발췌해 정리하면 다음과 같다.

① 동화(assimilation)

베리의 문화적응 이론의 동화와 유사한 전략으로, 그 사회의 주류 문화에 흡수되는 것을 의미한다. 즉, 완전히 주류 문화에 흡수되어 자신의 정체성을 잃는 유형이다.

② 문화적응(acculturation)

문화적응 유형은 그 사회의 주류 문화 속에서 유능성을 가지고자 노력한다. 주류 문화를 자신의 원문화보다 우위에 둔다는 점에서 동화와 유사한 점을 지니지만, 소수민족의 구성원임을 인식한다는 점에서 차별성을 지닌다. 동화와 달리 본인의 민족적 정체성을 잃지 않는 유형이다.

③ 다문화(multicultural)

상위의 사회 집단 내에서 개인이 자신의 정체성을 유지하면서 다른 문화를 지닌 성원들과 함께 교류하는 유형이다. 예를 들어 한 도시 내에 고유의 문화를 지닌 공동체가 다른 집단의 성원들과 상호작용하는 것이다.

④ 융합(fusion)

융합은 멜팅팟 이론(melting pot theory)을 근거로 한다. 즉, 문화 간 구분이 없어지고 전혀 새로운 문화를 만들어 내는 것이다. 이 유형에서는 문화 간 위계가 없다는 점이 동화와 다르며 문화 간 차이나 공통점 등이 중요하지 않게 된다.

⑤ 교대(alteration)

두 문화에 대한 유능성을 가지고 상황에 따라 변환시킬 수 있는 유형이다. 이 유형에서 두 문화는 위계를 지니는 것이 아니라 동등하게 간주되고, 두 문화 모두와 긍정적인 관계를 유지한다. 이 유형의 사람들은 두 가지 문화에 대한 지식을 지니고 있어 양 문화에서부터 받는 사회적 지지를 유지한다.

Plus Tip 체계이론과 사회복지실천 연결하기

[사회복지실천에 미친 영향]

1. 인간과 환경과의 관계를 이해하는 데 이론적 토대가 되어 직접적인 실천과 간접적인 실천이 통합되어야 한다는 주장(통합적 접근)에 근거가 되었다.
2. 개인과 사회의 문제를 원인과 결과의 관계가 아닌 상호 연결된 전체로 이해하기 때문에 체계이론을 적용한 문제의 사정과 개입은 그 초점이 개인이나 환경 어느 한 곳에 있지 않다. 개인과 환경은 상호작용하며 영향을 주고받는 전체라는 측면에서 실천적 개입이 체계화되도록 일조하였다.
3. 사회복지실천의 사정도구(예 생태도 등)로 유용하게 활용되고 있으며, 이를 통해 내담자의 자원 발견도 용이하다.
4. 체계이론을 적용한 사회복지실천은 내담자에게 어려움을 유발하는 환경을 보다 적응적 환경으로 재구조화하는 것에 목적을 둔다. 그러므로, 아동, 청소년, 실직자, 노인 등 다양한 영역에 포괄적으로 적용된다.

[실천 기법의 예(송정애, 2017)]

• 경계선 설정기법

미뉴친(Minichin, 1974)의 구조적 가족치료에서 활용하는 대표적 가족 재구조화 기법이다. 가족체계 내의 개별 성원의 경계선을 설정하기 위해 그 성원의 이야기를 경청하고, 그의 관점을 인정하며, 다른 성원이 대신해 답변하는 것을 통제하고, 한 성원이 가족의 기억창고로 역할을 하지 못하게 하는 방법이다. 하위체계간의 경계선을 설정하기 위해 상담 시간에 자녀를 상담실 바깥에서 놀게 하고 부부와만 대화를 해 부부하위체계의 경계선을 설정할 수 있다.

• 순환적 질문

밀란 그룹(Milan Group)의 체계론적 가족치료의 대표적 기법으로, 개인의 증상 행동을 가족성원 간의 관계상의 문제로 재규정하기 위해 사용하는 방법이다. 가족 상호작용 유형이나 가족관계에 대한 질문을 해 가족성원 간의 지각차이를 밝혀내는 데 목적을 두고 있다. 순환적 질문에는 "동생이 화가 나 있을 때, 너는 무엇을 하고 있니?", "동생이 그런 행동을 할 때 가장 싫어하는 사람은 누구니?", "싫다는 표현을 어떻게 하니?"와 같이 차이에 관한 질문, 가설적 질문, 행동의 효과에 관한 질문 등이 있다.

요약정리

- 체계란 상호 의존적이고 상호작용하는 각 부분들의 전체로, 관계를 맺고 있는 일련의 단위이며 경계를 갖는다.
- 개방체계는 반투과적 경계를 지녀 에너지의 흐름이 체계 내·외부에서 자유롭고 자원 교환도 허용되는 체계이다. 반면, 폐쇄체계는 에너지의 흐름과 자원 교환이 이루어지지 않는 고립된 체계이다.
- 폐쇄체계의 성향이 심해지면 체계는 서서히 무질서와 혼란에 빠지고, 비조직화되면서 소멸되어가는 엔트로피(entropy) 속성이 나타날 수 있다.
- 두 체계가 공존하는 곳을 공유영역이라 하며 이를 통해 체계 간 교류가 일어난다.
- 체계에서 의사소통은 언어적, 비언어적 유형이 있으며, 의사소통 과정에서 상호 교환이 축적되면서 사회적 경험을 공유하게 되는 데, 그 모습은 기능적 상태와 역기능적 상태로 구분할 수 있다.
- 체계에서 균형(평형 상태)은 외부 체계로부터 투입이 없는 고정된 체계의 구조를 말하며, 항상성은 체계가 균형을 위협받았을 때 이를 회복하려는 경향을 의미한다. 안정상태는 체계가 균형과 관계 유지를 통해 쇠퇴 혹은 붕괴되지 않도록 환경과 융통적으로 에너지 교환을 지속하는 상태이다.
- 체계는 환경으로부터 자원이나 에너지, 정보나 사건 등을 받아들이는 투입→ 변환→ 산출→ 환류의 과정적 특성을 지닌다. 산출을 통한 결과는 동등결과성과 다중결과성이라는 특성을 보일 수 있다. 환류에는 변화를 최소화하며 체계의 항상성을 유지하는 부적 환류와 체계 전체를 변화시킬 수 있는 정적 환류가 있다.
- 생태체계란 인간을 둘러싼 모든 환경을 포함한 개념으로 사회복지 분야에서 말하는 사회환경과 동일한 개념이다.
- 생태체계이론은 '환경 속의 인간'이라는 총체적 인간관을 지니며, 인간 스스로 환경을 창조할 수 있다는 점과 환경과의 상호 교류와 적응의 호혜적 관계를 전제로 한다. 또한 인간의 변화를 개방적이고 낙관적 관점으로 바라본다.
- 생태체계이론에서 체계의 구성은 인간을 중심으로 관계의 거리에 따라 미시체계, 중간체계, 외체계, 거시체계, 시간체계의 5개 구조로 이루어져 있다.

- 인간이 다른 문화, 변화하는 문화 속에서 어떠한 모습으로 행동하며 적응하는 지 이해하기 위해, 베리는 통합, 동화, 분리, 주변화라고 하는 4가지 문화적응 전략을 설명하였고, 라프롬보이스와 그의 동료들은 동화, 문화적응, 다문화, 융합, 교대라는 5개 유형의 이차문화획득 모델을 제시하였다.

5장과 관련된 사회복지사 1급 시험 기출 문제

01 사회체계이론의 주요 개념에 관한 설명으로 옳은 것은? [15회]

① 시너지(synergy)는 폐쇄체계의 특징과 관련이 있다.
② 안정상태(steady state)는 환경과의 상호작용에서 부분들 간의 관계를 유지하기 위하여 에너지를 계속적으로 사용하는 상태를 의미한다.
③ 항상성(homeostasis)은 시스템에서 위기가 왔을 때 불균형을 유지하려는 경향을 말한다.
④ 균형(equilibrium)은 주로 개방체계에서 나타나며 외부로부터 새로운 에너지를 투입하여 변화시키려 노력하는 속성이다.
⑤ 피드백(feedback)은 체계 구성 간의 상호작용이 증가함에 따라 유용한 에너지가 감소하는 상태를 의미한다.

02 생태학의 주요 개념에 해당하는 것은? [17회]

① 무의식 결정론
② 자아실현 경향성
③ 단선적 인과론
④ 개인의 창조적인 힘
⑤ 개인-환경 간의 적합성

03 사회체계로서 문화에 관한 설명으로 옳은 것은? [17회]

① 미시체계에 해당된다.
② 후천적으로 습득되기보다는 타고 나는 것이다.
③ 구성원 간 공유되는 생활양식으로 다른 사회 구성원과 구별된다.
④ 규범적 문화는 종교적 신념, 신화, 사상 등으로 구성된다.
⑤ 문화는 외부의 요구와 무관하게 고정되어 있다.

정답 01 ② 02 ⑤ 03 ③

생각 잠시 머물기 **시간을 다시 되돌릴 수 있다면? 영화 「어바웃 타임」**

아들이 성인이 되던 날, 정말 엄청난 가문의 비밀로 시간을 되돌릴 수 있는 능력을 전수해 준 아버지. 단, 그 능력은 '정말 원하는 삶'을 위해 신중히 써야 한다.

아들은 그 능력을 통해 위기의 순간, 다시 과거로 돌아가 삶을 바꾸고자 노력하는데…

영화 「어바웃 타임(About Time)」은 그렇게 시작한다. 그리고 사람들이 살아가며 한번쯤은 생각해보는, '아 그때 그렇게 했어야 했는데…'하는 후회가 현실이 되어 과거 그 순간으로 돌아갔을 때, 과연 그것이 현명한 선택인가? 라는 생각을 하게 만드는 영화이다.

다시 시간을 되돌려 후회되는 삶 이전으로 돌아가더라도, 가족과 친구, 사랑과 결혼, 그리고 다양한 생활 사건들이 얽혀 있는 삶이 반드시 내 마음대로 해피엔딩으로 이어지리라는 보장은 없기 때문이다.

이 영화는 인간의 삶에서 시간체계가 갖는 영향을 엿볼 수 있는 허구의 스토리이다. 다루어지는 소재들이 충분히 공감할 수 있는 내용들이라, 현재의 나의 모습과 생활이 정말 다양한 사람들과 환경 속에서 수많은 체계들로 연결되어 있음을 깨닫게 한다.

사진 출처: 어바웃타임(2020). https://movie.naver.com/movie/bi/mi/photoView.nhn?code=92075

PART 02

인간발달의 생애주기적 접근

06

CHAPTER

태내기, 영아기, 걸음마기, 학령전기

1. 태내기
2. 영아기
3. 걸음마기
4. 학령전기

이 장의 학습목표

1. 태내기, 영아기, 걸음마기, 학령전기에 속하는 인간의 신체발달 양상을 이해한다.
2. 태내기, 영아기, 걸음마기, 학령전기의 인지와 사회정서적 발달 양상을 이해한다.
3. 태내기, 영아기, 걸음마기, 학령전기의 발달과 관련해 사회복지실천에서 관심을 가져야 하는 영역을 이해한다.

생각해 보기

낙태에 대한 법적 근거나 윤리적 타당성에 대한 자료를 찾고, 낙태에 대한 찬성 혹은 반대의 입장을 살펴봅시다. 여러분의 생각은 어떠한가요?

CHAPTER 06

태내기, 영아기, 걸음마기, 학령전기

1. 태내기

태내기는 정자와 난자의 결합 시기부터 시작해 태어날 때까지의 기간을 일컫는다. 이 시기는 일생에서 가장 빠르게 성장하는 시기로, 평균 38주 정도의 기간이 소요되는데 이 기간을 전후로 인간은 보통 34~40주 사이에 태어난다.

1) 신체발달

(1) 배란기

배란기는 수정란이 자궁벽에 착상할 때까지의 시기로, 수정 후 약 2주 정도까지의 기간이다. 배란기의 수정란 중 자궁착상에 성공하는 비율은 약 40%(정옥분, 2014)로, 이 시기에 착상되지 않은 수정란은 다음 월경 주기에 노폐물과 함께 떨어져 나온다.

(2) 배아기

배아란 자궁벽에 착상된 수정란을 의미하며, 배아기는 착상된 수정란이 태반의 발달로 모체로부터 영양분과 산소를 공급받고 배설물을 방출하면서 3~4cm의 크기로 성장하는 시기이다. 수정 2주에서 8주 사이의 시기로, 배아기 말이 되면 임신사실이 확인 가능하다. 성장률이 높은 시기로 중요한 신체 기관이 형성되는 시기이므로 산모의 각별한 주의가 필요하다.

(3) 태아기

태아기는 수정 8주부터 출생 때까지의 시기를 말한다. 이때 태아는 생존에 필요한 모든 체계와 기능을 획득하며, 외형적으로 완전한 인간의 모습을 갖추게 된다.

이 기간을 산모의 임신 기간을 중심으로 임신 초기(임신 1~3개월), 임신 중기(임신 4~6개월), 임신 말기(임신 7~9개월)로 나누어 볼 수 있는데, 각 시기의 특징을 설명하면 다음과 같다(사회복지교육연구센터, 2019).

① 임신 초기(임신 1~3개월)

태아의 급속한 세포분열이 일어나는 가장 중요한 시기이다. 이때 태아는 임산부의 영양상태, 약물 복용에 가장 영향을 받기 쉽다. 원시적 형태의 심장과 소화기관이 발달하며, 두뇌에서부터 몸 전체로 내려가면서 신체 기관이 발달한다. 눈, 코, 입 등의 얼굴 윤곽이 전체적으로 드러난다.

② 임신 중기(임신 4~6개월)

지속적으로 성장하는 태아는 손가락, 발가락, 피부, 지문, 털 등이 형성된다. 20주 정도가 되면 산모는 태아의 움직임을 느낄 수 있다. 그러나 이 시기에 태어나는 태아는 생존가능성이 희박하다.

③ 임신 말기(임신 7~9개월)

태아의 발달이 완성되는 시기로, 출산 후를 준비하는 시기라 할 수 있다. 태아는 30주 정도가 지나면 신경계의 조절 능력이 생기므로 이 시기에 태어난다면 인큐베이터에서의 생존이 가능하다.

2) 태내기에 미치는 영향 요인

(1) 환경적 요인

① 임신부의 영양상태

산모의 영양 결핍은 조산이나 저체중아의 출산, 신생아 사망과 관련되며, 태아의 기형, 발육부진, 발달의 지연을 초래하고 질병에 취약할 가능성을 높인다. 따라서 산모에게는 단백질과 엽산, 철분, 비타민 등 충분한 영양섭취가 필요하다.

② 임신부의 분만 횟수와 출산 간격

산모의 분만 횟수는 자궁과 태반에 관한 태내 환경과 관련된 것으로, 첫 아이보다는 이후에 출산하는 아이에게 더 유리하다. 첫 출산 시에는 자궁과 태반 간의 혈액 흐름의 속도가 느리기 때문에, 출산합병증이 상대적으로 많은 것이 일반적이다. 그리고 임신과 출산 후 산모의 내분비계가 완전히 회복하는 데 걸리는 시간은 약 4년 정도이므로 너무 짧은 기간에 임신을 하는 것은 태아의 발달에 바람직하지 못한 태내 환경을 제공하는 셈이다(김동배 외, 2010).

③ 임신부의 질병과 약물 복용

임산부의 질병은 태아의 발달지체나 장애를 유발할 수 있는데, 임신 3개월 이전에 산모가 풍진에 감염된 경우 자녀에게 시각장애나 청각장애, 지적 장애 등이 발견될 확률이 높다. 당뇨가 심한 경우에는 사산하거나 신체적 결함이나 신경계 이상을 지닌 태아를 출산할 가능성이 높고, 임산부가 성병에 감염된 경우 감염된 태아의 30% 정도는 출산 이전에 사망하며, 그렇지 않은 경우 신체장애나 시각장애를 초래하기도 한다.

산모가 이뇨제, 항생제, 호르몬제, 안정제, 식욕억제제 등의 약물을 복용한 경우에는 선천적 기형아나 발달지체를 유발할 수 있다. 헤로인 복용은 수면장애나 신경계 혼란을 가져올 수 있으며, 분만 과정에서 마취제를 과다 투여하게 되면 지각기술, 운동기술, 주의력 결핍 등의 장애가 유발된다. 임산부가 방사선이나 환경오염에 자주 또는 장기간 노출되는 것도 태아의 발달에 부정적 영향을 미친다(권중돈, 2014).

④ 임신부의 음주와 흡연

임산부의 음주는 태아의 저체중, 안면 이상 등의 장애를 초래할 수 있고, 습관적 음주는 태아의 알코올증후군을 유발할 수 있다(신명희 외, 2013). 산모가 흡연을 하는 경우에는 그렇지 않은 경우보다 유산이나 사산의 가능성이 28% 정도 더 높으며, 태아는 만성적 산소부족 증상을 경험하고, 두개골이 작거나 저체중아로 태어날 가능성이 높다. 임산부가 흡연이나 음주 중 한 가지를 할 경우, 태아가 발달지체를 보일 확률은 2배, 두 가지 모두를 할 경우에는 4배로 증가한다(Dworetzky, 1990, 권중돈, 2014에서 재인용).

⑤ 임신부의 정서 상태

산모가 장기간 스트레스에 노출되어 흥분 상태에 있으면 태아의 움직임은 평소보다 많아진다. 이러한 산모에게 태어난 신생아는 발달이 느리고 허약하며 이상행동을 나타낸다.

⑥ 아버지의 영향

최근 아버지도 태내 환경에 중요한 영향을 미치는 것으로 밝혀지고 있는데(신명희 외, 2013), 남성의 흡연은 정자의 수를 줄여 생산능력을 떨어뜨리며, 태어난 자녀에게 뇌수종, 안면마비, 뇌암, 임파종, 백혈병에 걸릴 위험을 증가시킨다. 하루 2병 이상의 맥주를 마신 아버지에게서 태어난 아이의 경우 체중이 평균치에 비해 적게 나가며(강기정 외, 2015), 아버지가 특정 화학약품에 노출되는 직업을 가진 경우 사산, 조산, 저체중아의 출산 가능성이 높고, 아버지 연령이 20세 이하이거나 55세 이상인 경우에는 다운증후군의 위험이 급격히 증가하는 것으로 보고되고 있다(권중돈, 2014).

(2) 유전적 요인

유전은 인간의 발달에 있어 신체적 성숙의 속도, 기질적 차이를 만들어 내며 비정상적 발달을 초래하기도 한다. 즉, 신체적 특징만이 아니라, 사회성이나 활동성과 같은 기질적 측면에도 영향을 미칠 수 있다.

많은 비정상적 발달이 유전적 요인에 기인하는 것으로 보고되고 있는데, 염색체가 없거나 필요 이상의 염색체가 존재하면 태아에게 치명적 영향을 미칠 수 있다(신명희 외, 2013). 예를 들어 다운증후군(21번 염색체가 1개 더 있음. 특징적 외형의 모습)이나 클라인펠터증후군(남성에게 발생. 성염색체 이상으로 정자의 생산이 불가능. 여성의 2차 성징이 나타남) 등은 불필요한 염색체의 존재로 나타나며, 터너증후군(성염색체 이상. X염색체가 1개인 여성으로 2차 성징이 거의 없음) 등은 필요한 염색체가 부족해 나타난다.

유전적 요인에 의한 발달장애는 가족력을 조사하거나 양수검사, 자궁의 융모막 검사 등을 통해 출산 전 예측이 가능하다.

2. 영아기

영아기는 출생 후부터 약 2세까지의 기간으로, 프로이트의 구강기, 에릭슨의 유아기, 피아제의 감각운동기에 해당하는 시기이다.

이 시기는 빠른 신체적 성장과 더불어 감각을 통한 지능발달을 이루는 것이 특징이다.

1) 신체발달

(1) 신체발달의 특성

이 시기 영아의 신체는 제1성장 급등기라 지칭할 정도로 빠르게 성장한다.

신생아의 체중은 약 2.4~4.5kg, 신장은 45~55cm정도로, 여아가 남아에 비해 체중과 신장이 작은 편이다. 출생 후 1년 동안 신장은 1.5배, 체중은 3배 이상 증가하며, 2세 정도에는 체중이 약 4배가량 증가한다. 머리둘레가 가슴둘레보다 좀 더 크며, 성장하면서 점차 머리둘레의 비율이 작아진다(김태련 외, 2004).

신생아 시기에 나타나는 반사운동으로 생존반사(적응과 생존을 위해 필요한 반사. 빨기반사. 탐색반사, 연하반사 등)와 원시반사(생존을 위한 것은 아니지만 신경과 근육의 자동반사. 모로반사, 쥐기반사, 바빈스키 반사 등)가 있는데 이는 점차 6개월경부터 자연스럽게 사라진다(권중돈, 2014).

9~12개월 경 대천문과 소천문은 닫히고 점차 모든 뼈가 단단해지기 시작한다. 머리, 상체에서 시작해 점차 발가락 쪽으로 몸을 움직이고 통제하기 시작하며, 10개월경부터는 대근육의 발달로 걸음마를 시작한다. 생후 6~7개월부터 이가 나오기 시작하여 2년 6개월 정도면 20개의 젖니가 모두 나온다.

(2) 감각 발달의 특성

영아의 감각기능은 정보를 사고체계로 전달하면서 지능발달에 중요한 역할을 한다. 시각과 청각, 미각과 후각, 촉각의 5개 감각 발달의 특성을 설명하면 다음 표의 내용과 같다.

표 6-1 영아기의 감각 발달

감각	특성
시각	• 감각 중 가장 늦게 발달 • 출생 직후에는 물체에 초점을 두지 못하고 가시거리도 제한적. 생후 1개월이 지나면서 점차 사물에 초점 맞추고 응시 가능해짐 • 생후 2~3개월 경 기본 색 구분이 가능해 색채를 토대로 물건을 구분할 수 있음. 생후 4~5개월 경 시각조절 능력이 성인 수준에 이름 • 전체보다는 부분을, 정지된 것보다 움직이는 것을, 흑백보다는 컬러를, 직선보다 곡선을, 단순 도형보다는 복잡한 도형을, 다른 사물보다 인간의 얼굴 중 눈을 가장 선호함
청각	• 청각발달은 출생 후 곧 성인수준으로 발달 • 출생 후 2주 정도가 지나면 사람의 목소리와 다른 소리를 구분 • 생후 4~6개월이 지나면 낯익은 목소리 구분, 1년 정도가 되면 작은 소리도 민감하게 반응하고 소리 높낮음 식별이 가능해짐
미각	• 출생 시 이미 맛을 구별하는 능력 보유. 성장하면서 더 발달하게 됨 • 단맛 선호. 2~3개월경에는 특정 맛에 대한 기호가 생겨 특정한 맛을 거부하기도 함 • 4개월부터는 짠맛을 좋아하기 시작하며 영아기 후반에는 미각이 매우 예민해짐
후각	• 출생 초부터 상당히 발달되어 있는 감각 • 생후 1주일이 지나면 어머니 모유 냄새를 구분하기도 함 • 성장하면서 냄새에 대한 민감도가 증가하지는 않음
촉각	• 출생 당시에는 입술과 혀를 제외하고는 별로 발달되어 있지 않음 • 생후 6개월이 지나면 손이나 발의 촉각을 통해 주위 물체를 탐색 • 만 1세경에는 손의 감촉만으로 익숙한 물체를 인지

2) 인지 및 언어발달

(1) 인지발달상의 특성

① 감각과 운동기능을 통한 탐색

감각과 운동기능을 통해 직접 보고, 듣고, 느끼고 행동하는 것에 의존해 이해하고 기억한다. 경험을 조직하는 데 언어를 쓰지 않고 환경에 대한 직접적인 탐색, 직관을 통해 개념을 형성한다.

② 목적지향적 행동

자신의 욕구 충족을 위해 의도적으로 행동하며, 그 욕구 충족을 위해 익숙한 수단을 사용하기도 한다.

③ 정신적(상징적) 표상의 사용

눈앞에 없는 사물이나 사건들을 마음속에 그려내기 시작하고 행동을 하기 전에 머릿속에서 먼저 생각한 후 행동할 수 있다. 정신적 표상을 하기 시작하면서, 어떠한 행동을 보고 그 자리에서 모방하지 않고 일정 시간이 지난 후 그 행동을 모방(지연모방)하게 된다.

④ 대상영속성의 형성

생후 9~10개월이 되면 대상영속성이란 개념이 생기기 시작한다. 즉, 어떤 사물이나 사람이 눈앞에서 사라져도 여전히 존재함을 알기 시작한다는 것이다. 예를 들어, 10개월이 된 아이가 갖고 놀던 장난감을 엄마가 가져가 보이지 않는 곳에 숨겼을 때 찾지 않으면 대상영속성 개념이 확립되지 못한 것이다. 영아의 분리불안 현상도 대상영속성 개념의 발달과 관련된다. 대상영속성 개념이 생기면 대상의 이미지를 생각하거나 활용해 문제를 해결할 수 있는데, 이 개념은 대개 만 2세 정도가 되면 확립된다.

⑤ 언어의 발달

영아기 언어발달의 첫 단계는 울음으로 시작된다. 출생 후 약 1개월까지는 반사적 울음을 울다가, 점차 분화되어 이유를 알 수 있는 울음으로 바뀌며 자신의 의사를 표현하게 된다. 3~4개월 경에는 옹알이를 시작하고, 4~5개월 경에는 소리를 닮은 옹알이로 발전하는데, 이때 옹알이는 영아에게 놀이의 기능을 하며 언어 습득의 중요한 기제로 작용한다. 이후 점차 억양이 명확해지며, 12개월경에는 '엄마', '아빠'와 같은 몇 개의 단어와 상대방의 명령을 알아들었다는 표시를 할 수 있게 된다.

생후 1년 반이 지나면 두 단어의 결합을 통한 의사표현이 가능해지고, 2세가 되면 사용하는 어휘의 수가 급속히 증가해 단어의 연결을 통한 간단한 문장을 만들어낼 수 있다. 이 시기 언어발달의 특징은 자기중심적 언어로, 상대방의 입장을 이해할 수 없기 때문에 혼자 중얼거리기도 하고 반복하기도 한다(강문희 외, 2011).

3) 사회정서 발달

(1) 정서의 분화

만 2세까지의 아이는 성인에게서 볼 수 있는 대부분의 정서를 나타내는 데, 이러한 정서발달은 성격발달의 기초가 된다.

신생아도 미소나 울음으로 정서를 표현하지만 분화가 덜 된 상태이며, 점차 연령이 증가하면서 유쾌와 불쾌의 정서가 다양한 감정으로 분화되기 시작한다. 초기에는 기쁨과 놀람, 슬픔과 공포 등의 1차 정서가 나타나고, 첫 돌이 지나면서 유쾌한 감정은 즐거움, 환호, 애정, 호기심 등의 정서로, 불쾌한 감정은 분노, 두려움, 수치스러움, 부러움, 죄책감 등의 2차 정서로 분화된다(강문희 외, 2011).

(2) 애착형성과 발달

애착(attachment)은 영아와 양육자 간에 형성되는 친밀한 정서적 유대감으로, 어느 문화권에서나 볼 수 있는 보편적 발달 양상이다. 학자들은 놀이나 상호작용, 신체접촉, 대상영속성의 형성 등을 통해 애착이 형성된다고 보고하고 있다(정옥분, 2014; 권중돈, 2014).

애착은 영아기의 가장 중요한 사회적 발달로, 주위 환경 적응에 필요한 요소이며 애정이나 사랑 등의 긍정적 정서와 관련된다. 영아기에 형성된 애착은 이후 인지, 정서, 사회성 발달에 중요한 영향을 미친다.

영아의 기본적인 애착은 일반적으로 생후 7개월경에 형성되는데, 애착형성의 민감기는 생후 1.5개월에서 생후 2년 정도로까지 확대될 수 있다고 보고 있다. 에인스워드(Ainsworth,1973)는 4단계로 애착형성을 구분해 설명하고 있다(권중돈, 2014에서 재인용).

① 1단계: 출생 후 3개월경

반사행동과 응시, 미소 등을 통해 양육자와의 접촉을 유지하고자 한다.

② 2단계: 3~6개월경

애착형성에 있어 가장 결정적인 시기로 친숙한 사람에게만 선택적으로 반응을 보이고 낯가림이 시작된다.

③ 3단계: 7개월~걸음마기

영아가 능동적으로 타인과 신체 접촉을 하려하며, 9개월경에는 부모와 분리되기를 싫어하는 분리불안이 나타나고, 24개월경에는 대상영속성이 형성된다.

④ 4단계: 걸음마기 이후

부모의 애착행동 유발을 위해 다양한 행동을 시도한다.

또한 에인스워드(1979)는 낯선 상황에 대한 실험을 통해 애착 유형을 4개로 구분했는데(권중돈, 2014에서 재인용), 표의 내용과 같다.

표 6-2 애착 유형의 구분

애착 유형	특징
안정애착형	• 주변 탐색을 위해 양육자와 쉽게 떨어지나, 낯선 사람보다 양육자에게 보다 확실한 관심을 보이고 양육자와 놀 때 밀접한 관계를 유지한다. • 양육자와 분리되었을 때에도 어떤 방법으로든 위안거리를 찾고 다시 탐색하며, 양육자가 돌아오면 반갑게 맞이하고 쉽게 편안해진다.
회피애착형	• 양육자에게 친밀한 반응을 보이지 않는다. 양육자나 낯선 사람에게나 비슷한 반응을 보인다. • 양육자와 분리되어도 울지 않고, 양육자가 돌아와도 무관심하거나 모른척 한다. • 양육자가 본인의 욕구를 제대로 받아주지 않거나 거절당했던 기억때문에 양육자에 대한 신뢰와 믿음이 부족한 경우이다.
저항애착형	• 양육자와 분리되기 전부터 불안해하며, 양육자 옆에 붙어서 탐색하지 않으려 하고, 양육자와 분리되면 심한 분리불안을 느낀다. • 양육자가 돌아와 안아 주어도 분노를 표현하며 소리를 지르거나 양육자를 밀어내는 행동을 한다.
혼란애착형	• 불안정한 애착 유형의 가장 심한 형태로 회피애착형과 저항애착형이 결합된 형태이다. • 가장 우려되는 유형으로 양육자가 나타나도 냉담한 표정으로 뒷걸음질 치거나 다가가 안기지 못한다. • 양육자의 일관되지 않은 양육 형태나 양육자의 스트레스가 높거나 우울 증상이 있을 때 나타나는 경우가 많다. • 아이에게 양육자가 의지할 수 있는 존재인지, 불안감을 주는 대상인지 판단하기 어려운 상태로 양육자에 대한 기준이 없는 극심한 스트레스 상황으로 볼 수 있다.

(3) 낯가림과 분리불안

영아의 애착관계 형성에 대한 증거는 낯가림과 분리불안을 통해 알 수 있다.

낯가림은 영아가 어떠한 특정 인물과 애착을 형성한 후에 낯선 사람이 다가오거나 낯선 사람에게 맡겨질 때 큰 소리로 우는 등의 불안 반응을 보이는 것이다. 낯가림은 6~8개월경 나타나 만 1세 전후에 최고조에 달했다가 서서히 사라진다.

낯가림이 낯선 사람에 대한 반응이라면 분리불안은 친숙한 사람과의 분리에서 오는 불안이다. 정상적으로 애착을 형성한 영아는 양육자와 분리되면 슬퍼하고 불안해하며 우는 등의 반응을 나타내는데, 안정적 애착을 형성한 영아는 불안정한 애착을 형성한 영아보다 분리불안 반응이 덜하다. 분리불안은 낯가림보다 조금 늦은 9개월경에 나타나 12~15개월경에 절정에 달하며, 이후 대상영속성이 확립되는 시기로 알려진 20~24개월경에 사라지게 된다.

3. 걸음마기

걸음마기는 2~4세 시기로 프로이트의 항문기에 해당하며, 에릭슨의 유아기로 자율성 대 수치심의 시기이고, 피아제의 전조작기 전기에 속한다. 이 시기는 꾸준한 신체발달과 더불어 상징적 사고를 통한 인지발달이 빠르게 이루어진다.

1) 신체발달

영아기에 비해 신체발달의 속도는 떨어지나 지속적으로 성장한다. 점차 신체 비율의 변화로 하체가 길어지며, 걷는 능력이 정교해지고, 대근육과 소근육을 사용하여 균형 잡기, 뛰기, 달리기, 기어오르기, 던지기 등의 운동능력이 발달하며 블록쌓기, 젓가락 잡기, 옷 입고 벗기, 그리기 활동 등이 가능하다.

정상적인 신체발달을 위해서는 충분한 영양공급과 규칙적인 생활습관, 사고와 질병으로부터의 보호가 필요하며, 보다 정교한 운동기술의 습득과 발달, 그러한 기술이 학습되도록 동기를 부여할 수 있는 성인들의 적절한 지도가 뒷받침 되어야 한다.

2) 인지발달

걸음마기에는 대상을 상징화하고 내면화시키는 과정을 거치면서 인지발달과 언어발달이 이루어지나, 성숙한 개념으로까지 이어지지는 못한다.

(1) 사고의 특성

걸음마기 영아의 사고발달의 특성은 상징적 사고, 자기중심적 사고, 물활론적 사고, 인공론적 사고, 전환적 추론으로 요약할 수 있다(강문희 외, 2011; 강기정 외, 2015). 그 내용은 다음의 표와 같다.

표 6-3 걸음마기 영아의 사고발달

구분	특징
상징적 사고	• 행동이나 감각에 의존하지 않고 정신적으로 환경 내 대상을 여러 형태의 상징으로 표현할 수 있음 • 가상적 사물이나 상황을 실제 사물이나 상황으로 상징하는 가상놀이, 상상놀이 가능 • 부모행동의 모방, 친숙한 사물의 상징화로 단순한 놀이로 시작하다가 책이나 TV를 통해 보고 들은 내용을 상징화하게 됨 • 예 막대기를 칼이라 생각하고 만화 주인공 흉내 내기
자기중심적 사고	• 타인의 입장에서 세상을 바라보기는 어려워, 자신의 관점에 비추어 타인의 감정이나 사고를 예측하는 경향 • 이기적인 것과는 다른 의미로, 또래와의 상호작용을 통해 극복됨
물활론적 사고	• 움직이는 것은 살아있다고 믿는 생각 • 생명이 없는 대상에게 생명과 감정을 부여하는 사고
인공론적 사고	• 자기중심적 사고의 특별한 형태로, 세상의 사물이나 현상이 사람의 필요에 의해 만들어졌다고 믿는 것 • 예 해와 달은 우리를 환하게 비추기 위해 누군가 만들었다고 생각하는 것
전환적 추론	• 비약적 추론, 전도추리라고도 함 • 특정 사건으로부터 다른 특정 사건을 추론하는 것. 두 현상이 서로 관계가 없는데도 인접한 경우 인과관계가 있다고 생각하는 것 • 예 본인이 엄마 말을 듣지 않아 엄마가 아프다고 생각하는 것

(2) 언어발달

2세 이전의 언어는 사고와 별개로 존재했다면, 걸음마기부터는 점차 추상능력의 발달로 언어기술이 획득되며, 모방에 의존해 어휘력이 증가한다. 자기중심적 언어를 사용하며, 질문을 통한 대화를 많이 해 이를 통해 정보를 습득한다.

3) 사회정서 발달

(1) 정서발달의 특징

이 시기 유아의 정서는 복잡하고 다양해지며 분화가 두드러지게 나타난다. 그러나 지속기간이 짧아 변하기 쉽고 강렬하게 나타나기도 한다. 정서를 이해하는 능력이 발달하며, 정서를 표현하는 능력도 정교해져 부정적 감정을 숨기기도 한다. 정서발달은 사회성 발달로 이어지게 되므로 부모와의 대화, 훈육 등의 양육 방식, 또래와의 상호작용은 중요한 영향을 미치게 된다.

(2) 자기 통제력과 자율성의 발달

걸음마기 유아의 자율성과 자기 통제력은 대소변 훈련에서 시작된다. 대소변 훈련은 개인의 자율성과 사회적 요구 간의 갈등이 최초로 일어나는 사건으로 성공적 해결은 자기 통제 능력의 발달에 기여하며, 자신의 몸을 스스로 통제할 수 있어 잘 할 수 있다는 생각을 하도록 하면서 자율성을 획득하게 한다.

걸음마기의 유아는 부모의 행동 제한이나 경쟁 상황에서의 무능력에 대한 지각이 빈번해지면서 분노를 표출하는 경우가 많아지는데, 이 과정에서 부모의 언어적 설명이나 벌을 통해 분노를 통제하는 방법을 학습하거나 부모의 분노 통제 행동을 모방하면서 분노 통제력을 발달시킨다. 또한 환경에 대한 통제를 긍정적으로 경험하면서 자신감을 갖고 자기 통제력을 발달시키게 된다.

이와 같이 걸음마기 유아는 무엇이든 혼자 해보려 함으로써 환경에 대한 통제를 시도한다. 자신이 부모와 분리된 별개의 존재라는 것을 인식하게 되면서 자신이 원하는 방식으로 주장하고 반항적 행동을 하기도 한다. 이러한 모습은 3~4세에 절정에 이르는데, 이 시기를 제1의 반항기라 부르기도 한다. 걸음마기의 자기 주장적이고 반항적 행동은 자율성이라는 중요한 심리적 기제를 발달시킨다. 이때 부모가 자녀의 자발적 행동을 지나치게 제한하거나 또래 혹은 형제자매와의 경쟁에서 계속해 실패하는 경우, 아이는 수치심이 발달하고 자신의 능력을 신뢰하지 못하게 됨으로써 자기의심의 경향이 생기게 된다. 이러한 상황이 지속되면 유아는 새로운 환경에 대한 탐색을 회피하거나 소극적이게 되고 자신에게 친숙한 활동만을 하려는 성향을 보이게 된다.

(3) 사회성 발달

걸음마기의 유아는 사고의 특성과 왕성한 활동으로 부모나 또래와 갈등이 생길 수 있다. 이 때 부모는 훈육을 시작하며 유아의 행동을 제한하면서 자기중심성을 약화시키고 사회적 기준을 가르치면서 사회성 발달의 계기를 제공한다.

유아는 점차 성인과의 접촉보다 또래나 형제자매와의 접촉이 많아지면서 연합놀이나 협동놀이를 통해 경쟁과 협동의 기회를 갖게 되는데, 이 과정을 통해 인지발달과 사회성 발달이 촉진된다.

4. 학령전기

학령전기는 4~6세 시기로, 걸음마기와 함께 유아기로 통칭되기도 한다.

이 시기는 생활환경이 가정에서 유치원 등으로 확대되면서 또래집단과의 접촉을 통해 사회적 기술을 본격적으로 습득하는 시기로, 프로이트의 남근기에 속하며, 에릭슨 이론에서는 자발성 대 죄책감이 형성되는 기간이다. 피아제 이론에서는 전조작기 후기에 속하며, 콜버그의 이론에서는 전인습적 수준의 도덕성 발달을 보이는 시기에 해당한다.

1) 신체발달

이전 시기에 비해 성장률은 감소하나 전체적으로 균형적 체형으로 변해간다. 6세 경 뇌의 무게는 성인의 90~95%에 달하며, 신장은 출생 시에 비해 2배 정도로 증가하고, 체중은 약 5배 증가한다. 유치는 영구치로 바뀌기 시작한다. 수면시간도 줄어들어 1일 평균 9시간 정도이며, 체지방도 감소한다.

근육과 골격이 강해지며, 신경세포의 성숙과 대근육과 소근육 운동기술의 발달로, 달리기, 줄넘기, 자전거, 수영 등 몸을 이용한 운동을 선호하며, 칫솔질, 옷 입고 벗기 등 일상생활을 스스로 할 수 있게 된다(강문희 외, 2011).

2) 인지발달

(1) 사고의 특성

학령전기의 유아는 정신적 표상에 의한 사고는 가능하지만 아직 개념적 조작(과거의 사건을 내면화해 서로 관련지을 수 있는 것) 능력은 발달하지 않은 상태이다.

걸음마기 유아의 발달 특성과 마찬가지로 자기중심적 언어와 사고를 많이 하며, 전환적 추론이 지속적으로 나타난다. 직관적 사고와 비가역적 사고, 중심화(집중성) 사고의 특성으로 보존개념의 획득은 아직 어렵다. 보존개념은 물체의 외형이 바뀌어도 그 물체에 더하거나 빼지 않는다면 그 물체의 양은 그대로 보존된다고 판단할 수 있는 능력으로, 대상의 겉모양이 변해도 본질적인 특성은 그대로 남아 있음을 의미하는데, 이 시기의 유아는 아직 이러한 개념 습득을 어려워한다. 또한 상위의 개념과 하위의 개념, 전체와 부분과의 관계를 파악하는 능력이 아직 불완전해 서열화, 분류화(유목화)를 할 수 없다.

표 6-4 학령전기 유아의 사고발달 특성

사고의 특성	설명
중심화(집중성)	• 2개 이상의 차원을 동시에 고려하기 어려움. 상황의 한 측면만을 보고, 다른 측면은 무시해버리는 특징이 있음 • 예 '빨간 색의 물건을 고를 것'이라는 문제는 해결하나, '빨간색이면서 사각형 물건을 고를 것'이라는 문제는 어려워하는 것
직관적 사고	• 대상이나 상태가 갖는 여러 속성들 중 가장 두드러지게 지각되는 속성에 의해 판단하는 것 • 예 밑면적이 다른 2개의 컵에 같은 양의 물을 넣었을 때, 물의 높이가 높은 컵의 물의 양이 더 많다고 생각하는 것
비가역적 사고	• 생각해 온 과정을 거꾸로 되밟아 생각하지 못한다는 것. 어떤 변화가 생겼을 때 다시 이전 상태로 돌려놓을 수 있다는 생각을 하지 못하는 것 • 예 찰흙으로 만든 공이 납작해졌을 때, 다시 동그란 공 모양으로 돌아갈 수 없다고 생각하는 것

(2) 도덕성 발달

이 시기 유아의 자기조절 능력과 자기 통제력의 증가는 도덕성 발달의 기초가 된다. 피아제와 콜버그 이론에 의하면 학령전기의 유아는 주어진 규칙이나 권위자의 규칙, 벌이나 보상 기준에 따라, 자신이나 자신이 좋아하는 사람에게 이익이 되는 지에 따라 도덕적 판단을 내린다. 즉, 전인습적 수준의 타율적 도덕성을 지니고 있는데, 학령전기를 지나면 사회적 기대와 규칙을 내면화하면서 점차 인습적 수준의 자율적 도덕성 단계로 발달하게 된다.

한편, 사회학습이론가들은 모델행동의 관찰을 통해 도덕적 행동을 학습하게 된다고 말한다. 즉, 도덕적으로 올바른 행동을 하는 모델에 대한 관찰학습을 통해 친사회적 행동을 학습하게 되고, 비행에 따르는 처벌을 관찰학습하게 되면서 비도덕적 행동이 억제된다고 보고 있다.

정신분석이론에서는 유아의 성적 충동과 공격적 충동이 부모의 훈육에 의해 통제되는 과정에서 유아는 부모의 도덕적 기준을 내면화하게 되고, 초기적 형태의 양심인 초자아가 발달하게 된다고 보고 있다.

3) 사회정서 발달

(1) 정서적 특성

학령전기의 유아는 분화된 정서로 여러 감정을 다루고 표현하며 자신의 충동과 사회적 요구 사이의 적절한 균형을 유지하는 방법을 배운다. 이 시기 유아는 호기심이 왕성해지는데 이러한 호기심을 제지하면 죄책감이 형성되고, 어둠이나 사람, 동물 등 어떠한 대상이나 상황에 대한 불합리한 공포로 발전되는 경우가 많다.

또한 5~6세의 유아는 자신의 감정을 감추거나 가장하는 여러 기제를 갖게 되면서 감정을 보다 능숙하게 숨길 수 있으며, 심지어 부정적 감정을 감추기 위해 거짓말을 하는 등 부정적 정서에 대처하는 능력이 발달한다. 이것은 어떠한 상황을 그대로 받아들이거나 그것에 대한 감정 표현을 했을 때 발생할 수 있는 극도의 불안으로부터 자신을 방어하고자 하는 것으로, 자아가 사용하는 일종의 방어기제인 동시에 적응기제이기도 하다(권중돈, 2014).

(2) 자기중심성 완화 및 자아의 개념 형성

학령전기의 유아는 부모와 형제자매, 또래와의 상호 교류를 통해 자신과 타인의 관점이 다를 수 있다는 것을 인지하기 시작하며 자기중심성이 완화된다. 그러나 아직까지 자신의 관점과 타인의 관점을 정확하게 구별하기는 어렵다.

또한 자신의 신체적 특징을 인지하며 신체적 자아의식을 갖게 되고 자아의 개념이 형성되는데, 환경 내 주요 사람들과의 상호작용을 통해 자아의 사고와 개념이 점차 변형된다. 이 시기 유아는 자신의 특정 행동에 대한 타인의 기대를 인지하게 되며, 부모나 교사 등 자신에게 중요한 타인의 반응에 따라 긍정적 혹은 부정적 자아개념을 형성하게 된다.

(3) 집단놀이를 통한 사회성 발달

학령전기 유아는 걸음마기의 유아보다 좀 더 구조화되고 현실지향적인 집단놀이에 더 많은 흥미를 갖는다. 이 시기 집단놀이는 걸음마기의 상상놀이와 아동기의 단체놀이 간의 과도기적 놀이 형태이다.

유아는 또래와의 집단놀이 과정을 통해 상호작용과 쾌락, 성취감을 경험하고 협동을 학습한다. 이처럼 놀이는 유아의 운동기술을 숙달시키고 자신을 표현하도록 하며 사회적 기술과 역할을 습득하게 하고, 역할 관계의 상호성을 학습시킨다. 그러나 경쟁이나 갈등을 통해 극단적 좌절감을 경험하기도 한다.

이 시기 유아의 자기중심성은 완화되기는 하나 여전히 남아 있어 또래와의 우정은 오랜 시간 유지하기 어렵고, 동성끼리 어울리는 경향이 있다.

(4) 성역할의 발달

학령전기 유아는 자신과 다른 성에 대해 알기 시작하며, 부모의 성역할에 대한 태도와 기대를 통해 자신의 성과 그에 대해 사회적으로 기대되는 행동, 성 역할을 인식하게 된다. 또한 동성 친구와 어울리며 성에 따른 옷차림을 한다거나 놀이, 대중매체 등을 통해 학습한 성역할 기대를 의식하고 모방하며 그대로 행동하고자 한다.

이러한 과정을 통해 유아는 그 사회의 문화적 기준에 맞는 성역할 기준을 이해하고 내면화하게 된다. 이 시기에 유아는 성별 특성과 성역할에 대한 고정관념이 가장 심해지기도 하는데, 그 경향은 아동기 초기를 지나면서 점차 완화된다.

Plus Tip 태내기, 영유아기, 걸음마기, 학령전기와 사회복지실천 영역

[신체적 발달]

- 임산부의 영양상태와 건강관리, 출산과 산후조리를 위한 정보 제공, 복잡한 보건관리지원체계 이용 돕기
- 임산부의 약물사용과 중독에 관한 상담
- 난임에 대한 임신정보 제공, 자원연계
- 영아의 정상적 발달 이정표를 이해하도록 하여 발달상의 문제 조기 사정
- 발달장애아를 위한 부모교육 프로그램 제공, 부모지지 상담 등

[인지적 발달]

- 자녀와의 효과적인 의사소통과 돌봄, 발달 지원을 위한 놀이지도와 상담, 부모역할 훈련프로그램, 자조집단모임 지원 등

[사회정서적 발달]

- 임신 중 스트레스, 불안, 우울 등 심리정서 변화에 대한 상담
- 계획하지 않은 임신에 대한 심리적 부적응 상담
- 부모됨에 대한 준비, 건강한 가족관계 형성을 위한 지원
- 임신, 출산, 자녀 양육과 직장생활 병행에 따른 어려움 상담과 자원 연계
- 경제적 어려움을 겪는 임산부를 위한 상담과 소득보충 지원 정보 안내

- 양육 가정의 물리적 환경의 취약함이나 의료적 보살핌 부족 등을 살펴 상담하고 자원 연계
- 부모-자녀와의 애착관계 형성을 위한 양육정보 제공, 부모교육, 상담 지원 등

[주요 사회적 이슈]

- 난임
- 낙태
- 자폐증
- 주의력 결핍 및 과잉행동장애(ADHD, Attention Deficit Hyperactivity Disorder) 등

요약정리

- 태내기는 수정란에서부터 출생 때까지의 기간을 말하며, 일생에서 가장 빠른 성장을 보이는 시기이다.
- 태내기는 배란기, 배아기, 태아기로 구분된다.
- 태내기 인간에 영향을 미치는 환경적 요인에는 임신부의 영양상태, 임신부의 분만횟수와 출산 간격, 임신부의 질병과 약물 복용, 음주와 흡연, 임신부의 정서 상태, 아버지의 영향이 있다.
- 태내기의 유전적 요인은 신체적 성숙 속도, 사회성이나 활동성 같은 기질적 차이를 만들고 비정상적 발달을 초래할 수 있다.
- 영아기는 출생 후부터 약 2세까지의 기간을 말하며, 제1성장 급등기라 할 정도로 신체의 성장이 빠르게 일어난다.
- 영아의 감각기능 발달은 사고체계의 발달로 이어져 지능발달에 중요한 영향을 미친다.
- 영아기의 인지발달은 감각과 운동기능을 통한 탐색으로 이뤄지며, 목적지향적 행동, 정신적(상징적) 표상의 사용, 대상영속성 형성을 특징으로 한다.
- 영아기에 언어는 울음으로 시작하여 옹알이 등으로 점차 분화되면서 2세가 되면 단어를 연결한 문장으로 의사를 표현할 수 있게 된다. 영아의 언어는 자기중심적 특징을 보인다.
- 영아기에는 다양한 감정 분화가 일어나며 성인에게서 나타나는 대부분의 정서가 발달하는데, 이는 성격발달의 기초가 된다.
- 영아기에는 양육자 간의 친밀한 정서적 유대감으로 애착이 형성된다. 애착은 어느 문화권에서나 볼 수 있는 보편적 발달 양상으로 인지, 정서, 사회성 발달에 중요하다.
- 에인스워드에 의하면, 애착 유형은 안정애착형, 회피애착형, 저항애착형, 혼란애착형으로 구분된다.
- 낯가림과 분리불안은 애착관계 형성의 증거이다. 낯가림은 6~8개월경부터 시작해 만 1세 전후 최고조에 달했다가 이후 서서히 사라지며, 분리불안은 9개월경 나타나 만 1세 전후 절정에 달했다가 대상영속성이 확립되는 2세경에 점차 사라진다.
- 걸음마기의 영아는 신체비율 변화로 하체가 길어지며 걷는 능력이 발달하고 근육의 발달로 운동능력이 정교해진다.

- 걸음마기 영아의 사고는 상징적, 자기중심적, 물환론적, 인공론적 사고, 전환적 추론이 특징이다. 추상능력의 발달로 언어기술이 획득되고, 모방으로 어휘력이 증가하며 언어발달이 이루어진다.
- 걸음마기에는 대소변 훈련을 시작으로 자기 통제력과 자율성이 발달하며, 훈육과 놀이를 통해 사회적 기준을 배우고 경쟁과 협동의 기회를 가지면서 인지발달과 사회성 발달이 촉진된다.
- 학령전기에는 근육과 골격이 강해져 균형잡힌 체형으로 변화하고, 유치가 영구치로 바뀌기 시작한다.
- 학령전기의 유아는 점차 일상생활을 스스로 할 수 있게 되고, 생활반경이 유치원 등으로 확대되면서 또래집단과의 접촉으로 사회적 기술이 본격적으로 습득되기 시작한다.
- 학령전기의 유아는 정신적 표상은 가능하나 개념적 조작 능력은 발달하지 않아, 여전히 자기중심적 사고와 전환적 추론이 지속되며, 중심화(집중성), 직관적 사고, 비가역적 사고의 특성을 나타낸다.
- 학령전기의 유아는 전인습적 수준의 타율적 도덕성을 지닌다.
- 학령전기의 유아는 분화된 정서로 여러 감정을 다루며 자신의 충동과 사회적 요구 사이에 균형을 유지하는 법을 배운다. 이때 자발성이 습득될 수도 있고 죄책감이 형성될 수도 있다.
- 학령전기의 유아는 아직 자신과 타인의 관점을 정확히 구별하기는 어렵지만 자기중심성이 완화되며, 자신에게 중요한 타인의 반응에 따라 자아의 개념을 형성하기 시작한다.
- 학령전기의 유아는 집단놀이를 하면서 운동기술을 숙달시키고 사회적 기술과 역할을 습득하며, 역할관계의 상호성을 학습한다. 그러나 그 과정에서 경쟁과 갈등으로 좌절감을 경험하기도 한다.
- 학령전기의 유아는 또래와의 우정을 오랜 시간 유지하기는 어렵고, 동성끼리 어울리는 경향이 있다.
- 학령전기의 유아는 사회와 문화 기준에 맞는 성역할 기준을 이해하고 내면화하게 되는데, 이 과정에서 성별 특성과 성역할 고정관념이 심해지기도 한다. 그러나 아동기를 지나면서 점차 완화된다.

6장과 관련된 사회복지사 1급 시험 기출 문제

01 태아의 건강에 영향을 미치는 요인이 아닌 것은? [12회]

① 임산부의 연령　② 임산부의 교육정도
③ 임산부의 영양상태　④ 임산부의 정서적 상태
⑤ 임산부의 흡연과 음주

02 유아기(3~6세)의 발달특성으로 옳은 것은? [14회]

① 주요 발달과업 중의 하나는 배변훈련이다.
② 피아제(J. Piaget)의 구체적 조작기에 해당한다.
③ 콜버그(L. Kohlberg)의 인습적 수준의 도덕성 발달단계이다.
④ 에릭슨(E. Erikson)의 발달단계에서 신뢰감 대 불신감에 해당한다.
⑤ 물활론적 사고에서 완전히 벗어나 생명이 있는 것과 없는 것을 구분하다.

03 영아기(0~2세)의 발달특성으로 옳은 것을 모두 고른 것은? [17회]

가. 외부자극에 주로 반사운동을 한다. 나. 주 양육자와 관계를 바탕으로 신뢰감을 형성한다. 다. 대상영속성이 발달한다. 라. 서열화 사고의 특징을 나타낸다.

① 가, 나　② 다, 라
③ 가, 나, 다　④ 가, 다, 라
⑤ 가, 나, 다, 라

정답 01 ② 02 ① 03 ③

생각 잠시 머물기 육아하는 아빠, 롤모델은 친구 같은 아빠

육아하는 요즘 아빠들의 롤모델은 친구 같은 아빠인 것으로 나타났다. 아버지 모델이 권위적인 모습에서 다정다감한 친구로 변하고 있는 것으로 풀이된다.

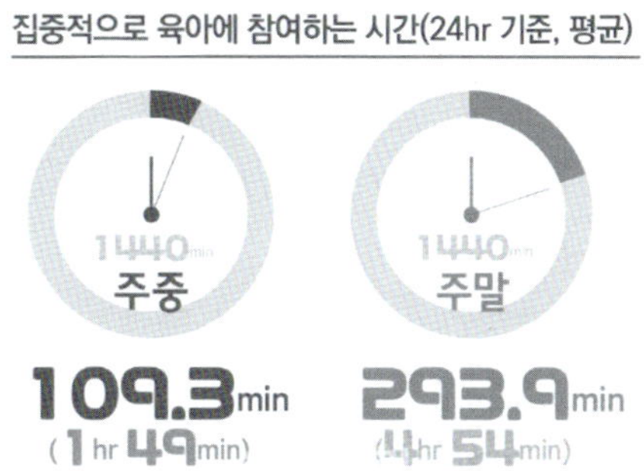

인구보건복지협회가 공개한 '아빠들이 말하는 육아경험과 의미' 조사 결과 미취학 자녀를 양육 중인 20~40대 남성 5명 중 2명(43.1%)은 '친구 같은 아버지'를 좋은 아버지라고 평가했다. 그 뒤를 △자상한·인자한(12.1%) △잘 놀아주는(9.9%) 아버지를 좋은 아버지로 꼽았다. '권위있는·단호한'과 같은 아버지상을 선호하는 이들은 0.1%에 불과했다.

요즘 아빠들은 출산 전부터 달랐다. 배우자 태아검진 시 병원에 같이 가거나(83.5%)나 임신 및 출산정보 모으기(71.1%), 출산 준비물 직접 구입(69%), 배우자와 태교(68.4%) 등을 했다. 이런 적극적인 아빠 준비는 출산 전 받은 부모교육이 크게 영향을 미쳤다. 응답자 41.3%가 부모교육 이수자였고 이들 대부분(91.5%)은 출산 전에 부모교육을 받았다.

아빠들의 육아 참여 시간은 주중 평균 109.3분, 주말 293.9분으로 집계됐다. 연령별로는 20대 119.4분, 30대 115.5분, 40대 90.1분으로 젊을수록 아이와 함께하는 시간이 더 길었다. 육아 참여 시 가장 많이 하는 일은 놀아주기(65.4%), 설거지(43.1%), 목욕시키기(42.7%) 등이었다.

아빠가 되면서 마냥 좋은 것만은 아니었다. 아이가 태어나기 전에 걱정했던 것은 경제적 어려움(37.3%)과 가장으로서의 책임감(35.9%)이었다. 실제 육아의 어려운 점은 △양육에 관한 지식·경험의 부족(24.4%) △ 경제적 어려움(24.1%) △ 잦은 야근 및 휴가사용의 어려움으로 인한 양육시간 부족(12.4%) 등을 꼽았다.

이번 조사는 지난 5월 10일부터 13일까지 미취학아동을 양육 중인 20~40대 남성 1000명을 대상으로 한 온라인 설문조사로, 49.1%가 맞벌이 부부였고 48.5%가 외벌이였다. 현재 출산휴가 및 육아휴직을 사용하는 응답자는 4.3%였다.

출처: 이데일리(2019.08.21일자). "육아하는 요즘 아빠...롤모델 '친구 같은 아빠'". https://www.edaily.co.kr/news/read?newsId=01784326622589616&mediaCodeNo=257&OutLnkChk=Y

07

CHAPTER

아동기

이 장의 학습목표

1. 아동기에 속하는 인간의 신체발달 양상을 이해한다.
2. 아동기에 속하는 인간의 인지와 사회정서적 발달 양상을 이해한다.
3. 아동기의 발달과 관련해 사회복지실천에서 관심을 가져야 하는 영역을 이해한다.

생각해 보기

신문기사나 뉴스 등을 통해 접할 수 있는 초등학생들이 경험하는 어려움들을 3가지 정도 나열해 봅시다. 그 어려움은 무엇 때문인가요? 해결을 위한 혹은 그 어려움을 예방하기 위한 방법에는 무엇이 있을까요?

CHAPTER 07

아동기

1. 연령 구분 및 특징

아동기는 7~12세 시기로, 일반적으로 조직적인 학습생활을 시작하는 초등학생 시기를 말한다. 이 시기는 프로이트의 잠재기에 해당하며, 에릭슨 이론에서는 학령기에 속하고, 피아제 이론에서는 구체적 조작기와 형식적 조작기 초기에 해당한다. 아동기에는 자연스럽게 가정에서 학교로 생활의 중심이 옮겨가며, 학교교육을 통하여 인지력을 발달시키고 자신이 속한 사회에서 요구하는 기본 기술을 습득해 나가게 된다.

2. 발달 특성

1) 신체적 측면

이 시기 아동의 신체발달 속도는 이전 시기에 비해 상대적으로 완만하나, 꾸준히 성장하며 신체의 각 부위가 균형적 비율을 갖게 된다. 머리는 성인의 95% 정도까지 성장하며, 비율 면에서 아직은 큰 편에 속하나 신장 전체에서 차지하는 비율은 줄어든다. 유치는 영구치로 바뀐다.

아동기 중기까지 남아가 여아보다 키도 크고 몸무게도 많이 나가지만, 후기에 가서는 여아들의 신체 성숙이 남아보다 앞선다. 사춘기가 시작되면서 신체 변화와 함께 호르몬의 변화를 동반한다. 뼈의 성장이 근육의 성장보다 앞서 성장통이 발생하기도 한다.

운동기술과 근육의 협응이 세련되고 정교화되어 속도, 정확성, 안정성, 호응성, 역량 등이 더욱 발달하고 정교해진다. 자신의 신체반응 능력에 대한 자신감으로 걷기보다는 뛰어다니고, 활동반경도 확대된다. 여아보다 남아의 신체활동 참여 기회가 많아 운동발달이 더 촉진되기도 한다(강문희 외, 2011). 운동을 통한 단체놀이나 스포츠 게임의 참여는 사회적 기술을 습득하게 하고 우정관계를 형성하게 하는데, 이 과정에서 자신의 능력을 타인과 비교평가하게 되므로 자존감 형성과 성격발달에도 영향을 미치게 된다.

2) 인지적 측면

(1) 사고 및 인지발달

아동기에는 인지적 성숙으로 사물과 행위에 대한 체계적 사고 능력이 발달해 학령전기까지 보였던 미흡한 특징들이 달라지는 시기이다. 논리적 사고의 발달로 보다 복잡하고 다양한 변수를 고려하기도 하나 논리를 언어나 가설적인 문제로 응용하기는 어렵다. 점차 후반이 되면 형식적 조작 사고가 발달하기 시작해 가설에 대한 연역적 추리가 가능해진다. 이 시기 사고와 인지발달의 특성을 정리하면 다음의 표 내용과 같다.

표 7-1 아동기의 사고 및 인지발달 특성

특성	설명
보존개념 확립	• 사물의 외형이 달라져도 특성은 변하지 않고 동일하다는 사실 인식
분류화 가능	• 상위와 하위 개념 간의 관계, 전체와 부분의 관계를 이해함 • 대상의 차이점을 구별하고, 차이점으로 범주화해 분류화 가능

서열화 가능	• 어떤 특성이나 특징을 기준으로 순서대로 배열할 수 있음
조합기술의 획득	• 수를 조작하는 능력 획득. 덧셈, 뺄셈, 곱셈, 나눗셈 등 가능
자기중심성 극복	• 타인의 시각에서 바라보는 능력 발달. 타인의 의도, 태도, 감정, 욕구 등을 추론할 수 있는 조망수용능력 습득
탈중심화(집중성 극복)	• 복잡한 사고 가능. 다양한 변수 고려해 상황과 사건 파악 가능
가역적 사고 가능	• 변화 발생 시 이전 상태로 되돌릴 수 있다고 생각하는 것

(2) 언어발달

기억력과 주의력 향상, 공식적인 교육의 결과로 문자와 언어에 익숙해지고, 발표력, 문법능력, 작문능력, 독해력이 현저히 발달한다. 사용하는 어휘의 수가 증가하면서 언어 표현력도 증가하며, 의사소통 능력도 급격히 증가한다.

지각된 정보를 스스로 논리적 방식으로 구성할 수 있는 능력이 발달하면서 동일한 주제에 대해 오랫동안 대화를 나눌 수 있다.

3) 사회정서적 측면

(1) 학교와 또래집단의 영향

① 학교에서의 경험

생활의 중심이 가정에서 학교로 이동되면서 사회적 교류의 장은 확대된다. 부모나 교사의 기대에 충족하느냐 아니냐에 따른 칭찬 혹은 질책과 처벌, 친구들로부터의 인정 혹은 놀림 등을 경험하면서 사회가 요구하는 기술을 배우게 된다. 이 시기 아동은 가정과 학교생활의 조화로운 적응을 위해 노력하는데, 긴장과 불안을 경험하며 실패할 경우 학교공포증과 같은 부적응 현상이 나타나기도 한다.

이 시기에 교사는 사회적으로 바람직한 행동과 규범을 학습하도록 하면서 아동의 사회화 과정에 많은 영향을 미친다. 교사의 행동이나 지도 방법은 아동의 자기개념 형성과도 관련되는데, 교사의 행동을 긍정적으로 지각하는 아동일수록 긍정적인 자기개념을 나타내고 있었다(권중돈, 2014).

② 또래집단과의 관계

아동기에는 학교나 이웃에서의 또래친구들과의 집단생활을 통해, 규범 준수, 협력, 욕구 통제의 과정을 거치며 관계를 맺고 교류하며 사회적 기술과 태도를 학습한다.

이 시기 아동은 이성 친구보다 동성 친구와 더 친밀한 경향을 보인다. 또한 경쟁이나 협동, 협상의 원리를 깨달으며 사회적 규범을 배우고, 또래집단의 행동 기준이나 태도, 가치관에 영향을 받으며 정서적 안정감을 얻기도 하고 인지 발달이 촉진된다.

또래와의 관계 형성과 상호작용 과정에서 아동은 자기표현의 기회를 얻고 성취감을 경험하며, 상호 의존적 감정 공유로 우정을 경험하면서 점차 자기중심성이 완화된다. 또한 협동관계를 맺으며 또래의 승인을 통해 자기존중감이 발달하고, 용기, 인내, 정의감, 지도력 등의 바람직한 사회적 태도를 형성하게 된다. 그러나 또래로부터 반사회적 행동을 학습하고 행동화하는 경우도 발생할 수 있는데, 이럴 경우 사회적 발달에 부정적인 영향을 미칠 수도 있다. 또래집단에 참여할 기회를 갖지 못하게 되거나 거부, 무시, 괴롭힘을 당하게 되면서 집단 따돌림의 피해자가 될 수도 있다. 아동기의 이러한 경험은 불안, 우울 수준을 높이고, 낮은 자기존중감과 부정적 자기개념을 형성하도록 하면서 부적응적 행동을 보이게 만드는데, 이는 장기적 영향으로 이어질 수 있어 문제가 될 수 있다.

③ 단체놀이를 통한 학습

이 시기 아동은 집단놀이(group play)보다는 단체놀이(team play)를 선호한다. 게임이나 스포츠를 이용한 단체놀이는 공동의 목표를 위해 서로 의존하고 역할을 분담하며 경쟁하면서 우정을 나누기도 한다. 단체놀이의 과정은 사회화에 중요한 역할을 하며 인지발달을 촉진하는데, 집단의 목표를 위해 개인의 목표 성취를 보류하기도 하고, 공동의 목표 성취를 위해 역할을 분배하면서 분업의 원리를 학습한다. 또한 협동과 경쟁의 의미를 배우고 경쟁의 본질과 승리의 중요성을 알게 된다.

(2) 자기이해의 발달

이 시기 아동은 사회적 교류의 영역을 확장시키면서 타인과의 상호작용을 활발히 하게 되는데, 점차 자기를 인식하고 자기개념과 자기존중감을 발달시키게 된다.

① 자기개념(self-concept)

자기개념은 신체적 특성, 개인의 기술, 가치관, 희망, 지위와 역할 등 개인이 자신의 것으로 동일시하는 개인적 특성에 대한 내적, 개인적 지각이다. 자기개념의 이해를 돕기 위해 보다 구체적으로 살펴보면 다음과 같다(권중돈, 2014).

- 자신의 능력, 신분, 역할에 대한 전반적 인식인 전체적 자기개념
- 순간적인 기분에 의해 영향을 받는 일시적 자기개념
- 타인과의 상호작용에서 다른 사람이 자신을 어떻게 보느냐에 따라 자신을 평가하는 사회적 자기개념
- 자신이 '~어떻게 되었으면...' 하고 바라는 이상적 자기개념

이러한 자기개념은 개인의 연령, 학교에서의 성공이나 실패의 경험, 교사의 평가나 부모의 양육태도, 또래집단에 의해 영향을 받는다. 자기개념에 대한 표현은 성장에 따라 구체적 방식에서 추상적 방식으로 변화하는데 보다 상세하고 복잡해진다.

② 자기존중감(self-esteem)

자기개념이 자신에 대한 인지적 측면이라 한다면, 자기존중감은 감정적 측면이다. 자기존중감은 자기 자신에 대해 갖고 있는 개인적 가치감이나 긍정적 평가로서 자기개념의 하위 요인이다(장휘숙, 2013).

에릭슨 이론에 의하면, 아동이 새로운 것에 호기심을 갖고 사회에서 필요한 기술을 습득해 나가는 과정에서 교사나 부모의 칭찬과 보상을 받게 되면 근면성이 발달하면서 높은 수준의 자기존중감을 갖게 되며, 어떤 일에서 실패를 더 많

이 경험하고 그 결과 사회 관계에서 부정적 평가를 더 많이 받게 되면 열등감이 생기고 낮은 수준의 자기존중감을 갖게 된다고 하였다.

(3) 도덕성 발달

아동기 전기는 도덕성 발달의 과도기 단계로, 타율적 도덕성과 자율적 도덕성이 같이 나타난다. 즉, 점차 옳고 그름에 대한 판단을 행위의 결과가 아닌 의도성을 근거로 판단하게 된다. 콜버그 이론에 의하면 아동기 후기는 인습적 수준의 도덕성 발달 단계에 속하며, 사회의 질서를 유지하기 위한 규칙과 사회적 규범을 따르고, 다른 사람의 승인을 얻고자 하는 방향으로 도덕적 행위의 옳고 그름을 판단한다. 이 시기 아동에게는 외적인 보상이나 벌 대신에 사회적 칭찬이나 비난에 대한 회피가 행동의 동기로 작용한다.

Plus Tip 아동기와 사회복지실천 영역

[신체적 발달]

- 빈곤, 가족해체, 아동학대, 부모의 부양 기피, 돌봄 취약 등에 의한 아동의 결식, 영양공급 부족 상황을 파악하여 아동급식사업 지원 및 연계
- 비만아동의 성인병 예방을 위한 식단 및 영양관리 교육, 운동 프로그램 제공
- 장애아동의 조기치료와 재활 등

[인지적 발달]

- 창의적이고 안전한 놀이 공간 확보와 서비스 연계
- 학습장애를 지닌 아동을 위한 언어, 지각, 운동이 통합된 치료 프로그램 지원 등

[사회정서적 발달]

- 아동의 사회정서적 발달을 위한 예술 및 놀이 프로그램 개발
- 학습장애아 가족을 위한 지지 상담 및 자조집단모임 지원
- 자녀와의 원활한 의사소통, 올바른 학습지도, 학교생활지도를 위한 부모교육 프로그램 지원
- 아동의 등교 거부, 불안과 우울, 주의력 결핍 및 과잉행동장애, 스마트폰, 인터넷 및 게임 중독을 위한 치료 지원, 지역사회 서비스 연계 등

[주요 사회적 이슈]

- 학교공포증
- 아동학대
- 집단 따돌림
- 스마트폰, 인터넷, 게임 중독 등

요약정리

- 아동기는 일반적으로 7~12세의 초등학생 시기를 말하며, 생활의 중심이 학교로 옮겨가 학교교육을 통해 인지능력과 사회적 기술을 습득하는 시기이다.
- 아동기의 신체발달은 속도에 있어 상대적으로 완만하나 꾸준히 성장해 균형적 비율을 갖게 된다. 이 시기 운동기술과 근육의 협응력은 더욱 발달하고 정교해진다.
- 아동기에는 유치가 영구치로 바뀌며, 후기에는 사춘기가 시작되면서 신체 변화와 호르몬의 변화를 경험한다.
- 아동기에는 보존개념이 확립되고, 분류화와 서열화가 가능해지며, 조합기술을 획득하고, 자기중심성이 극복되며, 탈중심화(집중성 극복)되고, 가역적 사고가 가능해진다.
- 아동기에는 사고와 인지발달로 발표력, 독해력, 작문 능력 등 언어 표현력과 함께 의사소통 능력이 급격히 증가한다.
- 아동은 학교에서 배우는 사회적 기술 습득 과정에 잘 적응하고 성장할 수 있지만, 학교공포증과 같은 부적응 현상도 보일 수 있다.
- 학교에서는 교사의 역할이 매우 중요한데, 행동과 지도방법에 따라 아동의 자기개념이 달라지는 것으로 보고되고 있다.
- 아동기에는 이성보다 동성 친구와 더 친밀한 경향을 보인다. 그리고 또래친구들과의 생활을 통해 규범 준수, 협력, 욕구 통제의 과정을 거치며 사회적 기술과 태도를 학습한다.
- 아동기에는 단체놀이를 선호하는데, 그 과정에서 집단을 위해 개인의 목표 성취를 보류하기도 하고, 분업의 원리, 협동과 경쟁의 의미를 배우며 사회화된다.
- 아동기에는 사회적 교류의 영역을 확장시키며 타인과의 상호작용을 통해 자기를 인식하고 자기개념과 자기존중감을 발달시키게 된다.
- 아동기 전기는 도덕성 발달의 과도기로 타율적 도덕성과 자율적 도덕성이 함께 나타나다가 아동기 후기가 되면 인습적 수준의 도덕성 발달을 보이게 된다. 점차 옳고 그름에 대한 판단을 행위의 결과만이 아닌 의도성을 근거로 판단하게 된다.

7장과 관련된 사회복지사 1급 시험 기출 문제

01 아동기(7-12세)의 발달특성으로 옳은 것을 모두 고른 것은? [14회]

> 가. 자아정체감이 형성되는 결정적인 시기이다.
> 나. 유치가 영구치로 바뀌고 보존개념을 획득할 수 있다.
> 다. 가설연역적 추리 및 조합적 사고를 할 수 있다.
> 라. 한 가지 속성에 따라 대상을 배열하는 서열화가 가능하다.

① 가, 나, 다
② 가, 다
③ 나, 라
④ 라
⑤ 가, 나, 다, 라

02 아동기(7-12세)에 관한 설명으로 옳은 것은? [17회]

① 자아중심적 사고 특성을 나타낸다.
② 동성 또래관계를 통해 사회화를 경험한다.
③ 신뢰감 대 불신감이 형성되는 시기이다.
④ 심리사회적 유예기간이다.
⑤ 경험하지 않고도 추론이 가능해진다.

정답 01 ③ 02 ②

생각 잠시 머물기 초등학생들의 희망직업 '유튜버'

초등학생 희망직업 순위

순위	2018년	2019년
1	운동선수	운동선수
2	교사	교사
3	의사	크리에이터(유튜버)
4	조리사(요리사)	의사
5	인터넷방송진행자(유튜버)	조리사(요리사)
6	경찰관	프로게이머
7	법률전문가	경찰관
8	가수	법률전문가
9	프로게이머	가수
10	제과,제빵사	뷰티디자이너

자료: 교육부 ⓙ중앙일보

초등학생이 희망하는 직업으로 '유튜버'가 3위에 올랐다. 지난해(5위)보다 2계단 높아졌다. 앞 순위에 있던 의사·요리사를 제쳤다.

10일 교육부와 한국직업능력개발원이 발표한 2019년 초중등 진로교육 현황조사 결과에 따르면 초등학생 희망직업 1, 2위는 운동선수(11.6%)와 교사(6.9%)로 지난해와 같았다. 반면 3위에는 유튜버와 인터넷방송 진행자 등을 뜻하는 '크리에이터'(5.7%)가 올랐다. 작년에는 의사·요리사에 이어 5위였다. 유튜버 외에도 초등학생 희망직업 상위에는 디지털 관련 직업이 많았다. 지난해 9위였던 '프로게이머'는 6위로 상승했다. 만화가(웹툰 작가)도 작년과 같은 11위였다. 이런 변화는 초등학생의 모바일 기기 이용 빈도가 급증하는 것과 관련이 있다.

지난달 정보통신정책연구원 보고서에 따르면 2018년 초등학교 고학년의 스마트폰 보급률(81.2%)은 처음으로 80%대를 돌파했다. 3년 새 초등학생의 스마트폰 이용 시간은 70% 이상 증가했다.

하지만 중학교에서는 디지털 관련 직업이 상위권에 나타나지 않는다. 희망직업 1~3위는 중학생의 경우 교사·의사·경찰관, 고등학생은 교사·경찰관·간호사 순이었다. 조사가 처음 시작된 2007년 이래 중고생 희망직업 1위는 매번 교사였다. 그러나 교사를 꼽은 학생 비율은 갈수록 줄고 있다. 아울러 상위 10개 직업을 꼽은 학생의 비율도 매년 줄고 있는 추세다. 일부 직업에 몰리는 대신 희망직업이 다양해지고 있다는 의미다.

학생들이 직업을 알게 되는 통로는 초·중학생의 경우 부모, 고등학생은 대중매체라는 응답이 가장 많았다. '학교 교사'나 '진로 체험'이라는 응답은 초중고 모두 3위 안에 들지 못했다.

출처: 중앙일보(2019.12.11일자). "초등생 장래희망 유튜버가 3위, 의사 제쳤다".
https://news.joins.com/article/23653857

08

CHAPTER

청소년기

1. 연령 구분 및 특징
2. 발달 특성

이 장의 학습목표

1. 청소년기에 속하는 인간의 신체발달 양상을 이해한다.
2. 청소년기에 속하는 인간의 인지와 사회정서적 발달 양상을 이해한다.
3. 청소년기의 발달과 관련해 사회복지실천에서 관심을 가져야 하는 영역을 이해한다.

생각해 보기

한국의 청소년 자살률에 대해 조사해 보고, 다른 나라의 수준과 비교해 봅시다. 청소년 자살의 주요 원인은 무엇이라 생각하나요? 자살 예방을 위한 방안에는 무엇이 있을까요?

CHAPTER 08

청소년기

1. 연령 구분 및 특징

청소년기의 기준 연령에 합의된 바는 없다. 다만, 청소년 관련 법령을 근거로, 청소년기본법에서는 9세 이상 24세 이하인 자로, 청소년보호법에서는 만 19세 미만인 자로, 소년법에서는 19세 미만인 자, 아동복지법에서는 18세 미만인 자로 명시되어 있어 그에 준한 연령으로 가늠할 뿐이다.

한국의 경우 사회 통념상 초등학생 시기를 어린이 또는 아동이라 칭하고, 대략 중고등학생 시기에 속한 이들을 청소년이라 인식하는 경향이 강하므로, 본 교재에서는 13~19세까지의 연령대를 청소년기로 규정한다.

청소년기는 아동에서 성인으로 전환하는 과도기이며, 2차 성징 등 사춘기의 신체적 변화가 두드러지고, 인지발달에 있어 추상적 사고가 강해지는 시기이다. 심리적 측면에서는 부모로부터 독립하고 친구나 자기 자신에게 의존하려 하면서 자아정체감을 형성하는 심리적 이유기(psychological weaning period)이며, 프로이트 발달 단계로는 생식기에 속하고, 에릭슨 발달 단계에서는 정체감 대 정체감 혼란을 경험하는 시기에 속한다.

2. 발달 특성

1) 신체적 측면

(1) 신체 변화

청소년기는 영아기 다음으로 제2성장 급등기라 할 정도로 신체의 성장률이 빨라지고 외형적 성장이 두드러진다. 청소년의 신체적 성장은 개인차가 매우 크기 때문에 단지 연령만으로는 판단하기 어려우나, 11~13세 정도의 아동기 후기까지는 여아가 남아보다 키와 몸무게가 더 나가고 힘이 센 편이지만, 이후 청소년기에는 역전되어 남아의 성장속도가 빠르게 진행되어 신체발달이 더 우세해진다.

청소년이 지각하는 자신의 신체상과 매력은 자존감 수준과도 관련된다. 성숙이 빠른 소년은 몸의 크기와 운동능력에서 더 유리해 또래는 그 아이를 우월하게 보는 경향이 있으며, 성숙이 늦은 소년들은 신체적으로 덜 매력적이라고 생각해 긴장하는 경향이 많고 관심을 끌기 위해 미성숙한 행동을 보이는 경향이 있다.

청소년들은 신장과 체중, 신체의 다른 부위에도 성장이 급등하는 현상을 경험하면서 일시적인 신체 불균형 상태에 놓이기도 한다. 이 시기에는 자신의 신체에 대해 부정적인 이미지를 형성하기도 하는데, 일반적으로 남아보다 여아가 자신의 신체에 대해 부정적 이미지를 갖고 있는 경우가 더 많으며, 거식증이나 폭식증 등 섭식장애도 더 많이 경험한다(송명자, 2008).

청소년기에는 폐활량이 증가하고 소화기능이 왕성해지는 등 신체 내부기관도 현저히 발달하며, 내분비선의 발달로 지방이 과다해져 여드름이 나기도 한다.

(2) 성적 성숙

청소년기에는 신체 성장과 더불어 성호르몬의 분비로 소년의 경우 어깨가 넓어지고 각진 외모를 갖게 되며, 소녀는 체지방이 증가하고 골반 부위가 발달하여 허리가 가늘고 어깨가 좁으며 둥근 체형을 갖게 된다. 생식기관의 발달로 생식능력을 지니며, 사회심리적 적응과정을 통해 성적 성숙이 일어난다.

청소년기의 성적 성숙은 생식기관이 발달하고 내분비선에서 성호르몬 분비가 증가하면서 나타난다. 생식선(성호르몬을 분비하고, 난자와 정자를 만들어내는 기관)을 통해 여성은 난소에서 에스트로겐(estrogen)을 분비하며, 이로 인해 유방이 발달하고 음모와 체모가 성장하며 생리를 하게 되고 임신할 수 있는 자궁의 상태가 된다. 남성은 테스토스테론(testosterone)을 분비하며, 이로 인해 신장이 증가하고 음모가 성장하며 생식기의 발달로 정자 생산이 가능해지고 성적 욕구가 증가한다. 한편 우리 몸의 부신(좌우 콩팥 위에 있는 내분비샘)에서는 여성에게는 테스토스테론을, 남성에게는 에스트로겐을 분비하게 만드는데(권중돈, 2014), 이로 인해 실제로 여자와 남자는 두 개의 성호르몬을 다 갖고 있다. 다만, 주로 분비되는 호르몬의 종류와 양이 다를 뿐으로, 청소년기에 몸이 변하기 시작했다는 건 어느 한 성호르몬이 많이 분비되기 시작했다는 것을 의미한다.

청소년기의 여성은 생리를 통해 여성이 되었다는 자부심을 가짐과 동시에 많은 불편함과 당혹감이라는 양가감정을 경험하기도 하며, 남성은 몽정불안(夢精不安)과 자신의 성적 성숙에 대한 기대감이라는 양가감정을 경험하게 된다(권중돈, 2014).

2) 인지적 측면

(1) 형식적 조작 사고

청소년기는 피아제 인지발달 단계에서 형식적 조작기에 해당한다.

형식적 조작 사고의 특징은 지각과 경험보다는 논리적 원리에 지배를 받으며 인과관계를 추론할 수 있는 추상적 사고가 가능하고, 경험하지 못한 사건에 대해 가설을 설정해 예측하는 가설연역적 사고가 가능하다는 점이다. 이에 실제 가능한 모든 개념의 조합을 체계적으로 고려할 수 있는 조합적 사고를 할 수 있으며 이상적 사고가 가능하다.

형식적 조작 사고 능력을 가진 청소년들은 구체적 조작기에 비해 실제적이고 구체적인 사항에 얽매이기보다는, 가상적 상황이나 추상적 사실에 관심을 갖고 이에 대한 논리적 추론을 할 수 있게 된다. 청소년들은 구체적 조작기에 속한 아동들이 어려워하는 민주주의, 종교, 아름다움과 같은 추상적 개념에 관심을 보이고 이러한 개념의 중요한 요소를 이해하기 시작한다. 이에 따라 자신의 삶의 의미를 생각하고, 사회의 규범이나 가치관을 이해하며, 예술작품에 담긴 많은 상징들을 터득하게 된다. 이러한 추상적 사고 능력의 향상은 사회적이고 이념적인 문제에 진보된 추론을 할 수 있게 한다. 따라서 이 시기부터 청소년들은 대인관계, 정치, 철학, 사랑, 종교 등의 추상적인 영역에 자신의 사고의 폭을 넓혀가게 된다(박경애 외, 2017).

형식적 조작 사고의 인지적 특성으로 청소년들은 정서와 태도, 행동상에 변화를 경험하게 된다. 이러한 변화에는 긍정적 측면도 있으나, 부정적 측면도 존재한다(허혜경 외, 2002).

① 긍정적 영향

- 추상개념의 사용으로 실제적이고 구체적인 것에서부터 추상적이고 가능한 것을 구별할 수 있게 된다.
- 가설적 추리능력으로 인해 과학적 추론이 가능해진다.
- 상위개념을 인지할 수 있어 사고의 과정이 어떻게 구성되고 어떻게 기능하는 지 이해하기 시작하여, 자기성찰이나 내성(introspection, 내면적 관찰)에 몰두하게 된다.
- 자기성찰, 내성과 함께 추상적 영역에 대한 이해가 가능하여 정체감 획득을 이룰 수 있다.

② 부정적 영향

- 계획을 세우고 인과관계에 대한 탐색을 통해 미래 상황에 대해 생각할 수 있게 되지만, 미래에 대한 기대와 함께 불안이 가중될 수 있다.
- 이상주의를 추구함으로써 세상의 결점과 논리적 모순을 발견하고 부모나 사회에 반항하게 된다. 자주 현실적인 문제를 고려하지 못하고 사회 변화에 대한 실제적 장벽을 간과하게 된다.
- 형식적 조작 능력은 자신과 타인의 사고와 감정을 구별하지 못하는 청소년의 자아중심성(egocentrism)을 부추긴다.

Note **가설연역적 사고의 특징을 잘 보여주는 피아제의 실험**

무색의 액체 다섯 개의 병을 제시하고 이 중 세 개를 섞으면 노란색의 액체가 됨을 알려준다. 구체적 조작기의 아동들은 두 병의 액체를 거의 무작위로 섞으면서 운좋게 노란색으로 되기를 바라는 반면, 청소년들은 노란색을 얻기 위해 순서를 정해 두고 두 가지, 세 가지 액체를 섞어 나간다. 이러한 사고는 과학적 추론을 가능하게 하는 것으로, 청소년 시기의 학업수행에서 가설연역적 사고를 개발시키는 과제를 많이 제공하는 이유가 여기에 있다.

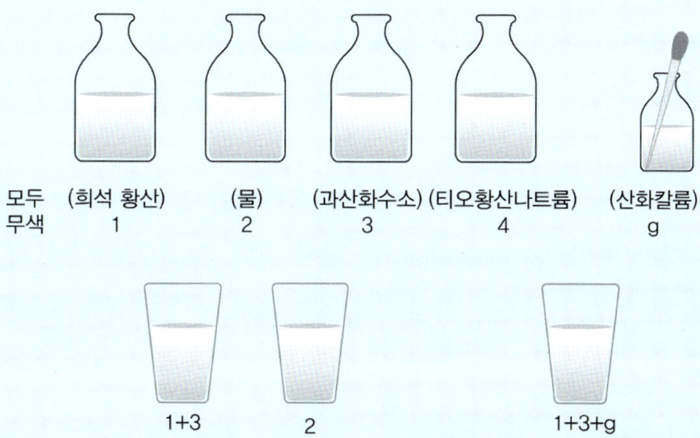

| 그림 8-1 | 피아제의 고전적 실험

출처: Piaget & Inhelder, 1969; 박경애 외, 2017에서 재인용.

(2) 자아중심성(자기중심적 사고)

전조작기의 아동들과 달리 형식적 조작기의 청소년들은 타인의 생각이나 관점을 추론할 수 있지만, 이들이 갖고 있는 특성인 자기 몰두로 인해 잘못된 가정을 하기 쉽다. 즉, 아동기의 자아중심성은 타인이 자신과 다른 관점을 갖고 있다는 것을 인식하지 못해 나타나는 것이라면, 청소년기의 자아중심성은 자신의 생각이나 상위 인지에 대해 사고할 수 있는, 발달된 인지능력 때문에 나타난다고 볼 수 있다. 이에 청소년기의 자아중심적 특성은 11세 무렵 나타나기 시작해 15세 무렵에 정점에 달했다가 다양한 대인관계를 경험하고 점차 객관적인 이해가 가능해지면서 점차 사라지게 된다(박경애 외, 2017).

자아중심적(자기중심적) 사고의 특징으로 청소년들은 독특한 사고와 행동 양식을 나타내는 데, 그 중 대표적인 것이 상상 속의 청중(imaginary audience)과 개인적 우화(personal fable)이다.

① 상상 속의 청중

이 현상은 청소년들이 실제가 아닌 가상 속에 청중을 만들어내고 그들이 자신에게 주의를 집중하고 있다고 믿는 현상을 말한다. 예를 들어 어느 청소년이 자신의 머리 모양이 마음에 들지 않을 때, 버스를 타거나 길을 걸을 때 혹은 학교에서 언제나 주변 사람들이 자신의 머리에 관심을 기울일 거라 생각하는 것이다.

이처럼 청소년들은 자신이 다른 사람에게 관심의 초점이 되고 있다고 생각하기 때문에 강한 자의식(self-awareness)을 갖게 된다. 그러므로 다른 사람이 볼 때 사소한 실수나 언행도 이들은 그것에 주목할 거라 생각해 크게 당황하거나 신경을 많이 쓸 수 있다.

② 개인적 우화

이 현상은 자신에 관해 사실이 아니거나 사실과 다른 이야기를 만들어내는 현상을 말한다. 청소년들은 자신의 생각이나 감정이 고유하고 특별하다 생각하고,

아무도 자신의 경험을 이해하지 못할 거라 생각하기 쉽다. 예를 들어 어떤 여학생이 좋아하게 된 남학생과 이성교제를 하게 된다면, 자신과 그 남학생이 느끼는 감정은 다른 커플들이 느끼는 사랑과는 동일하지 않은 특별한 감정이라 생각하는 것을 말한다. 따라서 부모나 주변 사람들이 자신의 사랑을 흔한 감정으로 얘기하거나 다음 상황이 일반적인 다른 커플들처럼 전개될 것이라 말하면, 크게 분노하고 자신의 고유한 감정을 이해하지 못하는 것에 대해 서운한 감정이나 외로움을 표현하기도 한다.

즉, 개인적 우화란 어떤 사건을 자신에게 적용할 때 세상에 존재하는 일반적인 확률을 무시하거나 이를 왜곡하는 것을 말한다. 이러한 현상은 청소년들의 무모한 행동의 원인이 되기도 한다. 예를 들어, 오토바이를 타면서 헬멧을 착용하지 않고 과속하면서도 자신은 다치지 않을 거라고 생각하는 경우, 혹은 성관계를 가지면서도 임신의 가능성을 무시하거나 약물을 복용할 때도 중독 현상이 없을 거라고 생각하는 것이다. 자신을 독특하고 고유한 존재로 보고 세상에 존재하는 확률적 가능성에 따른 결과는 없을 거라 생각하는 현상이다.

3) 사회정서적 측면

(1) 정서적 특성

청소년기에 나타나는 정서적 특성을 아동기, 그리고 성인기와 비교해 요약하면 다음과 같다(임영식 외, 2000; 박경애 외, 2017).

① 부모, 교사, 친구의 이야기에 쉽게 분노하거나 얼굴을 붉히는 등 감정의 동요가 크고 정서 표현이 격렬하다. 이러한 격동성은 초기에 더욱 두드러지고, 후기로 갈수록 자신의 감정에 대해 여유를 찾는 경우가 많다.

② 정서에 자극을 주는 대상이 변화한다. 유아에게 불쾌한 정서를 일으키는 대상은 체벌이나 부상, 주사바늘 등 신체적인 것이나 감각적인 것이라면, 아동들은 성적이 나쁘거나, 놀이나 게임 등 경쟁에서 지게 될 경우 사회적

학습과정에서 불쾌한 정서를 경험하는 경우가 많다. 한편, 청소년들은 자신이 무능력하다고 느낄 때나 막연한 불안감을 유발하는 대상에 대해 정서적 자극을 많이 받는다.

③ 정서 표현이 내면화되는 경우가 많다. 일반적으로 아동의 정서 표현은 직접적이고 일시적이어서 오래 지속되지 않는다. 반면 청소년들의 정서는 의식적으로 억제되는 경우가 많고 정서가 외부로 표출되기보다는 내부에 숨겨진다거나 방어기제에 의해 변용되기도 한다. 이로 인해 청소년이 느끼는 공포심이 우울의 형태로 나타나거나, 우울의 감정이 분노나 비행의 형태로 나타나기도 한다.

(2) 또래집단과 이성관계

청소년기에는 또래 친구와의 관계가 밀접해지면서 또래에 대한 동조성이 극대화된다. 동조성(conformity)이란 집단 내부의 압력에 대해 개인이 이에 일치하려는 경향을 의미한다. 동조행동은 청소년기에만 국한된 것은 아니나 일생 중 청소년기에 가장 커지는 것으로 알려져 있다. 동조성이 높은 경우, 집단의 동조압력을 따르면서 개인과 집단 간의 일치도가 증가하게 된다. 청소년들이 집단규범에 동조하는 이유는 자신의 생각에 대한 확신이 결여되어 있기도 하지만, 속해있는 집단과 자신과의 관계 때문이기도 하다. 즉, 모호한 상황에서 정보를 얻기 위해, 또래집단의 수용과 인정을 얻기 위해 행동 양식에 일치하고 조화를 이루고자 한다.

청소년들의 행동에 있어 또래의 영향력이 고정된 것은 아니다. 부모와의 관계에 따라 다르게 나타나기도 하는데, 부모가 애정적이고 지원적일 때 청소년들은 또래를 지향하고 의존하는 경향이 적어지는 반면, 부모가 거부적이고 자녀의 의견에 귀기울이지 않을 때 청소년들은 또래의 가치에 크게 의존하는 경향을 보인다. 즉, 청소년들이 또래집단에 의존하는 정도는 또래집단의 자체 매력만이 아니라 부모와의 관계나 부모의 지원 정도에 의해서도 결정된다(최윤미 외, 2000;

황창순, 2006).

청소년기의 즐거움과 우정은 동성만이 아니라 이성을 통해서도 얻는다. 청소년기와 이후 성인기는 이성교제의 시기로, 이전까지 동성교제에만 관심을 가졌던 이들은 이성과의 관계에도 관심을 갖게 된다. 그러나 동성 친구를 더 많이 사귀는 편으로, 이성 친구와의 우정이나 이성교제는 동성 친구와의 우정에서 부족한 부분을 보완하는 기능을 한다.

(3) 자아정체감의 발달과 심리사회적 유예기

에릭슨은 청소년기의 발달 과업 중 가장 핵심적인 발달 과업이 자아정체감(ego identity) 형성이라고 하였다. 자아정체감은 자신의 독특성에 대해 다소 안정된 느낌을 갖는 것으로, 행동이나 사고 혹은 정서의 변화에도 불구하고 변하지 않는 부분은 무엇이고 자신이 누구인가를 아는 것이다(권중돈, 2014). 자아정체감이 확고한 사람은 다음과 같이 개별성, 통합성, 지속성을 경험하게 된다(사회복지교육연구센터, 2019).

- 개별성: 가치와 관심을 타인과 공유하더라도 자신은 타인과 구별되는 고유한 존재라는 인식
- 통합성: 자신의 욕구와 동기, 태도, 행동 등이 전체적으로 통합되어 있다는 느낌
- 지속성: 과거, 현재, 미래라는 시간의 흐름 속에서도 자신은 동일하다는 인식

청소년기는 자신이 누구인지를 발견하고 자아정체감을 확립하는 시기로, 자신이 맡고 있는 다양한 역할들을 실행해 보고 이런 역할들을 자신의 정체성으로 통합하는 시기이다. 청소년기에 이러한 통합된 정체성을 성취하려는 시도가 성공하느냐 실패하느냐는 개인이 사회에 효과적이고 적절하게 적응하는 데 많은 영향을 미치게 된다.

청소년기에 자신의 여러 역할을 하나의 정체성으로 통합하지 못하고 여러 상

충되는 역할에 적응하지 못할 때 정체감 혼란을 겪게 된다. 내가 누구인지, 인생에서 무엇을 얻고자 하는 지, 어떤 사람이 되고자 하는 지에 대한 답을 얻지 못하면, 이후 직업의 선택, 결혼, 주거, 여가 등 다양한 결정과 선택의 순간에 판단을 내리기 어렵다.

마르시아(Marcia, 1980)는 자아정체감을 ① 자신의 역할 실험과 대안 선택의 위기(crisis)에 있어 스스로 의사결정이 가능한 지 그 여부와 ② 자신의 신념을 이루기 위해 어떠한 활동에 능동적 참여로 전념(commitment)할 수 있는지 그 여부를 토대로 4가지 범주로 구분해 설명하였다.

표 8-1 마르시아의 자아정체감 4유형

<table>
<tr><th colspan="2" rowspan="2">구분</th><th colspan="4">역할 실험과 대안 선택의 위기(crisis)에 있어
의사결정이 가능한가?</th></tr>
<tr><th colspan="2">Yes</th><th colspan="2">No</th></tr>
<tr><td rowspan="2">자신의 신념을 이루기 위한
어떠한 활동에
전념(commitment) 할 수 있는가?</td><td>Yes</td><td>자아정체감 성취
(위기의 해결)</td><td rowspan="2">적응</td><td>자아정체감 유실
(위기경험 없음)</td><td rowspan="2">부적응</td></tr>
<tr><td>No</td><td>자아정체감 유예
(위기가 현재 진행 중)</td><td>자아정체감 혼란
(위기경험 없음)</td></tr>
</table>

- **자아정체감 성취**(Identity Achievement): 자신의 신념, 직업, 정치적 견해 등에 대해 스스로 의사결정을 내릴 수 있으며, 그 결정에 따라 강력한 노력을 통해 자아정체감을 획득하여 자신의 욕구를 해결하고 있는 상태를 말한다. 적응 상태에 속한다.
- **자아정체감 유예**(Identity Moratorium): 자신의 가치와 이상, 신념을 탐색하는 상태에 있으며 자아정체감 형성에 욕구를 가지고 다양한 역할과 신념, 행동 등을 실험하는 상태에 있다. 자신의 능력과 자신에게 적합한 그 무엇을 결정하지 못한 상태로 자아정체감 성취 혹은 자아정체감 혼란의 가능성을 지닌다. 적응 상태에 속한다.
- **자아정체감 유실**(Identity Foreclosure): 자신의 가치와 신념을 위해 노력하나

이것은 주로 부모나 사회적 가치관을 자신의 것으로 그대로 선택한 것으로, 위기도 경험하지 않고 쉽게 의사결정을 내렸지만 독립적 의사결정은 하지 못한 상태를 말한다. 자신의 이상과 신념을 적절하게 탐색할 기회를 갖지 못한 상태로 부적응 유형에 속한다.

- 자아정체감 혼란(Identity Diffusion): 자아정체감을 확립하기 위한 욕구도 경험하지 않았고, 기존의 가치관에 대한 의문도 제기하지 않으며, 자신에 대한 의미있는 대안도 탐색하지 않는 상태이다. 자신에 대한 어떠한 견해도 확고히 받아들이지 못하며, 미래를 위한 어떠한 계획도, 어떠한 태도도 형성하려는 노력을 기울이지 않는다. 가장 미성숙한 상태로 부적응 유형에 속한다.

청소년기 초반에는 자아정체감 혼란이나 유실 상태에 있다가 후반이 되면 유예 혹은 성취에 이르는 경우가 많다.

에릭슨은 자아정체감을 확립하기 이전에 개인적인 힘과 능력을 기르고 사회로부터 인정받기 위해 자신의 가치, 믿음, 역할 등 다양한 역할 실험을 수행하는 것을 심리사회적 유예라 칭하고, 그 기간을 심리사회적 유예기라 명명하였다. 즉, 각자의 장점을 극대화해 사회로부터 긍정적으로 인정받고 최상으로 적응할 수 있도록, 외부의 요구로부터 일시적으로 해방되는 기간을 말한다.

Plus Tip 청소년기와 사회복지실천 영역

[신체적 발달]

- 섭식장애, 거식증, 폭식증 예방과 치료를 위한 상담 및 식이요법 지도, 전문가 지원 연계
- 성에 대한 올바른 가치관 정립을 위한 성 상담, 성 교육 프로그램 지원
- 성폭력 예방을 위한 청소년, 부모, 교사 대상 교육
- 성폭력 문제 대처를 위한 상담 및 보호, 치료적 자원 연계 등

[인지적 발달]

- 저소득 청소년 방과후 프로그램 지원
- 학업중단 청소년의 교육 훈련 등

[사회정서적 발달]

- 청소년의 자아발견, 자아성장, 인간관계 기술 습득을 위한 개인 및 집단 상담
- 자아정체감 형성을 위한 전인적 성장 프로그램 지원
- 스트레스 예방과 관리 방법 지도
- 다양한 사회경험을 위한 자원봉사 활동 프로그램, 진로탐색 프로그램 지원
- 약물교육 및 치료 프로그램 지원 등

[주요 사회적 이슈]

- 청소년의 정신장애(우울, 불안, 물질남용 등)
- 청소년 자살
- 청소년 폭력과 비행
- 청소년의 임신과 출산
- 중도입국 청소년, 학교 밖 청소년을 위한 교육지원 등

요약정리

- 청소년기의 연령 기준은 관련 법령들에 따라 다르게 적용되나 합의된 바는 없으며, 통상 중고등학생 시기를 지칭한다.
- 청소년기는 제2성장 급등기로 신체 성장률이 빠르고 성호르몬 분비로 외형적 성장이 성인과 유사한 모습으로 변화하는 시기이다. 개인차가 있지만, 아동기 후기까지는 여아가 남아보다 체격이 큰 편이다. 그러나 청소년기에는 역전되어 남아의 신체발달이 우세해진다.
- 청소년기는 피아제 인지발달 단계에서 형식적 조작기에 속하며, 추상적 사고, 가설연역적 사고, 조합적 사고, 이상적 사고의 발달이 특징이다.
- 청소년들에게 나타나는 자아중심성(자기중심적 사고)은 아동기와 달리 자신의 생각이나 상위 인지를 사고할 수 있는 발달된 능력 때문에 나타난다. 자아중심적 특성은 11세 무렵부터 나타나 15세경에 정점에 달했다가 점차 사라진다.
- 청소년들의 자아중심적(자기중심적) 사고로 독특한 생각과 행동 양식이 나타나는데, 대표적인 예가 상상 속의 청중과 개인적 우화이다.
- 상상 속의 청중은 청소년들이 실제가 아닌 가상 속에 청중을 만들어내고 그들이 자신에게 주의를 집중하고 있다고 믿는 현상이다.
- 개인적 우화는 청소년들이 어떤 사건이 자신에게 적용될 때 세상에 존재하는 일반적인 확률을 무시하거나 왜곡하는 현상으로, 자신에 관해 사실이 아니거나 사실과 다른 이야기를 만들어내는 현상을 말한다.
- 청소년기에는 감정의 동요가 크고 정서 표현이 격렬해지며, 정서 표현이 내면화되는 경우가 많다. 그 과정에서 우울감을 보이거나 우울의 감정이 분노, 비행으로 나타나기도 한다.
- 청소년기에는 또래와의 관계가 밀접해지면서 집단 내부 압력에 대해 개인이 일치하려는 동조성이 가장 커지는 시기이다. 모호한 상황에서 정보를 얻기 위해, 또래집단의 수용과 인정을 위해 행동 양식에 일치하고 조화를 이루려 한다.
- 청소년기의 또래의 영향력은 부모와의 관계나 부모의 지원 정도에 따라 다르게 나타난다.
- 청소년들은 이성을 통해서도 우정과 즐거움을 얻는다. 그러나 여전히 동성 친구를 더 많이 사귀는 편으로, 이성교제는 동성 친구와의 우정에서 부족한 부분을 보완하는 기능을 한다.

- 에릭슨은 청소년기의 발달 과업 중 자아정체감 형성을 가장 핵심적인 영역으로 꼽고 있다. 자아정체감을 성취하려는 시도에서 성공과 실패는 개인이 사회에 적응하는 데 많은 영향을 미친다.
- 마르시아는 자아정체감의 유형을 스스로의 의사결정 가능 여부와 어떠한 활동에 전념해 능동적으로 참여할 수 있는 지 여부에 따라, 자아정체감 성취, 자아정체감 유예, 자아정체감 유실, 자아정체감 혼란이라는 4가지 범주로 나누었다.

8장과 관련된 사회복지사 1급 시험 기출 문제

01 청소년기 인지발달의 일반적 특성으로 옳지 않은 것은? [16회]

① 자기개념(self-concept)의 발달이 시작되고 자기효능감이 급격히 증가한다.
② 구체적인 사물에 한정되지 않고 추상적 개념을 다룰 수 있다.
③ 가설을 세울 수 있고 인과관계를 추론할 수 있는 연역적 사고가 가능해진다.
④ 피아제(J. Piaget)의 이론에 따르면 형식적 조작기에 속한다.
⑤ 자아중심적 사고로 상상적 청중 현상과 개인적 우화 현상을 보인다.

02 청소년기(13-19세)에 관한 설명으로 옳지 않은 것은? [17회]

① 구체적 조작기에 해당한다.
② 부모의 권위에 도전하며 잦은 갈등을 겪는 시기이다.
③ 동년배 집단에 참여하여 다양한 경험을 한다.
④ 심리적 이유기라고도 한다.
⑤ 애착대상이 부모에서 친구로 이동한다.

정답 01 ① 02 ①

생각 잠시 머물기 **청소년들의 SNS에 관한 영국 국가보건의료서비스(NHS)의 보고**

소셜네트워크서비스(SNS)를 자주 그리고 오래 사용할수록 청소년들의 정신질환 발병 위험이 높아진다는 조사 결과가 영국에서 나왔다. 특히 여자 청소년들의 질환 수준이 심각한 것으로 조사됐다.

영국 국가보건의료서비스(NHS)는 2세부터 19세 아동 청소년 9117명을 상대로 조사한 결과 17~19세 여성 중 23.9%가 우울증이나 과도한 긴장 같은 질환 수준의 정신감정 문제를 갖고 있는 것으로 나타났다고 밝혔다. 같은 나이 남성(10.3%)보다 2배 이상으로 높았다. 11~19세 여성 가운데 지난해 원하지 않는 게시물 업로드나 메일 혹은 메시지 등으로 온라인에서 괴롭힘을 당했다는 응답은 25.8%로 같은 나이 남성(16.7%)보다 훨씬 높았다. 무엇보다 SNS의 부작용이 크다는 게 NHS의 진단이다. 정신질환 증세가 있는 11~19세 청소년의 경우 87.3%가 매일 SNS를 사용하고, 29.4%는 매일 4시간 이상 SNS를 한다고 답했다. 같은 나이 정신질환 증세가 없는 청소년은 그보다 낮은 비율인 77.8%가 매일 SNS를 하며 12%만 매일 4시간 이상 한다고 답했다.

NHS는 보고서에서 "정신질환을 가진 청소년들은 SNS 활동을 오래 하면서 스스로를 남과 비교하고, SNS에 올린 자신의 글에 대한 다른 사람의 호응 여부에 따라 기분이 크게 좌우되는 특징을 갖는다"며 "이들은 반대로 오프라인에서는 다른 단체에 참여하지 않아 사회적 관계가 취약한 특징을 보였다"고 분석했다. 실제로 정신질환이 있는 여성 청소년의 경우 54.8%가 SNS에서 자신과 남을 비교한다고 밝힌 반면 정신질환이 없는 여성 청소년은 31.7%만이 그렇다고 답했다.

출처: 동아일보(2018.11.24일자). "SNS 정신팔려...정신질환 SOS".
http://www.donga.com/news/article/all/20181124/93000990/1

09
CHAPTER

청년기

1. 연령 구분 및 특징
2. 발달 특성

이 장의 학습목표

1. 청년기에 속하는 인간의 신체발달 양상을 이해한다.
2. 청년기에 속하는 인간의 인지와 사회정서적 발달 양상을 이해한다.
3. 청년기의 발달과 관련해 사회복지실천에서 관심을 가져야 하는 영역을 이해한다.

생각해 보기

최근 한국에는 은둔형 외톨이 현상이 사회적으로 이슈가 되고 있습니다. 은둔형 외톨이 증상이라 규정할 수 있는 기준들과 그러한 사회적 현상의 원인에 대해 조사해 봅시다. 증상을 완화시킬 수 있는 방법에는 무엇이 있을까요?

CHAPTER 09

청년기

1. 연령 구분 및 특징

청년기는 성인초기라고도 불리며, 고등학교를 졸업하는 시기 전후로부터 시작해 직업을 갖고 결혼을 하거나 하여 부모로부터 정서적, 경제적으로 독립하는 시기를 말한다. 학자들마다 청년기를 지칭하는 연령 기준은 다르지만, 일반적으로 19~39세까지의 연령을 청년으로 간주하는 경향이 있다. 에릭슨은 이 시기를 친밀감 대 고립감의 단계로 보았다.

청년기는 신체적 성숙이 이루어지며 성역할 정체감이 완성되고 자아정체감이 확립되는 시기이다. 따라서 진학, 군입대, 취업, 결혼 등 사회에서 다양한 역할을 탐색하며 부모로부터의 독립을 준비하고 진로를 선택한다. 청년기를 지내며 인간은 가족, 직업, 사회에서 자신의 삶의 양식을 확립해 나가게 된다.

2. 발달 특성

1) 신체적 측면

청년기에는 개인별로 성장 속도에 차이는 있지만 신장이나 체중, 골격, 생식기관 등의 신체적 성숙은 거의 완성된다. 생애주기상 최상의 신체적 기능을 유지하는 시기로, 활기와 힘, 건강 수준이 최고조에 달한다.

20세 전후 시각과 청각 등의 감각기관은 가장 예민해지며, 신체골격의 구조는 거의 완성된다. 19~25세 사이에는 근육과 내부기관의 기능이 최상을 유지하고, 25~30세에는 신체수행 능력, 체력이나 지구력, 정력 등에서 최고조에 이른다. 그 이후부터는 신체 기능이 점차 쇠퇴하기 시작하지만, 신체적 능력과 기술을 잘 유지하고자 노력하면 이후의 시기에도 그 기능이 지속될 수 있다.

2) 인지적 측면

청년기의 인지발달에 대해서 합의된 결론은 없다. 피아제는 청소년기의 형식적 조작 사고의 발달 이후 발달이 지속되지 않는다고 하였지만, 학자들 중에는 이후에도 인지발달이 지속된다고 보는 이들도 있다. 따라서 청년기의 인지적 특성을 피아제의 형식적 조작 사고를 기반으로 설명하는 경우가 많다. 이에 10대 후반에는 암기나 지적 과제 수행 속도 등의 측면에서 가장 뛰어나다고 보고되고 있고, 판단이나 추론, 창의적 사고, 문제해결 능력은 전 생애를 통해 발달한다고 알려져 있다.

즉, 청년기에는 이전 시기에 비해 보다 현실적이고 문제 해결적 사고가 발달한다. 지식습득 자체가 목적이 아니라 습득한 지식을 스스로 설정한 삶의 목표와 그에 적절한 과업에 연결시키기 시작하여, 지식을 현실에 실제 적용하고 문제에 부딪혔을 때 여러 변수를 동시에 고려하는 복합적인 사고가 발달한다. 이는 지능의 변화와도 관련되는 것으로, 선천적 지능인 유동적 지능과 후천적 지능인 결정성 지능의 발달로 설명이 가능하다(조흥식 외, 2010).

- 유동적 지능 = 선천적 지능

  수리력, 도형지각 능력 등 뇌신경의 성숙으로 발달하는 지능이다. 나이가 들고 뇌세포가 쇠퇴하면 유동적 지능은 감퇴한다.

- 결정성 지능 = 후천적 지능

  언어와 이해력 등 후천적 경험이나 반복된 학습에 의해 습득되고 발달하는 특징이 있다. 20, 30대 이후에도 떨어지지 않고 유지되거나 오히려 더 발달할 가능성이 있다.

청년기에는 자기조절 능력이 급격히 향상되면서, 타인의 도움 없이도 자신의 문제를 어느 정도 스스로 해결할 수 있게 된다. 또한 생활의 중심이 가족이나 또래집단이었던 것이 점차 이성으로 옮겨가고, 주요 사회활동 영역이 학교에서 직장으로 이동된다.

이 시기 부모의 지위를 획득하게 되면 점차 새로운 정체감이 형성되고 다른 정체감이 약화되는 과정을 거치는데, 이 과정을 통해 자아의 개념도 변화하게 된다.

3) 사회정서적 측면

(1) 부모로부터의 독립

부모로부터의 정서 및 경제적 독립은 청소년기의 중요한 발달 과업 중 하나이다. 그러나 부모로부터 분리되고 독립하는 것을 갈망함과 동시에 한편으로는 불안한 감정이나 의존하는 마음이 생기는 양가감정(ambivalence)을 갖기도 한다. 그러므로 부모는 자녀의 양가감정이 최소화되도록 자율성을 인정하고, 자녀에 대한 긍정적 지지와 가족의 의사결정 참여 기회를 늘려 그들을 격려하며 독립된 개인으로 인정할 수 있어야 한다. 이와 반대로 청년기 자녀가 집을 떠나는 것을 금하고, 지속적으로 보호하려 하거나 자녀의 행동에 많은 제한을 가하는 경우에는, 부모에게 지나치게 의존하는 자녀로 남거나 부모와 적대적 관계를 형성하고 빈번한 갈등을 경험하기도 한다.

(2) 진로 선택

청년기에 선택한 진로는 성인기의 생활양식에 영향을 미치므로 신중해야 한다. 청년기는 직업을 통해 경제적 자립을 도모하고 자신의 인생을 스스로 만들어가면서 자아실현을 하는 시기이다.

청년기의 직업 선택 과정에는 주로 개인의 적성과 능력, 흥미와 관심, 그리고 부모나 주변인들의 기대, 임금 수준, 사회적 지위 등이 영향을 미친다. 직업에 대한 적성과 흥미는 그 분야에서 오래 일할 가능성과 성공의 확률을 높이는 요소로 알려져 있다.

이에 청년들은 취업 준비 과정에서 자신이 희망하는 직업에서 수행하는 직무 관련 전문 지식과 기술의 습득 여부, 그 직무에 따르는 지위와 의사결정 과정에서의 위계에 관한 학습, 그 직업의 특정 요구나 위험 요인, 동료들과의 협동 혹은 경쟁적 관계에서 조화를 이룰 수 있는 지 그 여부와 자신의 리더십 발휘 가능성 등을 확인해야 한다.

(3) 성적 사회화

청소년기 후기부터 청년기에 걸쳐 인간은 자신의 성에 대한 정체감이 재개념화되고 확고해지는 시간을 갖게 된다. 즉, 성역할 정체감을 획득하게 되는데, 성역할 정체감이란 사회가 특정한 성에 대해 적절하다고 인정하는 태도나 특성, 흥미와 동일시하는 것을 말한다. 이를 형성하는 과정에서 성에 따른 사회적 역할 기대를 내면화하면서 성적 사회화가 이루어진다. 성적 사회화에는 자신이 선호하는 성적 대상을 선택하거나, 성인의 성역할을 학습하는 것, 성행위에 대해 이해하고 그 지식을 습득하는 것 등이 포함된다(사회복지교육연구센터, 2019).

(4) 배우자 선택과 결혼

에릭슨 이론에 따르면 청년기는 성인초기에 해당하는 시기로 친밀감 형성이 주요 과제이다. 청년기에 가족 이외의 타인들과 친밀한 관계를 형성하는 것은 자신의 정체성을 잃을 수 있다는 두려움 없이 개방적이고 지지적이며 조화로운 관계를 형성하는 능력과 관련된다. 청년기에 친밀감 형성을 위해서는 감정이입 능력, 자기통제력, 타인의 장단점을 수용하는 능력을 갖추어야 한다(사회복지교육연구센터, 2019). 이 시기 긍정적 자아정체감을 확립한 사람은 타인과 친밀한 관계 형성이 가능하지만, 그렇지 못한 사람은 낮은 자신감으로 타인과의 관계맺음이 어렵고 사회적 관계에서 고립감을 느끼게 되며 자신에게만 몰두하는 경향을 나타낸다.

청년기에 친밀감 형성과 성숙한 사회적 관계를 확립하면 이성교제, 그리고 배우자를 선택하는 과정을 통해 자신의 가족을 형성할 수 있게 된다. 이때 이성교제는 배우자가 될 수 있는 대상자와 인간관계를 형성하면서 자기이해를 증진시키고 이성에 관해 적응하도록 하며, 사랑의 실현 즉, 배우자 선택의 기회를 제공한다.

청년기의 결혼은 성인 남녀가 법적, 사회적으로 자신들의 결합을 인정받는 것으로, 가족의 형성으로 사랑의 실현, 정서적 안정, 경제적 안정, 성적 만족을 얻을 수 있고 자녀의 출산으로 인생에 정착하는 계기가 된다. 결혼을 통해 새로운 가족을 형성하게 되면 가족 내외의 인간관계는 확대되고 새로운 역할과 지위가 부여된다. 이에 결혼 초 몇 년은 새로운 환경체계에 상호 적응하는 과정이 요구된다.

결혼 초에는 성격이나 문화의 차이, 의사소통 방식에 대한 이해 부족, 긴장이나 갈등에 대한 예상과 대응 미흡으로 생각보다 어려운 시간을 보낼 수 있다. 따라서 결혼한 부부는 갈등을 모든 관계에서 필연적인 것으로 받아들이고, 친밀한 관계 유지를 위해 수시로 발생하는 갈등을 어떻게 잘 처리할 것인가에 관심을 기울이는 것이 필요하다. 잘 다루어진 부부갈등은 그 해결 과정을 통해 효과적인 의사소통 방식과 문제해결 능력을 향상시킬 수 있어 오히려 관계의 성숙과 친밀감 증진에 도움을 줄 수 있다(김영희 외, 2007).

Note 배우자 선택에 관한 여과망 이론 & 결혼에 이르는 6단계

[여과망 이론]

여과망 이론은 게르코프와 데이비스(Kerkoff & Davis, 1962)가 주장한 배우자 선택의 여과 과정을 우드리(Udry, 1971)가 6가지 여과망으로 모형화하면서 알려진 이론이다(정옥분, 2013에서 재인용). 이 이론에서는 연인들에게 있어 친밀감과 사랑이 형성되는 데 작용하는 요인이 단계적으로 관여되면서 관계가 발전된다고 본다. 이 과정을 거쳐 서로에 대해 헌신적이고 장기적 관계로 발전하게 되면, 상대를 배우자로 선택해 결혼하게 된다. 각 과정을 설명하면 다음과 같다.

- 첫 번째 근접성 여과망을 통해 가능한 모든 대상 중에 지리적으로 가깝고, 만날 기회와 상호작용의 가능성이 많은 사람들로 그 대상이 제한된다.
- 두 번째 매력 여과망을 통해 상호 매력을 느끼고 끌리는 사람들로 그 대상이 다시 좁혀진다. 매력을 느끼는 요인은 개인차가 있지만, 성격, 외모, 능력 등이 주요인이 된다.
- 세 번째 사회적 배경 여과망을 통해 인종, 연령, 종교, 직업, 교육수준 등의 사회적 배경이 유사한 사람들로 더욱 범위가 축소된다. 이 과정에서는 당사자보다 부모 등의 영향을 더 받게 된다.
- 네 번째 상호 일치의 여과망을 통해 인생관이나 결혼관 등 주요 문제에 대해 동일한 가치관이나 견해, 태도를 가진 사람들만 남게 된다.
- 다섯 번째 상호 보완의 여과망을 통해 상호간의 욕구와 필요를 서로 충족시켜줄 수 있고, 단점을 보완해 줄 수 있을 때 결혼 가능성은 높아진다.
- 여섯 번째 결혼준비 상태의 여과망을 통과함으로써 비로소 결혼에 이르게 된다. 결혼에 대한 부모나 사회의 압력, 결혼에 대한 욕구 등이 결혼준비 상태에 영향을 주게 되며, 병역을 마치거나 취직을 하는 등 결혼에 적절한 준비가 갖추어져야 실제로 결혼준비 상태에 이르게 된다.

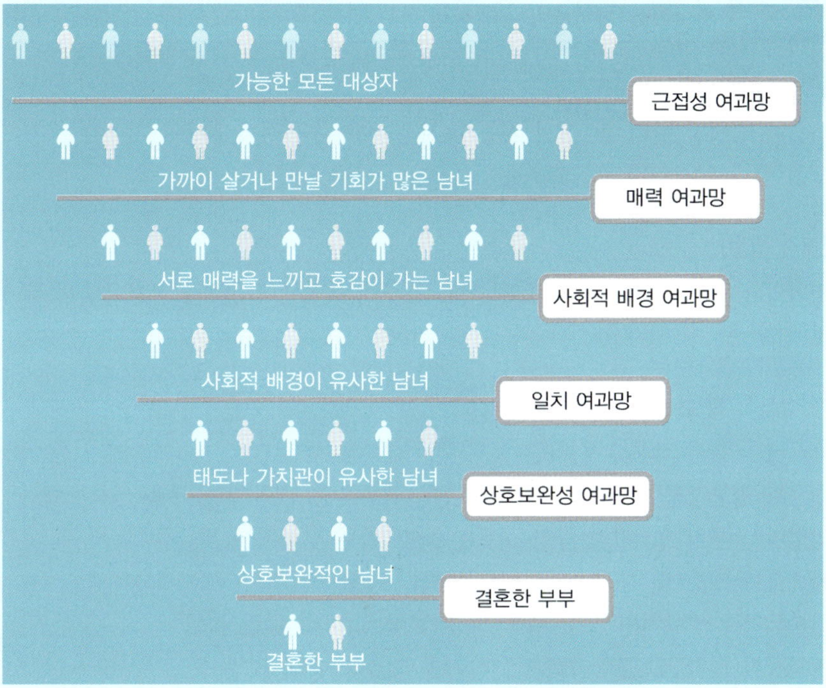

그림 9-1 배우자 선택의 여과망 이론

Plus Tip 청년기와 사회복지실천 영역

[신체적 발달]

- 건강한 식생활 관리 및 신체 기능 유지를 위한 운동정보 제공
- 금주 및 금연 프로그램 지원 등

[인지적 발달]

- 영어회화, 정보화 교실 등 성인의 학습 욕구에 부합한 평생학습 프로그램 정보 제공 및 연계 등

[사회정서적 발달]

- 스트레스 관리 프로그램 지원
- 신혼기 결혼생활 적응을 위한 (예비)부부 프로그램, 부모역할 교육 프로그램
- 맞벌이 부부의 일-가정 균형을 위한 국가 지원 정보제공 및 서비스 연계
- 가족갈등 예방 및 해결을 위한 부부상담, 가족상담, 집단교육 프로그램
- 한부모가족 양육지원 사업 정보 제공 및 상담, 프로그램 지원
- 지역사회 여가 및 문화 자원 정보 제공 및 프로그램 지원 등

[주요 사회적 이슈]

- 결혼기피
- 저출산
- 이혼
- 군생활 부적응
- 은둔형 외톨이
- 청년실업 등

요약정리

- 청년기는 성인초기라 불리는 시기로 일반적으로 19~39세까지를 말한다. 에릭슨은 이 시기를 친밀감 대 고립감의 단계로 보았다.
- 청년기에는 개인별 차이는 있지만, 신체적 성숙이 거의 완성되고 신체 기능이 최고조에 달하는 시기이다. 30세 이후 점차 신체 기능이 쇠퇴하지만, 유지하고자 노력하면 기능을 지속할 수 있다.
- 청년기의 인지발달에 합의된 결론은 없으나 선천적 지능인 유동성 지능은 점차 감퇴하는 것으로, 후천적 지능인 결정성 지능은 유지되거나 오히려 더 발달하는 것으로 알려져 있다.
- 청년기의 부모로부터의 정서와 경제적 독립은 중요한 발달 과업이기는 하나, 청년들은 그 과정에서 양가감정을 갖기도 한다.
- 청년기의 직업 선택 과정에는 개인의 적성과 능력, 흥미, 관심, 주변인들의 기대, 임금 수준, 사회적 지위 등의 요소가 영향을 미친다.
- 청년기에 선택한 진로는 성인기 생활양식에 영향을 미친다.
- 청소년기 후기부터 청년기에 걸쳐 사회가 특정 성에 대해 인정하는 태도와 특성, 흥미와 동일시하는 성역할 정체감을 갖게 된다. 성역할 정체감을 형성하는 과정에서 성에 따른 사회적 역할 기대를 내면화하면서 성적 사회화가 이루어진다.
- 청년기에 친밀감 형성과 성숙한 사회적 관계를 확립하면 이성교제, 배우자 선택 과정을 통해 가족을 형성할 수 있다.
- 이성교제는 배우자가 될 수 있는 대상과 인간관계를 형성하며 자기이해를 증진시키고 이성에 대한 적응이 이루어지도록 하며, 배우자 선택의 기회를 제공한다.
- 청년기의 결혼은 성인 남녀가 법적, 사회적으로 자신들의 결합을 인정받는 것으로, 결혼을 통해 가족 내외의 인간관계가 확대되고 새로운 역할과 지위가 부여된다.

9장과 관련된 사회복지사 1급 시험 기출 문제

01 청년기(20~34세)에 관한 설명으로 옳지 않은 것은? [14회]

① 신체적 기능이 최고조에 달하는 시기이다.
② 주요 발달과업은 진로 및 직업 선택, 혼인 준비 등이다.
③ 발달과업에서 신체적 요소보다는 사회문화적 요소를 중요시한다.
④ 아동기 이후 인생의 과도기로서 신체적·성적 성숙이 빠르게 진행된다.
⑤ 에릭슨(E. Erikson)의 발달단계에서 친밀감 대 고립감에 해당하는 시기이다.

02 청년기(20~35세)에 관한 설명으로 옳지 않은 것은? [17회]

① 부모로부터의 독립에 대한 양가감정에서 해방된다.
② 직업의 준비와 선택은 주요한 발달과업이다.
③ 사랑하고 보살피는 능력이 심화되는 시기이다.
④ 사회적 성역할 정체감이 확립되는 시기이다.
⑤ 친밀감 형성과 성숙한 사회관계 성취가 중요하다.

정답 01 ④ 02 ①

생각 잠시 머물기 **청년들의 일과 사랑, 결혼에 관한 이야기. 영화 「라라랜드」**

배우 지망생 미아와 재즈 피아니스트 세바스찬. 미아는 아르바이트로 생계를 유지하며 수많은 오디션을 보지만… 매번 낙방한다. 그러다 자신의 음악세계를 고수하지만 역시 생계로 인해 그 꿈을 마음껏 펼치지 못하고 레스토랑에서 캐롤을 연주하며 살아가는 째즈 피아니스트 세바스찬을 만나는데…

그 둘은 사실 생애주기에서 가장 빛나는 청년기에 만나 사랑을 나누고 방황하고, 결국 헤어진다. 그러나 서로가 갈망했던 그 꿈을 잘 알기에 헤어졌어도 서로를 진심으로 응원한다.

결국 미아는 배우로 성공해 행복한 가정을 꾸리게 되고, 우연히 다시 세바스찬을 만나게 된다.

「라라랜드(La La Land)」는 뮤지컬 형식으로 만들어진 2016년에 개봉된 미국 영화로, 이 거친 세상에서 자신의 꿈을 위해 살아가는 청년들의 애환이 일과 사랑, 결혼이라는 생의 중요한 사건들 속에서 그대로 투영되고 있다. 그리고 감동적인 음악과 화려한 댄스로 방황과 고민의 과정이 결코 헛되지 않음을, 그리고 그 열정은 결국 의미있는 결실로 자신의 삶을 다시 장식하게 될 것임을 보여주고 있다.

자신의 꿈과 미래를 위해 달리고 있는 젊은 세대들이 잠시 길을 잃거나 일상에 지쳐 있을 때 위로와 용기를 줄 수 있는 영화이다.

사진 출처: 라라랜드(2020). https://movie.naver.com/movie/bi/mi/photoView.nhn?code=134963

10
CHAPTER

장년기

이 장의 학습목표

1. 장년기에 속하는 인간의 신체발달 양상을 이해한다.
2. 장년기에 속하는 인간의 인지와 사회정서적 발달 양상을 이해한다.
3. 장년기의 발달과 관련해 사회복지실천에서 관심을 가져야 하는 영역을 이해한다.

생각해 보기

장년기에 속한 부부의 이혼율이 어느 정도인지 조사해 보고 그 원인에 대해 살펴봅시다. 이혼을 고려하고 있거나 이혼을 결정한 부부들이 자신들이 느끼는 고민과 갈등 그리고 생활의 어려움을 해결하기 위해 도움을 받을 수 있는 지역사회 기관이나 서비스에는 무엇이 있을까요?

CHAPTER 10

장년기

1. 연령 구분 및 특징

장년기는 사회통념상 신체적 나이로 40~65세 미만에 해당하는 긴 시기를 의미한다. 사회적으로는 첫 자녀의 사춘기에서부터 시작해 막내 자녀가 결혼을 하거나 직업 생활에서 은퇴하는 시기이며, 가족생활주기로는 막내 자녀가 초등학교에 입학하는 시기부터 시작해 직업 생활에서 은퇴하는 시기를 장년기로 분류한다.

장년기는 경제적 안정이나 직장 혹은 집안에서 높은 지위와 권한을 갖는다는 점에서 인생의 전성기로 간주되기도 하나, 신체적 퇴행으로 질병에 노출될 위험이 높고, 성적 능력이 저하되며, 자녀와 노부모 부양책임 등으로 위기에 직면할 가능성이 높다는 점에서 쇠퇴기로 규정할 수도 있다. 이에 장년기를 인생의 황금기, 정체성 위기의 시기, 샌드위치 세대, 갱년기, 제2의 사춘기, 빈둥지 시기, 상실감의 시기 등 다양한 용어로 표현하기도 한다. 그러나 자신의 목표나 성취, 삶에 대한 가치관, 타인과의 관계 등에 있어 인생 전반을 재평가하게 되는 시기이고 여전히 성장 지향적 발달이 가능한 시기이므로, 장년기를 어느 하나의 관점으로 이해하기보다 인생의 전환기로 이해하는 것이 바람직할 것이다.

이러한 장년기의 주요 발달 과업에는 신체적 변화에 대한 적응과 부부관계의 재정립, 중년의 위기 극복, 직업 활동에서의 몰두와 여가 선용 등이 속한다.

2. 발달 특성

1) 신체적 측면

(1) 신체 변화

장년기에는 신체적 퇴행으로 신진대사의 기능이 점차 저하되기 시작하는데, 외형상으로는 허리둘레와 체중이 늘고, 흰머리가 늘면서 머리카락이 가늘어지며, 피부의 탄력이 줄어들어 주름이 늘고, 수분이 줄어들어 피부가 건조해진다. 감각기관도 둔화되어 시력이 감소하며 청각이나 신경세포의 둔화현상도 나타난다. 심장기능이 약해지고, 위나 장에서의 효소 분비가 저하되며, 신장의 기능이 감소되는 등 생리적 변화도 수반된다. 전반적으로 신진대사가 이전 시기보다 원활하지 못해 활기가 떨어지고, 육체적 힘이 약해지며, 스트레스와 질병에 대한 저항력이 떨어지고 회복력이 저하된다.

신체 구조와 기능상의 변화로 인해 장년기에는 관절염, 당뇨, 심장병, 고혈압 등 성인병에 걸린 가능성이 이전 시기보다 높으므로, 건강 유지에 많은 관심이 필요하며, 각별한 관리가 요구된다(정옥분, 2013; 권중돈, 2014).

(2) 성적 변화

장년기에는 남녀 모두 신체적 퇴행과 함께 호르몬의 변화 등으로 성적 능력이 저하되는 갱년기를 경험한다. 갱년기 현상은 남성보다 여성이 보다 일찍 그리고 강하게 경험하지만, 남성 역시 피해가기 어려운 노화의 한 과정이다. 이에 갱년기 현상을 극복하는 것은 장년기의 발달 과업 중 하나이다.

여성의 경우, 개인마다 차이가 있지만 50세 정도에 폐경을 경험하며 생식능력을 상실한다. 이로써 생리적 변화를 느끼게 되는데, 대표적인 여성 호르몬인 에스트로겐 감소로 폐경기 여성의 50%가 작열감을 경험한다. 작열감은 번열증(hot flashes)으로 나타나는데, 갑자기 상체에 열이 나는 느낌으로, 얼굴이 발갛게 달아 오르거나 뜨거워지는 느낌이 들고, 땀이 나고 현기증이 나는 현상이다(사회복지교육연구센터, 2019). 심리 증상으로는 우울과 불안, 자기 비하, 긴장감 고조, 초조감, 분노감 등을 수반한다. 그러나 폐경을 경험한 여성 중 일부는 폐경으로 인한 심리적 변화나 생활 변화를 거의 경험하지 않으며, 심지어 월경의 불편함에서 벗어나 이전 시기보다 더욱 활동적으로 생활하는 모습을 보이기도 한다.

남성은 30세부터 테스토스테론이 1년에 1% 가량 서서히 감소되기 시작해 장년기가 되면 성적 능력이 저하되면서 남성다움을 상실한다는 느낌과 신체적 징후 등을 경험하게 된다. 그러나 여성과 달리 생식능력을 상실하지는 않는다. 이 때 과음과 과식, 정신적 피로감, 만성질환, 성적 수행에 대한 실패의 공포, 지금까지 성취한 것에 대한 평가, 성공에 대한 과도한 욕심 등은 장년 남성의 성적 무능감을 촉발하고 갱년기 현상을 더욱 강하게 지각하도록 하며, 불안이나 우울감, 무력감 등의 부정적 정서를 유발한다(Whitebourne, 2001; Masters & Johnson, 1985; 권중돈, 2014에서 재인용). 이 때 이혼이나 직업 전환 등이 생기면 위기의식을 느끼게 된다.

2) 인지적 측면

장년기의 인지발달에 관해서는 신체적 퇴행과 함께 인지능력이 저하된다는 견해와 그렇지 않다는 상반된 견해가 공존하나, 인지적 반응 속도가 늦어진다는 면에서는 대부분 동의한다. 이 때문에 장년기에 속한 사람들은 스스로 건망증 증세를 호소하기도 하고 부정적으로 인지변화를 자각하여 소극적이 되거나 위축된 태도를 갖기도 한다.

장년기에는 정보처리시간이 길어져 새로운 자극의 반응 속도가 느려지고, 새로운 정보를 학습하는 시간이 길어지기 때문에 단기 기억 능력은 약화되나, 장기 기억력의 변화는 발견하기 어렵다(송명자, 2008). 오히려 오랜 경험을 통해 얻은 지혜로 문제해결 능력은 높아진다(권중돈, 2014). 즉, 순발력과 같은 속도에 의존하는 능력은 다소 감소하나 지능 감소는 아니어서 이해력이나 통합적 사고 능력은 향상된다. 다만 자신의 지적 능력을 충분히 활용하지 않는 경향이 있어 지적 기능이 쇠퇴하는 것처럼 인식된다. 그러나 사실 장년기의 정서기능은 정점을 이루며, 창조적 생산성 또한 최고 지점에 달한다. 이에 예술가나 학자, 과학자의 최고 업적은 보통 40대에 나오며, 그 이후의 연령에서도 높게 유지하는 경향이 있다. 이와 같이 장년들은 풍부한 경험과 축적된 지식과 기술, 문제해결 능력을 바탕으로 사회조직에서 지도자의 역할을 수행하게 된다.

갱년기의 주요 증상 체크 리스트

[여성]	[남성]
□ 1. 얼굴이 확 달아오른 적이 있다.	□ 1. 성욕이 감소하였다.
□ 2. 가슴이 두근거린 적이 있다.	□ 2. 활력이 줄어들었음을 느낀다.
□ 3. 땀을 많이 흘린다.	□ 3. 근력이나 지구력이 감소하였다.
□ 4. 머리가 자주 아프다.	□ 4. 키가 줄었다.
□ 5. 잠을 잘 못 이룬 적이 있다.	□ 5. 삶의 즐거움이 감소하였다.
□ 6. 가슴이 답답하거나 아픈 적이 있다.	□ 6. 슬프거나 울적한 기분이 든다.
□ 7. 호흡을 길게 하지 못하고 짧은 숨을 몰아쉰다.	□ 7. 발기력이 떨어졌다.
□ 8. 손발이 저리거나 쑤신다.	□ 8. 최근 운동능력이 감소하였다.
□ 9. 쉽게 피곤하고 전신에 힘이 없다.	□ 9. 저녁 식사 후 곧바로 잠이 든 적이 있다.
□ 10. 관절마다 통증이 있다.	□ 10. 최근 업무 수행 능력이 현저하게 감소하였다.
□ 11. 건망증이 심해진다.	
□ 12. 괜히 불안하다.	
□ 13. 우울한 느낌이 들 때가 많다.	
□ 14. 혼자 외출하기가 겁난다.	
□ 15. 소변을 자주 본다.	
□ 16. 질 분비물이 없어 건조하다.	
□ 17. 성욕이 거의 없다.	
□ 18. 부부 관계 시 불편하다.	
□ 19. 웃거나 뛸 때 소변이 저절로 나온 적이 있다.	
□ 20. 피부나 모발이 건조하다.	

출처: 국민연금공단(2020). 갱년기 진단 체크리스트 재정리.

3) 사회정서적 측면

(1) 심리정서적 변화

① 개성화(개별화, 개체화, individuation)

융은 장년기(중년기)를 생의 전환점으로 보고, 정신 에너지의 흐름을 외적·물질적 차원에서 내적·정신적 차원으로 전환시켜 자신의 내면세계에 대한 탐색을 강화하면서 개성화되는 시기라고 하였다. 이 과정은 자기수용, 자기통합, 자기표현 등 자기인식을 통해 건강한 자신을 만들어 가는 시간으로 개인의 의식이 타인으로부터 분리되는 과정이기도 하다. 개성화 기간 중에는 페르소나, 음영, 아니마, 아니무스에 변화가 생기며, 가치관의 변화가 일어나기도 하고, 성격 본성에도 변화가 생겨 위기를 경험할 수도 있다. 이를 잘 견뎌 개성화된 인간은 자긍심이 높고, 보다 깊은 수준으로 자기의 의식과 무의식 세계를 알게 된다(사회복지교육연구센터, 2019).

② 빈둥지 증후군

자녀가 모두 성장해 집을 떠나고 두 부부만 남게 되는 시기를 빈둥지 시기(empty nest stage)라고 한다. 이 때 자녀에게 많은 시간을 투자하고 오로지 자식만을 위해 헌신해 온 부모의 경우 이 시기의 고독감을 견디지 못하고 우울증과 같은 심리상태에 놓이게 되는 데, 이러한 현상을 빈둥지 증후군이라 한다.

이 때 부모는 이제 무엇을 위해 살아가야 할지, 자신은 누구이고, 자신의 삶은 어떠한 의미인지를 생각하며 자기평가를 하게 되면서 정체감의 위기를 경험하게 된다.

③ 양성성으로의 전환

장년기에는 남성이나 여성 모두 성유형화된 특성은 갖고 있지만, 그와 반대되는 성 특성이 나타나 양성적인 모습을 보이게 된다. 이러한 설명은 과거 칼 융의 양성성으로의 변화(androgyny shift) 가설을 통해서도 주장된 바 있다(Jung, 1953; 정옥분, 2013에서 재인용). 즉, 자녀가 성장하고 직업에서도 안정을 이루는 장년기가 되면, 남녀 모두 이전에 억압했던 반대의 성 특성을 표현함으로써 남성은 여성적 측면을, 여성은 남성적 측면을 나타낸다는 것이다.

장년기에는 자녀 양육의 책임에서 벗어나 그 역할이 변화하고 직업 등 사회에서의 역할도 달라지면서 생활양식에 변화가 생기므로 남성성과 여성성이 통합되어 성역할이 보다 융통적으로 변화되는 시기이다.

(2) 가족관계 재정립

장년기의 바람직한 가족관계는 저절로 발달하고 유지되는 것이 아니며, 이전 시기부터 친밀한 관계 형성을 위한 다양한 노력과 관심이 이어져야 가능하다. 건강한 가족을 이루기 위해서는 부부가 중심체계가 되어 건강한 가치체계를 가족 구성원과 공유해야 하며, 가족 간 원활한 의사소통이 이루어지도록 노력하고, 유대감을 형성하도록 하며, 가족문제 예방과 해결을 위해 가족 구성원의 욕구를 세심히 파악하여야 한다. 또한 가정과 직장 간 균형을 위해 시간을 잘 관리하려는 노력도 필요하다.

① 부부관계

부부는 가족의 중심이 되는 체계로, 장년기에는 부부가 신뢰와 공감으로 안정적 관계를 유지하도록 노력해야 한다. 그러나 이 시기는 결혼 만족도가 가장 낮은 시기이기도 하고, 이혼율도 높은 시기로 보고되고 있다. 살펴보면 그 배경에는 이전 단계에서부터 자녀 양육과 교육에 많은 에너지를 투입하여 정작 부부관계의 형성과 유지에 몰입하지 못한 상황이 있었고, 생활면에서 경제적 부담을 많이 느끼며 사회적으로 매우 바쁜 시기를 보내게 되었던 현실이 관련되어 있다 (조흥식 외, 2010).

따라서 장년기의 부부관계를 건강하고 활기 있게 유지하려면, 자녀 양육 중심의 역할 수행에서 부부 중심의 역할 전환을 시도해야 하며, 동반자 의식을 통해 상호 보호를 위한 다양한 노력을 의도적으로 해야 한다. 이를 위해 효과적인 대화체계를 꾸준히 개발하고 실천하도록 하며, 개인적 성장과 부부의 성장을 함께 고려하는 생활이 되어야 한다. 또한 의견의 불일치 등 갈등을 필연적인 것으로 인식해 갈등을 성숙의 기회로 생각하는 자세와 태도를 가져야 하며, 그 해결을 위해 건전한 전략 수립과 실천이 이어지도록 해야 한다.

② 자녀관계

장년기에 자녀의 연령대는 보통 학령전기부터 청년기까지 이어지는데, 결혼 연령이 높아지고 자녀 수가 감소하면서 이 시기는 점차 단축되는 추세이다. 장년기의 부모는 자녀의 생애주기에 따른 신체적, 심리정서적 발달 지원과 더불어 학업, 대인관계, 진로 등 양육과 교육, 그리고 사회화 과정에 관여하며 다양한 어려움과 과제에 직면한다.

부모는 자녀의 성장에 따라 독립적 선택을 지지하면서도 연령에 따른 한계를 규정함으로써 사회의 규칙과 제도를 인식하고 적응해가도록 해야 한다. 또한 자녀가 청년으로 성장하면 성인으로 인정하면서 직업과 결혼에 관심을 갖고 올바른 선택을 하도록 도와야 한다.

이와 같이 자녀의 발달 단계에 따라 부모의 역할은 그 초점이 달라져야 한다. 장년기 부모는 자녀의 발달 특징과 과제에 대한 지식과 정보를 습득하고 의사소통 및 관계 개선에 많은 관심을 기울여야 하며(조흥식 외, 2010), 자녀의 독립에 따르는 부모 자신의 심리정서적 변화에도 적응하도록 노력해야 한다.

③ 노부모와의 관계

장년기에 속한 사람들의 부모는 노년기에 속하며 신체적 노화와 건강의 약화로 자녀의 돌봄과 보호가 요구되는 이들이다. 장년기에 속한 자녀의 노부모가 만성적 질병에 걸리거나 한쪽 부모가 사망하게 되면 자녀는 점차 부모와 역할이 바뀌게 된다. 즉, 장년기의 자녀가 부모를 부양하고 보살피게 되는데, 이들은 동시에 자신의 자녀를 부양하고 돌보는 역할도 담당해야 하므로 이중의 부담을 지게 되면서 심리적 어려움이 유발되기도 한다.

(3) 직업 관리

① 직업적 성취

직업은 노동을 통해 경제적 안정에 기여하도록 하면서 스스로에 대한 신뢰도를 높이고 삶의 만족감을 증가시키며, 신체적·정신적 건강 유지에도 직접적인 영향을 미친다. 또한 직업에 따라 요구되는 기술을 지속적으로 학습함으로써 지적 발달에 긍정적 영향을 미친다.

장년기에는 새로운 직업을 찾고 적응하기보다는 기존의 직업을 통해 경력을 쌓고 발전해 나감으로써 사회적 인정을 받는다(조흥식 외, 2010). 직무 수행 능력에 있어서 체력이나 빠른 속도를 요구하는 면에서는 다소 감소하지만 그 외에는 오랜 경험을 통해 축적된 기술과 지식을 활용해 높은 수준의 생산성과 직무 수행 능력을 유지한다.

직업인이라면 누구에게나 해당되겠지만, 장년기에도 여전히 직장에서 상사나 동료로부터 신임을 얻을 수 있는 정보나 기술의 획득, 대인관계 기술의 습득, 그리고 직장 내 자신의 위치 확립을 위해 직업의 권력구조를 확인해야 하는 등 부단히 노력해야 하는 면이 있어 스트레스를 받을 수 있다. 특히 장년기는 직업적 성취도가 최고조에 이를 가능성과 직업 전환의 가능성이 공존하는 시기이므로 직업으로 인한 긴장이 많은 편이다. 연령에 따라서는 40대 성인이 다른 연령층보다 직업 성취에 대한 열의가 가장 높으므로 직업 성공에 대한 긴장도 많은 편으로 보고되고 있다.

② 직업 전환

장년기에는 직업에서 성공의 기회를 얻을 수도 있지만, 직업을 바꾸어야 하는 위기 상황에 놓이기도 한다. 직업 전환은 자발적, 비자발적 두가지 형태로 구분할 수 있다. 이때 자발적으로 직업을 전환하는 경우는 개인의 동기나 성격, 취업의 기회, 가족생활의 안정성 등이 복합적으로 작용한다. 반면 비자발적으로 직업을 전환하는 경우는 개인의 낮은 직무 수행 능력, 경제적 불황, 정부의 노동시장 정책 등 부정적 결과로 인해 많이 일어나는데(사회복지교육연구센터, 2019), 그 결과는 개인만이 아니라 전체 가족생활에도 중대한 위기를 초래할 수 있다. 대부분의 가족은 비자발적 퇴직에 대한 재정적 대비를 하지 못하는 경우가 많기 때문이다. 이에 그 역할을 대행하기 위해 가족성원 중 한 명이 직업 생활을 시작하기도 한다.

Note 에릭슨이 말하는 장년기의 심리사회적 발달위기

- 생산성
  - 다음 세대를 이끌어 주고 돌봐주려는 일반적인 관심사
  - 사회를 위해 개인적·공적 수준에서 기여하는 능력
  - 예 자녀출산과 양육, 젊은 세대에 대한 관심과 보호, 아이디어의 실현, 저서집필, 예술작품 등의 창조적 작업
- 침체성
  - 타인에게 거짓된 친밀성을 갖고 자기에게만 탐닉하는 것. 자기만을 우선적으로 보호하려는 성향
  - 침체감은 주로 직장에서의 승진 탈락, 노부모 부양, 부부 갈등과 이혼 등으로 무능력을 경험할 때 형성. 새로운 기술 발달과 생활양식의 변화도 장년기에 속하는 성인이 침체 상태에 이르는 원인이 되기도 함

(4) 여가활동

여가활동은 24시간 중 직업 활동이나 생리적 욕구 충족에 필요한 생활시간을 제외한 잔여시간에 하는 휴식, 기분전환, 자기실현 활동을 의미한다. 현대 사회는 이전 시기에 비해 자녀 양육 기간이 단축되고, 평균수명은 연장되고 있어 조기에 은퇴를 하게 될 경우 여가시간이 큰 폭으로 증가한다. 이에 장년기의 생산적 여가활동은 신체, 인지, 사회정서적 발달 모두에 영향을 미치므로 주요한 발달 과업 중 하나이다. 따라서 장년기에는 자신의 적성을 고려하고, 신체적 건강에 유익한 여가나 취미활동을 개발하는 것이 필요하며, 부부 혹은 가족과 함께 하는 여가활동을 의도적으로 개발하는 것도 바람직하다.

한국은 사회경제적 발전과 주 5일 근무제 등으로 점차 여가를 삶의 질과 직결되는 요소로 인식하게 되었다. 이에 여가를 적절하게 사용하기 위해 여가교육을 접하거나 여가기술, 여가자원 활용 방법을 익힐 필요가 있는데, 사실 이러한 노력은 장년기 이전부터 시도됨이 유리하다. 그러나 장년기부터라도 여가시간이 급증하는 노년기를 대비해 의도적으로 여가의 사회화 기회를 갖도록 한다.

Plus Tip 장년기와 사회복지실천 영역

[신체적 발달]
- 성인병 예방을 위한 상담, 건강교육 프로그램 지원
- 갱년기 증상으로 인해 나타나는 신체적 변화에 대한 적응 지원, 정보 제공
- 만성질환이나 장애를 지닌 가족원의 돌봄 지원을 위한 서비스 연계
- 중도 장애인을 위한 재활치료 프로그램 등

[인지적 발달]
- 중년의 학습 욕구에 기반한 평생교육 프로그램 지원
- 치매예방을 위한 정보 제공 및 교육 등

[사회정서적 발달]
- 중년의 부부갈등 상담, 예방 프로그램 지원
- 은퇴준비를 위한 노후생활설계(재무, 건강, 사회적 관계 등) 상담 및 교육 제공
- 여가교육 및 여가문화 프로그램 지원
- 실직, 장애, 사망 등으로 인한 긴급 위기가족지원 서비스 연계
- 재취업 및 창업 상담, 고용관련 지원서비스 연계 등

[주요 사회적 이슈]
- 조기 퇴직 및 실업으로 인한 중년기의 빈곤
- 중년의 우울
- 성인병
- 가족해체 및 이혼 등

요약정리

- 장년기는 사회통념상 신체 나이로 40~65세 미만에 해당하는 시기이다. 장년기는 인생의 황금기라 부르기도 하지만 정체성 위기의 시기, 샌드위치 세대, 갱년기, 빈둥지 시기, 상실감의 시기 등 다양한 용어로도 지칭된다.
- 에릭슨은 이 시기를 생산성 대 침체성의 시기라 하였다.
- 장년기의 주요 발달 과업에는 신체적 변화에 대한 적응, 부부관계 재정립, 중년의 위기 극복, 직업에서의 몰두와 여가 선용 등이 포함된다.
- 장년기에는 외형상 노화의 징후들이 나타나기 시작하고, 신진대사 기능이 점차 저하되면서 성인병에 걸릴 가능성이 높아져 건강 유지를 위한 관리가 필요하다.
- 장년기에는 남녀 모두 신체적 퇴행과 함께 호르몬의 변화로 갱년기를 경험한다. 여성은 50세 정도에 폐경으로 생식능력을 상실하며, 작열감을 경험하고 우울과 불안 등 부정적 심리를 나타내기도 한다. 남성은 신체적 노화의 징후를 경험하며 성적 능력이 저하되기도 하는데 생식능력을 상실하지는 않는다. 그러나 개인의 생활 패턴과 자신의 성취욕 등으로 갱년기 현상을 더욱 강하게 지각해 부정적 정서가 유발될 수 있다.
- 장년기에는 정보처리시간이 길어져 인지적 반응 속도가 늦어지는데, 이에 스스로 부정적으로 인지변화를 자각하여 소극적이고 위축된 태도를 갖기도 한다. 그러나 지능 감소는 아니어서 이해력이나 통합적 사고력, 문제해결 능력은 오히려 향상된다.
- 융은 장년기를 생의 전환점으로 보고, 정신 에너지의 흐름을 외적·물리적 차원에서 내적·정신적 차원으로 전환시켜 자신의 내면세계에 대한 탐색을 강화하면서 개성화되는 시기라고 하였다.
- 장년기는 자녀의 성장과 출가로 두 부부만 남게 되는 시기이므로 빈둥지 시기라고 한다. 이때 고독감이나 우울감 등으로 빈둥지 증후군을 경험할 수 있으며, 정체감 위기에 놓일 수 있다.
- 장년기는 사회적 역할 변화와 생활양식의 변화로 남성성과 여성성이 통합되어 성역할이 융통적으로 변화되는 시기이기도 하다. 이전과 다른 반대의 성 특성을 표현함으로써 남성은 여성적 측면을, 여성은 남성적 측면을 나타낼 수 있는데, 이를 양성성으로의 전환이라고 한다.

- 장년기의 건강한 부부관계를 위해서는 자녀 중심의 역할에서 벗어나 부부 중심의 역할 전환이 이루어져야 한다. 그리고 부부 서로가 동반자 의식을 통해 상호 보호를 위한 노력을 의도적으로 해야 한다.
- 장년기에 자녀와의 관계는 자녀의 발달 단계에 따라 초점이 달라져야 하며 의사소통과 관계 개선에 노력을 기울여야 한다. 자녀 독립에 따른 부모 자신의 심리정서적 변화에도 적응해야 한다.
- 장년기에는 자녀 부양과 부모 부양을 동시에 해야 하는 이중 부담으로 심리적 어려움이 발생할 수 있다.
- 장년기에는 직업적 성취도가 최고조에 이를 가능성도 있지만 직업 전환의 가능성도 공존하므로, 직업으로 인한 긴장이 많은 시기이다.
- 비자발적으로 직업을 전환하는 경우, 재정적 대비가 충분하지 않아 역할 대행을 위해 가족 구성원 중 한 명이 직업 생활을 시작하기도 한다.
- 여가활동은 휴식, 기분전환, 자기실현 활동으로, 장년기의 신체, 인지, 사회정서적 발달 모두에 영향을 미치는 중요한 발달 과업이다. 장년기에는 늘어나는 노년기를 대비해 의도적으로 여가교육이나 여가기술, 여가자원 활용 방법을 익히는 등 여가의 사회화에 노력해야 한다.

10장과 관련된 사회복지사 1급 시험 기출 문제

01 중년기에 경험하는 갱년기 증상에 관한 설명으로 옳지 않은 것은? [16회]

① 여성은 안면홍조와 수면장애 등의 증상을 경험하며, 폐경으로 가임기가 끝나게 된다.
② 신체적 변화뿐만 아니라 우울, 무기력감 등 심리적 증상을 동반하게 된다.
③ 남성은 성기능 저하 및 성욕감퇴를 경험하지만 생식능력은 있다.
④ 여성의 경우 에스트로겐의 분비가 감소되며 남성의 경우 테스토스테론의 분비가 감소된다.
⑤ 결정성(crystallized) 지능은 감소하고 유동성(fluid) 지능이 증가하는 인지변화를 경험한다.

02 중장년기(36~64세)의 특성으로 옳은 것을 모두 고른 것은? [17회]

가. 생산성 대 침체성	나. 전인습적 도덕기
다. 빈둥지 증후군	라. 개성화

① 가, 라　　② 나, 다
③ 가, 다, 라　　④ 나, 다, 라
⑤ 가, 나, 다, 라

정답 01 ⑤ 02 ③

생각 잠시 머물기 **중년의 일상 에피소드를 엮은 책「저도 중년은 처음입니다」**

이 책은 중년이 겪는 혼란과 일상의 에피소드를 유쾌하게 풀어나가는 생활 밀착형 중년 에세이다.

30대를 지나 40대의 경험과 변화를 고스란히 통과하는 몸과 마음의 풍경을 담담하게 풀어낸 글들로 채워져 있다. 결코 젊은 시절로 돌아갈 수 없지만, 노년에 대한 각오를 다지기에는 너무 이른 시기, 그 어중간한 자리에서 겪어야 하는 당혹과 비애의 측면을 솔직담백하고도 재치 있게 펼쳐 보인다.

저자인 사카이 준코는 이 책의 머리말에서 중년 세대의 모습을 다음과 같이 그리고 있다.

"무언가를 새로 시작하기에는 이미 늦은 것 같고, 지금 이 상태에서 아무것도 바뀌지 않는다고 생각하면 무섭기도 하다. 몸도 얼굴도 확실히 예전만 못하다… 마음 속에서 이런 불안들이 소용돌이친다. 그뿐만이 아니다. '중간'이기 때문에 받아야 하는 스트레스까지 늘 따라다닌다. 젊은 세대는 경제적으로 우리에게 의지하면서 '저 사람들은 이제 끝났다'며 노인 취급을 한다. 노인 세대 또한 경제적으로 의지함과 동시에 간병 같은 노동력까지 기대하면서 우리를 압박한다. 회사의 중간 관리자처럼 여기서 치이고 저기서도 치이는, 그야말로 수고가 많은 세대가 바로 중년이다."

저자는 고등학생 때부터 필명으로 잡지에 칼럼을 쓰기 시작해 30년 이상 동시대 여성의 목소리를 대변하며 그 삶을 지속적으로 담론화해 왔다. 그리고 이 책에서는 40대이기는 해도 아줌마는 아니라고 생각하는 여성들에게 '나이를 먹는다는 것'에 대한 공감 에피소드와 더불어 설득력 있는 문화사회학적 해석을 들려준다.

사진 출처: 사카이 준코(2017). 저도 중년은 처음입니다(조찬희 옮김). 서울: 바다출판사.

11
CHAPTER

노년기

1. 연령 구분 및 특징
2. 발달 특성

이 장의 학습목표

1. 노년기에 속하는 인간의 신체발달 양상을 이해한다.
2. 노년기에 속하는 인간의 인지와 사회정서적 발달 양상을 이해한다.
3. 노년기의 발달과 관련해 사회복지실천에서 관심을 가져야 하는 영역을 이해한다.

생각해 보기

한국은 치매 문제를 개별 가정 차원이 아닌 국가의 돌봄 차원으로 해결하겠다는 취지로 치매 국가책임제를 통해 치매 의료비 90%를 건강보험으로 보장하고 있습니다. 서비스를 필요로 하는 사람의 입장에서 어떠한 절차로 지원받을 수 있는지 조사하고, 이용에 불편한 점이나 개선되어야 할 것들이 있는지 생각해 봅시다.

CHAPTER 11

노년기

1. 연령 구분 및 특징

노인은 일반적으로 65세 이상의 사람을 지칭하며, 한국의 노인복지법에서도 같은 연령으로 노인을 정의내리고 있어 노년기는 65세부터 사망에 이르는 시기까지라 할 수 있다. 그러나 평균수명의 연장으로 노년기가 길어짐에 따라 연령 범위를 10세 단위로 재구분하여 이 시기를 노년 초기(65~75세 미만), 노년 중기(75~85세 미만), 노년 후기(85세 이상)로 나누기도 한다(권중돈, 2012).

노년기에는 연령 증가에 따라 신체 및 심리, 사회적 측면에서 점진적 퇴행을 나타낸다. 신체 기능이 쇠퇴하고 질병에 걸리기 쉬우며, 사회경제적 지위와 역할을 상실하고 사회관계가 축소되는 등 노화에 따른 현상이 주로 일어난다. 그러므로 노년기에는 신체적 노화와 심리적 변화에 적응하기, 삶에 대해 전체적으로 조망하며 평가하기, 역할 재조정하기, 여가의 활용, 죽음에 대한 준비 등이 중요한 발달 과업이 된다.

2. 발달 특성

1) 신체적 측면

(1) 신체 구조의 변화

생물학적 노화로 신체를 구성하는 세포의 노화가 촉진되며 신체 기관이나 조직도 노화되면서 기능 저하를 동반한다. 외형상의 변화를 살펴보면, 체중이 감소하고 연골조직의 퇴화로 신장도 줄어들며, 치아도 손실되어 수가 줄어든다. 머리카락은 멜라닌 세포 감소로 흰빛으로 변하고, 피부는 창백해지며 얼룩반점이 생기고 건조해진다. 피부의 체온유지능력 저하로 온도변화에 신속히 적응하지 못해 호흡기 질환에 걸리기 쉬우며, 쓰러지는 경우도 종종 발생한다. 연령이 증가함에 따라 신체 조직의 지방분은 증가하고 수분은 감소하며 뼛속 칼슘은 부족해져 뼈의 질량이 감소하고 골밀도가 낮아지는데, 이 때문에 쉽게 골절되고 골다공증에 걸리기 쉽다. 또한 연골조직이 얇아지고 탄력이 떨어져 관절염을 일으키기도 하며, 골격에 붙어있는 근육량 감소와 수축력 약화로 운동능력이 떨어진다.

노년기에 뇌는 무게의 감소, 수상돌기의 밀도 감소, 신경세포가 밀집되어 있는 회백질 감소 등으로 크기가 약간 감소하고 기능이 저하된다(정옥분, 2013; 권중돈, 2014).

(2) 신체 기능의 변화

신체 내부의 장기는 40세부터 대부분 중량이 감소하기 시작하는데, 심장은 주변 모세혈관의 동맥경화에 의한 심장비대, 지방분 증가 등으로 오히려 증가한다. 그러나 심박출량과 심장박동능력은 감소하고 심장판막의 석회화로 세포 사멸이 발생해 노년기에는 각종 심장질환에 걸릴 가능성이 높다. 또한 동맥의 구조 변화와 기능 저하로 혈액순환이 원활하지 못해 고혈압, 동맥경화, 뇌졸중 등 순환

기계 질환을 얻게 될 가능성도 높다. 노년기에는 폐조직의 탄성 저하와 폐용량 감소로 호흡기 계통의 효율성이 떨어져 호흡기 질환에도 쉽게 걸린다(정옥분, 2013). 소화효소 분비량의 감소, 위 근육 약화 등으로 소화기능이 감퇴하며, 신장 기능도 저하되고 방광과 요도 기능 저하로 야간에 소변을 보는 횟수가 증가한다. 또한 기초대사율이 감소하나 탄수화물 대사율은 증가해 혈액 속 혈당은 증가하고 당뇨에 걸릴 가능성이 높아진다(권중돈, 2014).

(3) 감각 기능의 변화

노년기의 연령 증가는 감각 기능의 저하로 이어진다. 노년기에는 감각기관이 수집한 정보를 의식적으로 처리하고 평가하는 지각기능의 반응 속도가 저하된다. 그러므로 환경 변화에 즉각적인 대처가 어려워 안전사고에 노출될 가능성이 증가한다.

또한 연령이 증가하면 보통 수면시간도 감소하는데, 20대에 7~8시간이었던 것이 55세 이후부터는 급격히 감소해 65세 이상이 되면 평균 5~6시간으로 나타난다. 수면시간의 감소는 노년기의 취면장애, 조기각성, 주야전도, 숙면장애 등을 경험할 가능성을 높이는데, 이는 피로회복과 관련되어 낮 시간 일상생활에 지장을 줄 수 있다(조흥식 외, 2010; 정옥분, 2013; 권중돈, 2014).

노년기에 관찰되는 주요 감각의 변화를 정리하면 다음 표의 내용과 같다.

표 11-1 노년기 감각 기능의 변화

감각	변화
시각	• 40대 이후 약화. 70세 이후부터는 교정해도 정상시력 유지 어려움 • 수정체에 섬유질 증가로 시각이 흐려지는 백내장 발병률 증가 • 안압 상승으로 시신경이 눌려 시야에 장애가 생기는 녹내장 발병률 상승
청각	• 내이(內耳)에서 대뇌피질까지의 청각체계의 반응능력 감소, 중추신경계의 자극반응능력 감소 등으로 감퇴 • 고령일수록 음의 고저에 대한 변별력 감소. 노년 후기에는 보청기 등 청력 보조기구 사용 가능성 증가

미각	• 20대에 최고 상태에 이르렀다가 50세 이후 서서히 감퇴. 80세 이후 맛봉우리 감소로 맛의 구별능력이 현저히 떨어짐 • 단맛과 짠맛에 비해 쓴맛과 신맛의 감각이 더 오래 지속됨
후각	• 65세 이후부터 감퇴. 85세 이후 노인의 75% 가량 후각문제 경험 • 후각은 미각과 관련. 식욕에 영향을 미쳐 영양부족 등의 상태와 관련됨
촉각 & 통각	• 촉각은 45세 이후부터 급격히 저하 • 민감성 감소로 위험 상황을 신속히 느끼지 못해 더 큰 상처를 입을 수 있음

2) 인지적 측면

노년기의 인지기능의 변화 양상에 학자들의 일치된 견해는 없다. 앞서 청년기에서 유동성 지능과 결정적 지능을 설명하였듯이 지능에는 여러 종류가 있어 특정 지능만을 근거로 감퇴를 논하기는 어렵다. 노년기의 인지능력과 사고력, 문제해결 능력 등은 연령 이외에도 학력, 생활에서의 경험, 직업, 동년배의 집단 효과, 건강 상태 등의 영향을 받기 때문이다(정옥분, 2013).

노년기에는 일반적으로 과거 오래된 일에 대한 기억력은 유지되나 단기 기억과 최근 기억 능력은 약화된다(정옥분, 2013). 특히 암기력보다 논리적 기억력이 더 많이 감퇴해 학습 능력이 저하되는데, 노년기에는 보는 것보다 듣는 것이 기억에 더 유리해 노인을 위한 학습이나 교육을 위해서는 청각을 활용한 방법이 효과적이다.

한편 사회문제로 부각되고 있는 노년기의 치매는 뇌질량 감소, 뇌혈관 장애, 알코올 등의 원인으로 인지기능과 고등정신 기능이 감퇴되는 기질성 정신장애로, 사고력과 기억력 장애를 가져온다. 또한 추상적 사고 장애, 판단 장애, 성격 변화 등이 수반되어 직업 생활이나 일상적 활동, 대인관계에 지장을 주게 된다(권중돈, 2014). 학자들은 노년기 치매에 대한 두려움과 공포에 대응하기 위해 치매 연구를 지속해 왔는데, 다양한 치매 유형 중 다수에서 적절한 관리와 치료를 하게 되면 증상의 예방과 악화의 지연이 가능했고 10~15%는 증상이 호전되었음을 보고한 바 있다(조홍식 외, 2010).

3) 사회정서적 측면

(1) 정서 및 성격의 변화

노년기에는 감정 표현능력이 저하되며, 성격에 변화가 일어난다. 윤진(1996)은 노년기 정서와 성격 변화에 대해 다음과 같이 그 특징을 설명하고 있다.

① 내향성과 수동성의 증가

외부보다 내적 측면에 관심과 주의를 기울이며, 자신의 생각과 감정에 따라 사물을 판단한다. 어떠한 문제에 스스로 참여해 해결하려는 능동성이 줄어들고 수동적 태도를 보인다.

② 조심성의 증가

감각 능력 등이 떨어져 어떠한 결정에 자신감이 결여되어 있어, 보다 정확하고 확실한 것을 추구하려는 성향이 강해진다.

③ 경직성의 증가

자신이 늘 해오던 습관을 고수하고자 한다. 그러므로 학습이나 문제해결에 있어 경직된 태도나 방법을 지닌다.

④ 의존성 증가

노화로 인해 경제적, 신체적, 정서적, 사회적 의존성이 전반적으로 증가한다.

⑤ 우울 성향의 증가

배우자 사망이나 은퇴, 질병, 노화로 인한 일상생활에서의 통제력 약화 등은 변화된 환경에 적응이 필요하게 된다. 이 과정에서 우울 성향이 증가하며, 심한 경우 강박관념, 증오감 등을 가질 수 있고 불면증이나 체중감소 등의 현상이 나타나기도 한다.

⑥ 친근한 사물에 대한 애착 증가

자신이 사용해 온 물건에 대한 애착이 증가한다. 친근한 사물을 통해 심리적 안정을 추구하려 하며, 과거의 삶을 회상하기도 한다.

⑦ 성역할 지각의 변화

상대적으로 남성은 이전 시기에 비해 친밀성, 의존성, 관계지향성이 증가하고, 여성은 공격성, 자기중심성, 권위주의적 성향이 증가한다.

⑧ 생에 대한 회상의 경향

과거의 삶을 회상하며 남아 있는 시간동안 지금껏 하지 못했던 일을 하거나, 새로운 해결을 시도하며, 그 과정을 통해 인생의 새로운 의미를 발견하고자 한다.

⑨ 시간 전망의 변화

살아 온 시간보다 자신의 인생에서 남은 시간이 얼마나 될지, 시간에 대한 전망이 변화한다. 자신의 인생에 남아 있는 시간이 얼마 되지 않는다는 생각에 과거를 자주 회상하거나 혹은 지나치게 미래 지향적인 모습을 나타낸다.

⑩ 유산을 남기려는 경향

생을 마감하기 전에 자손이나 다른 이들에게 기술이나 지식, 재산, 작품 등 뭔가를 남기려는 경향이 증가한다.

(2) 사회적 지위와 역할 변화

① 지위 및 역할 상실

노년기는 친구와 가족의 죽음, 직업에서의 지위와 소득의 상실, 신체적 건강 약화, 아름다움의 감소, 전체적인 삶의 목적 상실 등 얻는 것보다는 잃는 것이 더 많은 시기로, 상실의 시기 혹은 역할이 없는 시기라 부르기도 한다. 그러나 반드시 그런 것만은 아니며, 새로운 역할을 얻기도 하고, 동일한 역할을 수행하면서도 그 수행 방법과 역할 자체의 중요성이 변화되는 역할 전환을 경험할 수도 있다.

노년기에는 직업인의 지위에서 물러나 퇴직인 지위를 갖게 되면서, 생계유지자에서 피부양자로, 독신, 조부모의 역할로 전환된다. 제도적 지위와 역할(예 기업체 과장, 가정의 생계유지자 등)은 종류와 수, 중요성이 줄어드는 반면, 희박한 지위와 역할(예 명예 교수, 퇴직 가장 등)은 오히려 늘어나고 비공식적 지위와 역할(예 비공식적 지도자, 박물관 임시 안내자 등)은 큰 변화는 없지만 노년기 후반으로 갈수록 약간 감소하는 특징이 있다(김동배 외, 2010).

이러한 특징은 노인 스스로 자신의 가치를 평가 절하하고 자기존중감, 삶의 만족도 등이 낮아지는 결과를 가져오기도 한다. 특히 배우자의 사별로 인한 역할 변화는 가장 적응하기 힘든 것으로, 슬픔과 우울만이 아닌 극심한 혼란을 가져오기도 한다. 그러나 노년기의 역할 변화는 대부분이 점진적으로 이루어지므로 심리적으로 준비할 수 있는 시간을 충분히 가질 수 있고, 역할 전환에 성공적으로 적응해 새롭게 획득한 지위와 역할에 만족하는 경우도 있다.

② 은퇴(retirement)

은퇴는 사회적 지위에서 물러나 그 지위에 관련된 역할 수행을 중단하게 된 현상으로, 직업이나 일의 종결을 의미한다. 은퇴의 가장 대표적인 유형은 퇴직(근로상태의 종료를 의미)이다.

퇴직 결정에 영향을 미치는 요인은 일반적으로 정년제 등의 조직의 공식 구조, 가족성원의 퇴직에 대한 태도, 가족의 경제 상태 및 예상 수입 정도, 본인의 건강 상태, 직업 및 교육 수준, 배우자 유무와 부양책임 정도, 직업 만족도, 여가에 대한 태도 등이다(권중돈, 2014). 퇴직 생활의 적응은 노년기의 주요 발달 과업 중 하나로 삶의 질을 결정하는 주요 요인으로도 거론되고 있다. 즉, 노년기 퇴직으로 인한 지위와 역할의 변화, 경제적 조건의 변화, 상황적 요인의 변화, 사회관계망의 변화를 수용하고 자신이나 주변의 대처 자원을 활용해 능동적으로 적응할 수 있어야 한다. 퇴직 생활에 대한 적응에 영향을 미치는 요인으로는 퇴직에 대한 태도, 퇴직의 유형(예 비자발적 퇴직, 자발적 퇴직), 퇴직 전 직업 유형, 여가의 사회화 수준, 교육 수준, 건강 상태, 경제적 수준 등이 있다.

③ 조부모 역할의 수행

노년기에 자녀의 결혼과 출산은 노인에게 조부모라는 새로운 역할을 부여한다. 핵가족 중심의 사회가 되면서 조부모의 손자녀 훈육이 예전만큼 엄격하지 않고 관계의 비중이 상대적으로 적어졌지만, 조부모 역할 수행은 자신의 존재가치를 확인하게 하고 상실감을 극복하게 하며 관계의 만족감을 가져온다. 또한 스스로에게 자부심을 느끼도록 하고 삶에 보다 의욕적인 자세를 갖게 한다. 이처럼 조부모 역할 수행은 노인의 자아개념과 삶의 목적의식에 긍정적 영향을 미친다.

조부모의 역할 수행은 손자녀와의 접촉 빈도나 관여도에 따라 몇가지 유형으로 나눠볼 수 있는데, 그 내용은 다음과 같다(사회복지교육연구센터, 2019).

- 공식형: 손자녀에게 선물을 주고 열중하지만 부모의 역할을 침해하지는 않는다.
- 재미추구형: 손자녀를 여가활동의 원천으로 보고, 상호간에 만족하며 지낸다.
- 대리부모형: 부모를 대신해 손자녀의 육아와 교육을 담당한다.
- 원거리형: 휴일이나 가족의 특별한 의식 외에는 별로 접촉하지 않는다.

관련 연구에 의하면 성별에 따라 차이를 보여 할아버지보다 할머니의 경우 손자녀와 보다 친밀하고 좋은 관계를 유지하며, 대리부모의 역할을 담당하기 쉽다. 또한 친조부모보다 외조부모가 손자녀와 더 가깝게 지내고, 위급할 경우 더 많이 관여한다(하석철 외, 2014).

(3) 자아통합과 죽음

에릭슨은 노년기의 심리사회적 위기인 자아통합 대 절망감은 장년기의 생산성 대 침체성의 위기를 어떻게 극복하였는가에 따라 달라진다고 하였다. 이때 자아통합은 과거부터 현재까지의 삶이 자신이 원하는 대로 살아온 것임에 만족하며 수용하고, 그 의미를 생각하며 죽음을 인정하고 기다리는 태도를 갖는 것이다. 반면 절망감은 자신의 과거부터 현재까지의 삶을 후회하고 불만족하며, 다시 산다면 다르게 살겠다는 생각을 하고, 죽음까지의 시간이 너무 짧다고 느끼며 불안해하고 초조해하는 것을 말한다.

노년기에 속한 이들의 죽음에 대한 태도는 아동기부터 시작해 오랜 시간을 거쳐 형성된 것으로 노년기의 자아통합 수준에 따라 차이를 나타낸다. 노년기에 자아통합 수준이 높은 경우 자신의 인생 전반을 수용하고 두려움 없이 죽음에 직면하고자 하나, 자아통합 수준이 낮아 절망감을 느끼는 경우 죽음을 수용하지 못하고 타인을 원망하거나 우울한 경향을 나타낸다.

정신과 의사였던 큐블러 로스(Kübler-Ross, 1970)는 말기 암에 걸린 중환자들을 대상으로 인간이 죽음에 적응해 나가는 모습을 비애의 과정으로 설명하며, 다음 표의 내용과 같이 5단계로 소개하고 있다(김동배 외, 2010에서 재인용).

표 11-2 죽음에 적응하는 비애의 과정

단계의 구분	죽음에 대한 반응
부정 단계	사실로 받아들이지 않고, 흔히 의사의 오진이라고 생각한다.
분노 단계	'왜 하필이면 나에게…'라고 생각하며 건강한 사람을 원망하거나, 주변 가족이나 의료진에게 화를 낸다.
협상 단계	죽음을 받아들이고, 이루지 못한 일들을 해결할 수 있을 때까지라도 살 수 있기를 희망하며 불가사의한 힘과 협상하려 한다.
우울 단계	'너무 슬프고, 끔찍하고, 어떻게 살아갈까…'라고 생각한다. 주변 사람과 일상생활에 대한 애착을 보이고, 이별할 수밖에 없다는 데서 오는 우울증이 나타난다.
수용 단계	죽음을 받아들이고, 마음의 안정을 회복하며 임종에 직면한다.

Plus Tip 노년기와 사회복지실천 영역

[신체적 발달]
- 만성질환에 따르는 불안과 부양부담 완화를 위한 상담, 서비스 정보 제공
- 노년기 식생활 관리, 건강관리 정보 제공
- 재활치료 등

[인지적 발달]
- 노인대학 프로그램 제공
- 치매예방 프로그램, 치매노인을 돌보는 부양자 대상 치매노인 이해 교육
- 치매진단서비스 정보 제공 및 지역사회 치매센터 연계 등

[사회정서적 발달]
- 치매노인 부양가족의 부양부담 완화를 위한 상담 및 프로그램 제공
- 노인 취업지원 서비스 연계
- 죽음을 앞둔 말기 환자를 위한 호스피스 지원
- 죽음 준비, 자아통합 교육 프로그램 제공
- 노인의 고독, 외로움, 우울 등에 관한 상담 및 지원 서비스 연계 등

[주요 사회적 이슈]
- 노인의 우울과 자살
- 치매
- 노인 학대
- 노인 빈곤
- 노인의 만성질환
- 노인의 성문제 등

요약정리

- 노인은 일반적으로 65세 이상의 사람들을 지칭하며, 이 연령부터 사망에 이르는 시기까지를 노년기라 한다.
- 노년기에는 생물학적 노화로 세포 노화가 촉진되며 신체 기관이나 조직도 노화되면서 기능 저하를 동반하고, 근육량 감소와 수축력 약화 등으로 운동능력도 떨어진다. 체중과 신장의 감소 등으로 외형상의 변화도 나타난다.
- 노년기 연령의 증가는 감각 기능의 저하로도 이어져 감각기관이 수집한 정보를 의식적으로 처리하고 평가하는 지각기능의 반응 속도를 떨어뜨린다. 이에 환경 변화에 즉각적인 대처가 어려워 안전사고에 노출될 가능성도 증가한다.
- 노년기의 인지능력과 사고력, 문제해결 능력 등은 연령, 학력, 건강 상태, 생활 경험, 직업, 동년배의 집단 효과 등의 영향을 받는다.
- 노년기에는 장기 기억력은 유지되나 단기 기억과 최근 일의 기억력은 약화된다. 그리고 시각보다 청각을 통해 얻은 정보를 더 잘 기억한다.
- 노년기의 정서와 성격의 변화는 내향성과 수동성 증가, 조심성 증가, 경직성 증가, 의존성 증가, 우울 성향의 증가, 친근한 사물에 대한 애착 증가, 성역할 지각의 변화, 생에 대한 회상의 경향, 시간 전망의 변화, 유산을 남기려는 경향으로 특징지을 수 있다.
- 노년기에는 친구와 친척, 배우자의 죽음, 직업에서의 지위와 소득 상실 등으로 지위와 역할이 축소되거나 상실하는 경험을 하지만, 피부양자, 독신, 조부모가 되면서 새로운 역할로 전환되기도 한다.
- 노년기에는 제도적 지위와 역할은 감소하고, 희박한 지위와 역할은 늘어나며, 비공식적 지위와 역할은 별 변화가 없지만 노년기 후반으로 갈수록 감소하는 특징이 있다.
- 노년기에 퇴직을 결정하는 요인에는 정년제 등의 조직의 공식 구조, 가족성원의 퇴직에 대한 태도, 가족의 경제 상태와 예상 수입 정도, 본인의 건강 상태, 직업, 교육 수준, 배우자 유무와 부양책임 정도, 직업 만족도, 여가에 대한 태도 등이 포함된다.
- 노년기에는 퇴직으로 인한 변화를 수용하고 자신이나 주변의 대처 자원을 활용해 능동적으로 적응할 수 있어야 한다. 퇴직 생활 적응에 영향을 미치는 요인으로는 퇴직에 대한 태도, 퇴직의 유형, 퇴직 전 직업 유형, 여가의 사회화 수준, 교육 수준, 건강 상태, 경제적 수준 등이 있다.

- 노년기의 조부모 역할 수행은 자신의 존재가치를 확인하게 하고 상실감을 극복하도록 하여 관계의 만족감을 가져온다. 노인의 자아개념과 삶의 목적의식에 긍정적 영향을 미친다.
- 노년기의 자아통합은 과거부터 현재까지의 삶이 자신이 원하는 대로 살아온 것임에 만족하고 수용하며, 그 의미를 생각하고 죽음을 인정하고 기다리는 태도를 갖게 한다. 반면 절망감은 자신의 현재까지의 삶을 후회하고 불만족하며, 죽음까지의 시간이 너무 짧다고 느끼며 불안과 초조감을 갖는 것을 말한다.
- 노년기의 죽음에 대한 태도는 자아통합 수준에 따라 차이를 나타내어 그 수준이 높은 경우 자신의 인생 전반을 수용하고 두려움 없이 죽음에 직면하나, 그렇지 않은 경우 죽음을 수용하지 못하고 타인을 원망하거나 우울한 경향을 나타낸다.
- 큐블러 로스의 죽음에 적응하는 비애의 과정은 부정 단계→ 분노 단계→ 협상 단계→ 우울 단계→ 수용 단계로 구분된다.

11장과 관련된 사회복지사 1급 시험 기출 문제

01 노년기(65세 이상)의 특징으로 옳은 것은? [12회]

① 심리사회적 위기는 친밀감 대 고립감이다.
② 결정할 일이 너무 많아 심리적 유예기간이 필요한 시기이다.
③ IQ 검사에서 젊은 사람과 점수 차이를 보이지 않는다.
④ 단기기억보다 장기기억의 감퇴 속도가 느리다.
⑤ 경제적으로 안정된 시기이므로 심리적 위기를 경험하지 않는다.

02 큐블러-로스(E. Kübler-Ross)의 죽음에 이르는 5단계에 관한 설명으로 옳지 않은 것은? [17회]

① 1단계: 죽음을 사실로 받아들이지 않고 부정한다.
② 2단계: 주변 사람들에게 화를 내며 분노한다.
③ 3단계: 죽음의 연기를 위해 특정 대상과 타협을 시도한다.
④ 4단계: 의사의 오진이라고 생각하며 죽음을 회피한다.
⑤ 5단계: 죽음을 수용하고 임종을 준비한다.

정답 01 ④ 02 ④

생각 잠시 머물기 **나이 듦에 대한 이야기. 영화 「벤자민 버튼의 시간은 거꾸로 간다」**

제1차 세계 대전 말, 주름진 모습으로 80세 노인의 외모로 어느 남자 아이가 태어났다. 그의 이름은 벤자민 버튼.

영화는 그렇게 시작해 갓난아기였던 그가 양로원에 버려지고, 그 곳에서 노인들과 함께 생활하며 다시 젊어지는 이야기를 담고 있다.

그러면서 사랑하는 사람을 만나 딸을 얻고 행복하게 살아가는 데.... 결국 그는 사랑하는 가족의 곁을 떠나고 만다. 그 이유는 외모가 젊어지다 못해 딸아이보다 더 어려지는 모습으로 변하고 있어 사랑하는 이들의 곁을 지키기 어려웠기 때문이다. 그리고 그의 마지막은.... 예상대로 갓난아기의 모습으로 사랑하는 사람의 품에 안겨 있다.

미국 어느 작가의 소설을 원작으로 한 이 영화는 2009년에 개봉한 작품으로, 주인공의 연인이 그의 삶에 대해 중년이 된 그 둘의 딸에게 담담히 들려주는 대화체로 전개되고 있다. 그리고 그 이야기 속으로 빠져 들어가는 사이 우리에게 사랑하는 사람들과 함께 늙어간다는 것이 얼마나 축복된 일인가를 깨닫게 한다.

'젊음'에 가치를 두고 보다 젊게 살아가고자 하는 수많은 현대인들의 모습에서, '나이 듦'의 운명이 얼마나 가치로운 지 진지하게 생각하게 만드는 영화이다.

사진 출처: 벤자민 버튼의 시간은 거꾸로 간다(2020).
https://movie.naver.com/movie/bi/mi/photoView.nhn?code=66091

참고문헌

강기정, 김혜숙, 박경애, 이서영, 최덕경(2015). 인간행동과 사회환경. 경기: 공동체.

강문희, 김매희, 유정은(2011). 아동발달론. 경기: 공동체.

강시온, 조원희, 엄명용(2019). 1인가구 청년의 청년기 발달과업 수행에 대한 자신감 유형과 그 경제적 예측요인: 잠재프로파일분석을 활용하여. 사회복지연구, 50(2), 53-81.

고수현(2019). 정신건강상담의 통합 절충적 4단계 실천모형 모색: 상담 관점과 상담 목표를 중심으로. 복지상담교육연구, 8(1), 47-91.

권석만(2012). 현대 심리치료와 상담이론: 마음의 치유와 성장으로 가는 길. 서울: 학지사.

권중돈(2012). 노인복지론. 서울: 학지사.

권중돈(2014). 인간행동과 사회환경: 이론과 실천. 서울: 학지사.

김동배, 권중돈(2010). 인간행동이론과 사회복지실천. 서울: 학지사.

김서영(2010). 프로이트의 환자들. 서울: 프로네시스.

김수정(2014). 사회복지실천에서 로저스 인본주의이론의 활용에 관한 탐색. 인권복지연구, 16, 99-116.

김영희, 정선영(2007). 부부갈등과 결혼만족도: 갈등대처방식의 조절효과. 한국가정관리학회지, 25(5), 65-82.

김춘경, 이수연, 이윤주, 정종진, 최웅용(2010). 상담의 이론과 실제. 서울: 학지사.

김태련, 조혜자, 이선자(2004). 발달심리학. 서울: 학지사.

박경애, 김혜원, 주영아(2017). 청소년 심리 및 상담. 경기: 공동체.

사카이 준코(2017). 저도 중년은 처음입니다(조찬희 옮김). 서울: 바다출판사.

사회복지교육연구센터(2019). 인간행동과 사회환경. 서울: 나눔의 집.

성준모, 김혜경(2019). 중·고령자의 배우자 만족도에 영향을 미치는 종단적 요인: 성별 비교를 중심으로. 노인복지연구, 74(4), 99-123.

손정연, 한경혜(2018). 베이비부머의 생애사건 경험이 부부관계의 질에 미치는 영향: 자기-상대방 상호의존모형(APIM)의 적용. 한국노년학, 35(2), 491-507.

송명자(2008). 발달심리학. 서울: 학지사.

송정애(2017). 가족상담의 이론과 실제. 경기: 양서원.

신명희, 서은희, 송수지, 김은경, 원영실, 노원경, 김정민, 강소연, 임오용(2013). 발달심리학. 서울: 학지사.

안영민, 김원중(2017). 청소년의 사회적 관심이 불안에 미치는 영향, 교류분석상담연구, 7(1), 25-41.

안영민, 김원중(2018). 아들러(Adler) 개인심리학에 근거한 자기격려 셀프카운슬링 프로그램이 청소년의 자아탄력성, 대인관계, 사회적 관심에 미치는 효과. 복지상담교육연구, 7(1), 279-304.

양혜원, 전명희, 김희수(2014). 부모 이혼에 대한 아동기 자녀의 경험 -지역사회복지관 이혼가족 자녀 집단 프로그램 참여 아동을 중심으로-, 가족과 가족치료, 22(2), 173-204.

염지혜, 전미애(2018). 중·노년기 건강의 변화가 배우자의 부부관계 만족도 변화에 미치는 영향: 성별 차이를 중심으로. 노인복지연구, 73(1), 31-57.

윤진(1996). 성인·노인심리학. 서울: 중앙적성출판사.

이은정(2019). 다문화청소년의 이중문화수용태도에 대한 종단 연구 -하위 유형별 우울의 변화와 예측 요인 분석-. 연세대학교 사회복지대학원 박사학위 논문. 미간행.

임영식, 한상철(2000). 청소년심리의 이해. 서울: 학문사.

장휘숙(2013). 발달심리학. 서울: 박영사.

전병주, 최은영(2014). 노인의 사회적 배제 특성이 우울에 미치는 영향 및 사회적 관계망의 완충효과 -취업여부를 중심으로. GRI연구논총, 16(3), 237-274.

정규형(2019). 생애주기에 따른 한국의 지자체 자살률 유형화와 유형 특성 탐색에 관한 연구. 한국지역사회복지학, 69, 43-71.

정옥분(2013). 성인·노인심리학. 서울: 학지사.

정옥분(2014). 발달심리학: 전생애 인간발달. 서울: 학지사.

조흥식, 김혜래, 신은주, 우국희, 오승환, 성정현, 이지수(2010). 인간행동과 사회환경. 서울: 학지사.

지혜은, 박경숙(2018). 성공적 노화와 성공적 노화에 영향을 미치는 요인의 성별 비교. 사회보장연구, 34(2), 209-237.

최윤미, 박희경, 손영숙, 정명숙, 김혜원, 최해림, 백화정, 강순화, 이은경, 이규미, 이은순, 정현희(2000). 현대청년심리학. 서울: 학문사.

하석철(2019). 노인의 돌봄 유형 선호에 영향을 미치는 요인 -가족 돌봄, 재가 돌봄, 시설 돌봄을 중심으로-. 사회복지정책, 46(2), 27-55.

하석철, 홍경준(2014). 조부모의 손자녀 돌봄이 성인 자녀와의 호혜적 관계 기대에 미치는 영향에 관한 연구: 돌봄 지속 유형에 따른 경제적 지원 기대를 중심으로. 사회복지정책, 41(3), 51-77.

허혜경, 김혜수(2002). 청년발달심리학. 서울: 학지사.

홍승우, 최혜경(2012). 한국 노인의 조부모역할 유형과 손자녀를 위한 소비행동. 한국노년학, 32(4), 1163-1180.

황창순(2006). 초기 청소년기의 부모 및 또래애착과 애착의 변화. 한국청소년연구, 43, 201-225.

Ainsworth, M. D. (1973). The development of infant-mother attachment. In B. M. Caldwell & H. N. Ricciuti(Ed.). *Review of child development research, 3*, 58-75. Chicago: University of Chicago Press.

Ainsworth, M. D. (1979). *Patterns of attachment*. New York: Halsted Press.

Alloy, L., Riskind, J., & Manos, M. (2010). 이상심리학: 현재의 조망(제9판) (홍창희, 조진석, 성경순, 이명주, 최성진 역). 서울: 박학사.(원전 출판 2006년)

Berry, J. W. (1997). Immigration, acculturation, and adaptation, *Applied Psychology, 46*, 5-34.

Bronfenbrenner, U. (1989). Ecological System Theory. *Annals of Child Development, 6*, 187-249.

Cherlin, A., & Furstenberg, F. F. Jr. (1985). Styles and strategies of grandparenting. In V. L. Bengtson & J. F. Robertson (Eds.), Sage focus editions, *Grandparenthood, 74*, 97-116. Sage Publications, Inc.

Dhayanandhan, D., Bohr, Y., & Connolly, J. (2015). Developmental task attainment and child abuse potential in at-risk adolescent mother. *Journal of child and family studies, 24*(7), 1987-1998.

Dworetzky, J. P. (1990). *Introduction to child development*(4th ed.). St. Paul, MN: West Publishing.

Easterbrooks, M. A., Kotake, C., Raskin, M., & Bumgarner, E. (2016). Patterns of Depression Among Adolescent Mothers: Resilience Related to Father Support and

Home Visiting Program. *American Journal of Orthopsychiatry, 86*(1), 61-68.

Germain, C. B. (1987). Human development in contemporary environment. *Social Service Review, 61*(4), 565-580.

Gitterman, A., & Germain, C. B. (1976). Social work practice: A life model. *Social Service Review, 50*(4), 3-13.

Goldstein, E. G. (1984). *Ego psychology and social work practice*. New York: The Free Press.

Ha, S. C., Kim, H. J., & Palmer, A. (2017). The Relationship between Public Long-Term Care Insurance Awareness and Preparation for Later Life in South Korea. *Journal of Social Service Research, 43*(4), 510-526.

Hall, C. S. & Nordby, V. J. (1973). 융 심리학 입문(최현 역, 1999). 서울: 범우사.

Jung, C. G. (1953). *The relations between the ego and unconscious*. In collected works(Vol. 7). Princeton: Princeton University Press(First German Edition, 1945).

Kerkoff, A. C., & Davis, K. E. (1962). Value consensus and need complementarity in mate selection. *American Sociological Review, 27*, 295-303.

Kübler-Ross, E. (1970). The Care of the Dying-Whose Job is it?. *The International Journal of Psychiatry in Medicine, 1*(2), 103-107.

LaFromboise, T., Coleman, H. L., & Gerton, J. (1993). Psychological impact of biculturalism: evidence and theory. *Psychological Bulletin, 114*(3), 395-412.

Lee, W. S., & Terra, M. (2018). The marital satisfaction of differently aged couples. *Journal of Population Economics, 31*(2), 337-362.

Lehr, M., Wecksell, B., Nahum, L., Neuhaus, D., Teel, K. S., Linares, L. O. & Diaz, A. (2015). Parenting Stress, Child Characteristics, and Developmental Delay from Birth to Age Five in Teen Mother–Child Dyads. *Journal of Child and Family Studies, 25*(3), 1035-1043.

Marcia, J. E. (1980). Identity in Adolescence. In Adeldon(Ed.). *Handbook of adolescent psychology*, 159-187.

Masters, W., & Johnson, V. (1985). *Human sexuality*. Boston: Little Brown.

Newman, B., & Newman, P. R. (1987). *Development through life: A psychosocial approach*. Homewood, IL: Dorsey Press.

Papalia, D. E., & Olds, S. W. (1998). *Human development*(7th ed.). New York: McGraw-Hill.

Piaget, J., & Inhelder, B. (1969). *The psychology of the child*. New York: Basic Books.

Roberson, P. N. E., Lenger, K. A., Norona, J. C., & Olmstead, S. B. (2018). A longitudinal examination of the directional effects between relationship quality and well-being for a national sample of U.S. men and women. *Sex Roles, 78*, 67-80.

Tylor, E. B. (1958). *The origin of culture*. New York: Harper & Row.

Udry, R. (1971). *The social context of marriage*. New York: Lippincott.

Whitebourne, S. K. (2001). The physical aging process in midlife: Interaction with psychological and sociocultural factors. In M. E. Lachman(Ed.). *Handbook of midlife development*, 109-155. New York: Wiley.

Wiles, J. L., Leibing, A., Guberman, N., Reeve, J., & Allen, R. E. S. (2012). The Meaning of "Aging in Place" to Older People. *The Gerontologist, 52*(3), 357-366.

[참고 사이트]

국민연금공단(2020). 갱년기 진단. https://csa.nps.or.kr/self/andropause.do

네이버 지식백과(2020). 보보인형실험.
https://terms.naver.com/entry.nhn?docId=3431793&cid=58345&categoryId=58345

네이버 지식백과(2020). 하인츠 딜레마.
https://terms.naver.com/entry.nhn?docId=3431806&cid=58345&categoryId=58345

동아일보(2018.11.24일자). "SNS 정신팔려...정신질환 SOS".
http://www.donga.com/news/article/all/20181124/93000990/1

라라랜드(2020). https://movie.naver.com/movie/bi/mi/photoView.nhn?code=134963

벤자민 버튼의 시간은 거꾸로 간다(2020).
https://movie.naver.com/movie/bi/mi/photoView.nhn?code=66091

보리굴비(2017). 별헤는 밤, 행복과 밀당중.
https://m.post.naver.com/viewer/postView.nhn?volumeNo=9992686&memberNo=36489004&vType=HORIZONTAL

아마존(2020). The Interpretation of Dreams(Master's Collections).
https://www.amazon.in/Interpretation-Dreams-Masters-Collections-Sigmund/dp/9380005873

어바웃타임(2020). https://movie.naver.com/movie/bi/mi/photoView.nhn?code=92075

의학신문(2020.02.12일자). “치매 예방, 인지중재치료 제도적 지원 필요하다”. http://www.bosa.co.kr/news/articleView.html?idxno=2121295

이데일리(2019.08.21일자). “육아하는 요즘 아빠...롤모델 ‘친구 같은 아빠’”. https://www.edaily.co.kr/news/read?newsId=01784326622589616&mediaCodeNo=257&OutLnkChk=Y

중앙일보(2019.05.08일자). “서울대 심리학과 최인철 교수의 [마음읽기] 자기만의 질문”. https://news.joins.com/article/23513892

중앙일보(2019.12.11일자). “초등생 장래희망 유튜버가 3위, 의사 제쳤다”. https://news.joins.com/article/23653857

중앙치매센터(2020). https://www.nid.or.kr/info/diction_list7.aspx?gubun=0701

한국 MBTI 연구소 홈페이지(2020). http://www.mbti.co.kr

ASSESTA심리평가연구소(2020). http://www.career4u.net/tester/mbti_intro.asp

MBC(2020). MBC아마존의 눈물. http://www.imbc.com/broad/tv/culture/amazon/program/

찾아보기

ㄱ

ㄴ

ㄷ

ㄹ

ㅁ

ㅂ

ㅅ

ㅇ

기타

저자소개

■ **이윤정**

연세대학교 사회복지학 박사

이화여자대학교 소비자인간발달학 박사

현 호서대학교 사회복지학부 교수

한국아동가족복지학회 학술이사

한국건강가정진흥원 지역센터 평가위원

인간행동과 사회환경

초 판 1쇄 발행 / 2020년 3월 15일
초 판 2쇄 발행 / 2021년 7월 30일
초 판 3쇄 발행 / 2023년 8월 30일

저 자 / 이 윤 정
발행인 / 이 중 수
발행처 / **동 문 사**

서울특별시 서대문구 홍제원 1길 12
(홍제동 137-8)
Tel : 02)736-3718(대), 736-3710, 3720
Fax : 02)736-3719
등록번호 : 1974.04.27. 제9-17호
가격 : 20,000원

ISBN : 979-11-6328-178-8(93330)
E-mail : dong736@naver.com
www.dongmunsa.com